21世纪经济学管理学系列教材

会 计 学

ACCOUNTING

主编 周亚荣 田娟

武汉大学出版社

21世纪经济学管理学系列教材编委会

顾问
谭崇台　郭吴新　李崇淮　许俊千　刘光杰

主任
周茂荣

副主任
谭力文　简新华　黄　宪

委员（按姓氏笔画为序）
王元璋　王永海　甘碧群　张秀生　严清华
何　耀　周茂荣　赵锡斌　郭熙保　徐绪松
黄　宪　简新华　谭力文　熊元斌　廖　洪
颜鹏飞　魏华林

前　言

　　会计是一个以提供财务信息为主的经济信息系统，它通过财务报告把有关企业财务状况、经营业绩和现金流量的变化等财务信息传递给外部信息使用者，使使用者据此做出合理的决策。现代意义上的会计已经是国际通用的"商业语言"，通过企业提交的财务报告，使得遍布世界各地的投资者能够获得与企业经营、投资和筹资相关的信息，为促进国际经贸的发展及全球资本的合理流动发挥了重要作用。2006年财政部颁布了《企业会计准则——基本准则》和38项具体会计准则，该会计准则体系的颁布基本实现了我国会计准则与国际会计准则和国际财务报告准则的趋同。但近年来，国内外会计环境发生了巨大变化，国际会计组织对其会计准则进行了部分修订与完善。为保持我国企业会计准则与国际财务报告准则的持续趋同，财政部根据我国国内企业和资本市场发展的实际需要，在借鉴国际财务报告准则的基础上，自2013年年末陆续发布、修订了"合并财务报表（修订版）"、"财务报表列报（修订版）"、"职工薪酬（修订版）"、"长期股权投资（修订版）"、"合营安排"、"在其他主体中权益的披露"、"公允价值计量"七项具体会计准则。为使广大读者充分理解这些变化，我们组织编写了这本《会计学》教材。另外，2010年4月，继财政部等五部委联合发布《企业内部控制基本规范》后，财政部会同证监会、审计署、银监会、保监会又制定颁布了《企业内部控制应用指引第1号——组织架构》等18项应用指引，这些新内容也会在本书中得到体现。

　　本书不是从会计报告的编制者（会计专业人员）讲解其所需了解的会计知识，而是侧重于面向会计信息的使用者（非会计专业人员），即本书的目标是使那些会计信息的使用者掌握一定的会计知识。具体来说，本书的特色与创新：（1）包括财务会计与管理会计两部分内容。其中第二至第十一章属于财务会计的内容。财务会计部分又包括以下几方面：包含会计基本概念在内的会计学的整体框架；会计循环过程；基本核算业务（报表项目阅读）。其中基本核算注重会计核算与经济活动相结合；注重会计核算中会计师会计选择的经济后果；让读者掌握会计信息的获取，理解会计学在管理决策中的应用，明白会计信息对决策的帮助。第十二至第十五章属于管理会计的内容。该部分主要从企业内部各阶层管理者角度讲解他们在做出各种决策（如产品生产决策、产品定价决策、资本项目投资决策）时所应权衡的因素、所采用的方法。（2）淡化了会计基础理论和具体核算程序的内容，以解决非会计专业人员"编制分录难"的问题。本书在用两章内容讲解会计信息生成过程后，按照资产负债表和利润表的报表项目顺序讲解每个项目的分录的经济意义及对企业管理决策的影响。强化会计政策选择对管理决策的影响。（3）本书每章后有"案例讨论"、"资料链接"或"参考阅读"部分，该部分增加了本书的可读性、操作性。同时，通过资本市场上发生的典型案例向读者灌输职业道德的重要意义。对非会计专业人士强调其管理道德同样必要,因为管理道德水平的高低对企业的影响是巨大的,由于管理者特定的工作职能,因此需要有一定的规范和制约力量来保证其正确行使职权。

《会计学》全书共设十五章,主编是周亚荣副教授,编写人员和具体分工如下:周亚荣撰写第一、第二章以及第十一章;田娟撰写第三、第四、第五章;王淑兰撰写第六、第九、第十章;刘璐松撰写第七、第八章;严惠婷撰写第十二章、十三章;张丽芳撰写第十四章、十五章。全书由周亚荣、田娟进行总纂。在编写书稿过程中,我们参考、借鉴了国内外同行的研究成果和文献资料以及相关教材,在此向有关专家和学者表示诚挚谢意。尽管我们尽心尽力进行编写,但是,书中难免还有不足和问题,敬请读者批评指正。

目 录

第一章 总论 ·· 1
   第一节 会计的演进及其含义 ··· 1
   第二节 会计规范体系 ··· 7
   第三节 会计基础理论 ··· 10
   第四节 会计职业与会计学科体系 ··· 18
   第五节 现代会计的发展与展望 ·· 22

第二章 会计循环 ··· 29
   第一节 会计循环原理 ··· 29
   第二节 借贷记账法与会计凭证 ·· 31
   第三节 账簿的设置与登记 ·· 53
   第四节 编制会计报表 ··· 64

第三章 内部控制与会计系统 ·· 75
   第一节 内部控制概述 ··· 75
   第二节 内部控制的要素和原则 ·· 78
   第三节 内部会计控制的内容和方法 ·· 81
   第四节 企业基本业务的内部会计控制 ······································ 84

第四章 收入与货币性资产 ·· 102
   第一节 收入与货币性资产概述 ·· 102
   第二节 收入的核算 ·· 106
   第三节 货币资金的核算 ·· 111
   第四节 交易性金融资产的核算 ·· 119
   第五节 应收款项的核算 ·· 121
   第六节 预付账款和其他应收款的核算 ······································ 131

第五章 存货与销售成本 ··· 135
   第一节 存货概述 ··· 135
   第二节 存货的初始计量 ·· 138
   第三节 发出存货的计价与销售成本 ·· 141

第四节　存货的期末计量 …………………………………………………………… 146
　　第五节　存货清查 ………………………………………………………………… 151
　　第六节　存货与销售成本的披露和分析 ………………………………………… 152

第六章　长期资产及其摊销 ……………………………………………………………… 157
　　第一节　长期金融资产 …………………………………………………………… 157
　　第二节　长期股权投资 …………………………………………………………… 160
　　第三节　固定资产 ………………………………………………………………… 165
　　第四节　无形资产及商誉 ………………………………………………………… 173
　　第五节　投资性房地产 …………………………………………………………… 177

第七章　债务与利息 ……………………………………………………………………… 191
　　第一节　债务与利息概述 ………………………………………………………… 191
　　第二节　流动负债 ………………………………………………………………… 193
　　第三节　非流动负债 ……………………………………………………………… 214

第八章　股东权益 ………………………………………………………………………… 225
　　第一节　股东权益概述 …………………………………………………………… 225
　　第二节　实收资本 ………………………………………………………………… 227
　　第三节　资本公积和其他综合收益 ……………………………………………… 229
　　第四节　留存收益 ………………………………………………………………… 235
　　第五节　所有者权益变动表 ……………………………………………………… 238
　　第六节　负债和所有者权益的管理 ……………………………………………… 240

第九章　净收益与综合收益 ……………………………………………………………… 247
　　第一节　费用 ……………………………………………………………………… 247
　　第二节　影响净收益的其他项目 ………………………………………………… 257
　　第三节　综合收益 ………………………………………………………………… 262

第十章　现金流量表 ……………………………………………………………………… 270
　　第一节　现金流量表概述 ………………………………………………………… 270
　　第二节　现金流量表的填列 ……………………………………………………… 274
　　第三节　现金流量表分析 ………………………………………………………… 278

第十一章　会计报表及其分析 …………………………………………………………… 291
　　第一节　会计报表与财务会计报告 ……………………………………………… 291
　　第二节　会计报表分析概述 ……………………………………………………… 299
　　第三节　会计报表的比率分析法 ………………………………………………… 304

  第四节 会计报表的趋势分析法和结构分析法 ································ 315
  第五节 会计报表的综合分析 ·· 318

第十二章 成本性态与本量利分析 ·· 327
  第一节 成本性态概述 ·· 327
  第二节 变动成本法 ·· 330
  第三节 本量利分析 ·· 335
  第四节 安全边际与经营杠杆分析 ·· 346
  第五节 敏感性分析 ·· 352

第十三章 经营决策和资本投资决策 ·· 362
  第一节 决策分析概述 ·· 362
  第二节 生产组织决策 ·· 368
  第三节 产品定价决策 ·· 373
  第四节 投资决策概述 ·· 378
  第五节 投资决策评价指标及其应用 ·· 383

第十四章 预算控制 ·· 395
  第一节 预算控制概述 ·· 395
  第二节 预算的编制程序和方法 ·· 400
  第三节 预算编制举例 ·· 405

第十五章 业绩评价与激励系统 ·· 424
  第一节 业绩评价与激励系统概述 ·· 424
  第二节 以企业为主体的业绩评价 ·· 426
  第三节 以责任中心为主体的业绩评价 ·· 429
  第四节 基于 EVA 的业绩评价 ·· 438
  第五节 基于战略的业绩评价 ·· 440
  第六节 激励制度 ·· 443

参考文献 ·· 451

第一章 总 论

【学习目标】
1. 了解会计演进的过程；掌握会计的含义和特点；
2. 理解财务会计和管理会计之间的关系；
3. 了解我国的会计规范体系；
4. 理解会计目标和会计信息的质量要求；
5. 掌握会计确认、计量和报告的基本前提；
6. 掌握资产、负债、所有者权益、收入、费用和利润的内涵及其相互之间的关系；
7. 理解权责发生制与收付实现制；
8. 了解会计职业；理解会计职业道德的基本内容及其重要性；
9. 了解会计学科体系及现代会计的若干新领域。

第一节 会计的演进及其含义

会计自古代会计发展到现代会计经历了一个漫长的时期，但是会计始终与客观环境和人类活动互动发展。正如美国著名会计学家迈克尔·查特菲尔德在《会计思想史》中所言："会计的发展是反应性的，也就是说，会计主要是应一定时期的商业需要而发展的，与经济的发展密切相关。"

一、会计的演进

尽管公元前5000年记录部落之间交易的符号就已经出现，公元前3200年左右美索不达米亚人就开始在陶片上进行会计记录①，但是，会计具体诞生于何时，起源于何地，至今仍无确切定论。会计作为人类一项有目的的实践活动，伴随着人类生产的发展，伴随着社会生产力的提高，伴随着科技的进步，伴随着经济管理活动的需要，经历了由简单到复杂、由低级到高级的发展过程。

在人类社会的早期，社会生产力极其低下，没有物资的剩余现象和保管问题，会计不可能产生，也不会产生。公元前3500年左右开始，人类社会从石器时代进入铜石器共用的时代，随着生产工具的改进，生产能力的提高，物资产品开始出现剩余，这时人们有了

---

① 罗伯特·N.安索尼等.会计学：教程与案例.骆珣，等，译.北京大学出版社，科文（香港）出版有限公司，2000：7.

计量、记数的需要，原始社会末期会计开始萌芽，但整体上处于"结绳记事、刻木记数"的发展状态。

人类进入奴隶社会后，生产工具进一步改进，青铜器在生产和生活中得到广泛使用，畜牧业、农业、手工业、商业都得到快速发展，剩余产品越来越多，人们有了记账、算账的需要。我国在西周时期有了"会计"一词和较为严格的会计机构，对财物的收支进行"月计岁会"，计就是"零星算之"，会就是"总合算之"。从西汉到三国、两晋时期，我国还出现了名为"籍书"、"簿书"的账册，用来登记会计事项，尽管当时单式簿记已经发展到较高的水平，但是会计事项记录的载体仍然以竹简和木板为主。

我国唐宋时期，当西方社会还处于落后的中世纪"黑暗时代"时，四大发明中除造纸之外的三大发明已在我国产生并得到运用，使我国封建社会的经济迅猛发展，我国会计也走在世界前列。在结算方法上创造了"四柱结算法"。"四柱"是指"旧管"、"新收"、"开除"和"实在"，他们分别相当于现代会计中的"期初结存"、"本期收入"、"本期付出"和"期末结存"，这说明当时人们就利用"旧管+新收-开除=实在"的平衡关系，全面、完整地反映经济活动的内在联系了。明末清初，我国的商业和手工业趋向繁荣，会计先辈们在总结四柱结算法的基础上，设计出了具有复式记账思想的"龙门账"和"四脚账"。"龙门账"是将全部账目划分为"进"、"缴"、"存"、"该"四大类，分别对应今天的"全部收入"、"全部支出"、"全部资产"、"全部资本和负债"，利用"进-缴=存-该"的平衡公式，左右两边双轨计算盈亏和核对账目，如果等式两边计算的数值相等，就叫"合龙门"。随后产生的"四脚账"又称"天地合"，即现金业务和转账业务都分为"来账"和"去账"两个脚，总共四脚。全部业务都要记录"来账"和"去账"，以全面反映经济业务的来龙去脉。

正当我国处于漫长的封建社会，整个社会以农业经济为主时，13—15世纪地中海沿岸商业、手工业和金融业开始兴旺发达，伴随世界经济中心的转移，会计的发展中心随之转移。1494年，意大利数学家卢卡·帕乔利的《算术、几何与比例概要》一书在威尼斯出版发行，在"簿记论"一章中，对借贷记账法做了系统的介绍。借贷记账法的出现是近代会计产生的标志，也是会计发展史上公认的第一个里程碑。之后，全球经济发展的中心由意大利转向英、法、美等国，复式借贷记账法也相应传至德、英、法、美、日等地，而且在推动经济发展过程中不断得到完善。18—19世纪工业革命后，英、法等国的工业经济迅速发展，与迅速发展的生产力相适应，企业组织形式发生了重大变化，出现了股份公司，使企业的经营权和所有权相分离。股东和债权人主要通过企业会计报表来了解企业的财务状况和经营情况，因此要求由独立的第三方对企业的会计资料进行审查验证，以确保会计报表的客观性和公正性，于是出现了专门以查账为职业的会计师。1854年，英国的苏格兰出现了世界上第一个特许会计师协会。该协会的出现被誉为会计发展史上的第二个里程碑。

20世纪以后，美国经济迅速崛起，特别是20世纪50年代以来，以美国为首的西方发达国家的科技和经济飞速发展，各垄断集团之间的竞争加剧，迫使企业加强内部管理，重视经济决策和预测，于是出现了专门为企业内部管理服务的管理会计。管理会计从传统会计中分离出来，成为与财务会计并列的独立工作，并形成独立学科，从此，现代会计形成了财务会计和管理会计两大领域。管理会计的产生是会计发展史上的第三个里程碑，从而结束了几千年会计基本处于事后反映经济活动的被动局面。随着现代经济和科技的发展，美国已成为全球经济发展的中心，美国会计已发展到相当的高度，美国财务会计准则委员会（FASB）所发布的文告的科学性、系统性和完整性，美国会计组织的发达程度、美国会计人员的良好素质充分说明了其会计理论与会计实践的发展水平。

当今社会，一方面是国际贸易、跨国投资、跨国经营迅速发展，另一方面是国与国之间的经济、政治、法律、文化差异仍然巨大，这就产生了国际会计的冲突与协调问题。顺应国际经济发展的需要，国际会计成为会计发展的重要分支学科，国际会计准则在会计信息报告与披露中的地位越来越高。第二次世界大战以后，各国证券市场高速发展，公司的投资者日益分散，企业的经营者与所有者不断分离，这些因素塑造了现代准则型会计的主导地位。伴随着世界贸易组织相关规则影响的加深和我国经济进入新常态，我国现代企业制度日臻完善，证券市场不断兴旺，这极大地推动了会计的发展，使我国会计进入了一个为维护社会主义市场经济秩序、维护投资者和相关当事人权益、呈报决策所需的财务与经济信息、为提高经济发展质量等提供服务的崭新时代。可见，会计始终伴随经济管理的需要而发展，伴随人类文明的进步而完善。会计发展的历程反复证明"经济越发展，会计越重要；经济越发展，会计越进步。"

总的来看，会计是在和社会经济环境与人类生产活动的互动中持续发展的，一方面，会计的发展水平受到经济、科技、法律、文化等发展水平的制约；另一方面，会计发展的状况又会以积极或消极的方式影响经济、社会发展的速度。

二、现代会计的含义

什么是会计？不同的会计组织和会计学者有不同的看法。中外会计学界针对会计的本质形成两种主流观点。

（一）会计信息系统论

会计信息系统论的思想最早起源于美国会计学家 A.C. 利特尔顿。他在 1953 年出版的《会计理论结构》一书中指出，"会计是一种特殊门类的信息服务"，"会计的显著目的在于对一个企业的经济活动提供某种有意义的信息"。

美国会计学会（AAA）在其研究报告《会计基本理论说明书》（ASOBAT）中认为，"会计是为了使信息使用者能做出有根据的判断和决策而进行确认、计量和传递经济信息的程序"。美国会计学会还明确指出，"从本质上看，会计是一个信息系统。更确切地说，会计是一般信息理论在高效率的经济运营问题上的运用。"美国注册会计师协会（AICPA）在其发布的公告中认为，"会计是一项服务活动，其功能在于提供有关经济主体的数量信息（主要具有财务性质以便于做出经济决策）"。美国财务会计准则委员会（FASB）在其发布的财务会计概念公告中认为，"会计是计量、处理和传送有关一个经济单位财务信息的信息系统。依据它所提供的信息，报表使用者可据以做出合理的经济决策"。

美国会计学家查尔斯·T. 亨格瑞等在其《会计学》一书将会计定义为：会计是计量企业的经济活动，处理并加工经济信息，并将处理结果与决策者进行交流的信息系统。我国著名会计学家葛家澍和余绪缨教授在《会计学》一书中认为:"会计:是一个以提供财务信息为主的经济信息系统（economic information system）。"

（二）会计管理活动论

"管理活动论"认为会计是一项经济管理活动。将会计作为一种管理活动并使用"会计管理"这一概念在西方管理理论学派中早已存在。"古典管理理论"学派的代表人物法约尔就把会计活动列为经营的六种职能活动之一。

我国最早提出会计管理活动论的是杨纪琬教授和阎达五教授，他们在1980年中国会计学会成立大会上做的主题报告中指出：无论从理论上还是从实践上看，会计不仅仅是管理经济的工具，它本身就具有管理的职能，是人们从事管理的一种活动。

廖洪教授从会计工作和会计活动的视角出发，在其编著的《会计学原理》中认为："会计的概念即对会计工作本质如何认识。会计工作是人类的一种实践活动……它是以货币为主要量度，反映和控制各经济组织的经济活动的管理行为。"阎德玉教授在其主编的《会计学原理》中明确写道："会计是经济管理的组成部分，主要是运用会计方法以及提供的财务会计信息，对经济活动进行管理，其目的是提高经济效益。"

回顾会计的发展历程，综合国内外会计学家和会计组织对会计本质的研究成果，我们认为：会计是经济管理的重要组成部分，是以货币为主要计量尺度，对经济活动进行连续、系统、综合的核算和监督，提供以财务信息为主的经济信息，为外部有关各方的投资、信贷决策服务，为内部强化管理和提高经济效益服务的一个经济信息系统。

三、现代会计的两大分支：财务会计与管理会计

斐莱和米勒在《会计学原理：导论》一书中认为：会计作为一个信息系统，目的是给组织的经理或内部使用者等内部人员和组织的外部人员提供有助于他们进行决策的经济信息。以给投资者、债权人、政府机构或其他外部组织提供财务报告为主要工作的会计领域，称为财务会计；相反，给组织内部信息使用者提供财务报告为主要工作的会计领域，称为管理会计。可见，按照会计信息使用者的不同，按照财务报告对象的差异，现代会计由财务会计（financial accounting）和管理会计（managerial accounting）两大部分内容组成。

（一）财务会计

1966年美国会计学会在定义财务会计时指出：财务会计是向外部信息使用者提供信息的会计。1978年美国财务会计准则委员会在其概念公告中指出：财务会计关注的是企业的资产、负债、收入、费用、盈利等方面的会计，其所提供的报告是通用型的。安索尼和里斯在《会计学：教程与案例》一书中指出：财务会计在提供信息时要遵循共同的规则。罗伯特·F.迈格斯在《会计学：企业决策的基础》一书中明确指出财务会计提供的有关一个企业的财务资源、义务和活动的信息主要是给外部决策者——投资者和债权人使用的。

我国著名会计学家葛家澍教授对财务会计的定义是：财务会计是在继承传统会计的基础上发展起来的一个重要会计分支，它基本上是一个财务信息系统，它立足企业，面向市场。财务会计着重企业外部会计信息使用者（用于评估企业的业绩和做出多种经济决策），把企业视为一个整体，以各国（各地区）的财务会计准则或 GAAP 为指导，运用确认、计量、记录和报告等程序，提供关于整个企业及其分部的财务状况、经营业绩、现金流量等方面的财务报表和有助于使用者做出决策的其他报告手段。这里说的传统会计主要是指以复式记账为核心，以确认、计量、记录和报告为主要内容的会计体系。

可见，财务会计是以会计准则和相关法律、法规为准绳，使用自身独特的确认、计量、记录、报告等程序，以外部会计信息使用者为核心，通过对外提供通用财务报告的形式为信息使用者提供决策信息的信息系统。简言之，财务会计是对外报告会计，是现代会计的重要组成部分。财务会计具有以下特点[①]：

（1）财务会计主要是一种对外报告会计，重点向企业的外部利益关系集团报告有关企业财务情况方面的信息。

（2）财务会计关注企业的资产、负债、收入、费用和现金流量方面的信息，这些信息集中包含于资产负债表、利润表和现金流量表中，包括上述信息的财务报告是财务会计对外传递信息的基本手段。

（3）财务会计在处理会计业务、提供财务报告时必须遵循一定的会计准则和会计规范，比如我国企业会计人员在开展财务核算工作的过程中就必须遵循财政部制定和颁布的企业会计准则，以及政府部门颁布的其他相关的法律法规。

（4）财务会计有自己特定的程序，比如，会计核算是财务会计最核心的内容，会计核算工作对每件业务和事件的处理都要经历会计确认、会计计量、会计记录和会计报告的过程，整个会计核算工作又都表现为"从经济业务到原始凭证、到记账凭证、到会计账簿、到会计报表"的工作循环过程。一般地，财务会计反映的是企业已经发生的经济业务和经济事项，是可以用货币计量的经济业务和事项。

一个关于财务会计问题的实例：某公司 1 月份库存商品情况如下：1 月 1 日结存 500 件，单位成本 100 元；1 月 8 日入库 200 件，单位成本 110 元；1 月 15 日入库 300 件，单位成本 120 元；1 月 20 日入库 400 件，单位成本 130 元；1 月 25 日入库 600 件，单位成本 140 元。该公司存货采用实地盘存制。月末实地盘点后，该库存商品还有 700 件，其余皆已售出。问题：假如你是该公司的总经理，并且当月相交一份业绩较优的会计报表给董事会，则应采用何种存货发出的计价方法？为什么？

（二）管理会计

1858 年美国会计学会就明确指出：管理会计是运用适当的技术和概念来处理某个主体的历史的和预期的经济数据，帮助管理当局制订具有适当经济目标的计划，并为实现这些目标做出合理的决策提供服务。1988 年国际会计师联合会对管理会计的定义是：管理会计是指在一个组织内部，对管理当局用于规划、评价和控制等工作所需的财务和经营信息进行确认、计量、积累、分析、编报、解释和传输的过程，以确保其资源的利用并对这些资源承担经管责任。全美会计师协会下属的管理会计实务委员会在其颁布的《管理会计公告》中将管理会计定义为：管理会计是向管理当局提供用于企业内部计划、评价、

---

① 谢获宝．新编会计学原理．湖北人民出版社，2008：5．

控制以及确保企业资源的合理使用和经管责任的履行所需财务信息的确认、计量、归集、分析、编报、解释和传递的过程。

著名管理会计学者罗伯特·S. 卡普兰和安东尼·A. 阿特金森在其所著的《高级管理会计》一书中没有对管理会计给出明确的定义,但是,该书第一章开宗明义:管理会计提供的信息在企业管理中发挥着重要的作用,它有助于管理者做出决策,指导企业经营战略的建立并评价正在实施的经营战略,并且它致力于改进企业的经营状况和评价企业各部门和成员的业绩。这一定义既指出管理会计提供信息的特点,说明管理会计是会计系统的重要组成部分;又指出管理会计将为企业管理服务作为直接工作目标的特点。

可见,管理会计是为企业内部管理当局提供用于决策、规划、控制和绩效评价等所需的财务和经营信息,对主体的经营活动及其相关信息进行确认、计量、归集、分析、编报、解释和传输的过程,它为管理者合理使用资源和有效履行经管责任服务。简言之,管理会计是对内报告会计,是现代会计的重要组成部分。相对于财务会计,管理会计不拘泥于企业已经发生的经济业务,具有更大的灵活性。管理会计具有以下特点①:

(1) 管理会计主要是一种对内报告会计,重点向企业的管理当局报告有关企业财务情况方面的信息。

(2) 管理会计关注企业的成本习性、本—量—利关系、短期经营决策和长期投资决策、预算、控制和业绩评价、责任会计等方面的信息,这些信息主要与企业内部各个管理部门的决策有关,这些信息的报告形式也可以自由一些,重点是要满足企业内部决策的需要。

(3) 管理会计在处理各种会计业务、提供管理所需的会计报告时也不必遵循特定的会计准则和会计规范,相反,管理会计在提供信息时更强调及时性和对决策的有用性。

(4) 管理会计也有很多自己特定的方法,但是,它在处理会计业务时没必要遵循固定的程序,它更看重提供信息过程的效率和效果。

一个关于管理会计问题的实例:某轮渡公司拥有渡轮多艘,其中一艘已相当陈旧,故财务经理向总经理提出淘汰旧渡轮,购置新渡轮的建议。新渡轮的买价为 400 000 元,可望运行 10 年,该渡轮每年的运行成本为 120 000 元。估计 5 年后需大修一次,其成本为 25 000 元,10 年结束时,估计该渡轮的残值为 5 000 元。业务经理不同意财务经理的意见,凭他多年的工作经验,认为该渡轮虽属陈旧,但通过全面翻新,尚能继续发挥其运行效益。所以他向总经理提出了翻修旧渡轮的方案。据该方案预算,立即翻修的成本为 200 000 元,估计 5 年后还需大修一次,其成本为 80 000 元。如果这些修理计划得到实施,该渡轮可望运行的期限也将是 10 年。10 年内该渡轮每年的运行成本为 160 000 元。10 年后,其残值也将是 5 000 元。根据当前的市场状况,该旧渡轮的现时折让价格为 70 000 元,年利率为 18%。这两个方案报给总经理,假如你是总经理,应该选择哪个方案?为什么?

---

① 谢获宝. 新编会计学原理. 湖北人民出版社,2008:6.

第二节 会计规范体系

一、会计规范概述

会计是信息的提供者，信息是一种资源或产品。同时，任何信息使用者都期望得到对自己决策有效的信息，而信息使用者有不同类型，包括投资者、债权人、企业内部管理者、政府管理部门等，不同的信息使用者对信息的需求是不同的；而且外界的信息使用者与提供信息的企业存在信息不对称，这将危害在信息处于劣势的信息使用者。因此，为了保证各企业财务会计信息的可比性，保证会计信息质量，就必须有统一的、被普遍接受的会计规范来约束信息的生成过程。俗话说："没有规矩，不能成方圆"。同样，没有规范，会计处理就会陷于混乱。即使是会计的萌芽"结绳记事"，也要在事前确定一个规矩作为依据。正如《周易正义》引郑玄注称："事大，大结其绳；事小，小结其绳"。这种规定，就是当时处理会计业务的规定。如果没有这种规矩，随心所欲地变换结绳大小所指的事物，时间长了会造成混乱，就会失去"结绳记事"的作用。

现代会计规范主要是会计方面的法律法规、会计准则、与会计工作有关的其他法律和制度，以及会计职业道德等。其中，会计准则在会计规范体系中占重要地位。会计准则产生的直接"导火线"是1923—1933年的世界经济大危机：人们在检讨危机时发现，造成危机的直接原因是上市公司所提供的信息缺乏可靠性，存在严重的造假行为，扰乱了资本市场，误导了相关利益群体，于是人们对会计规范提出了强烈的要求，也就是需要一套加工处理会计业务的信息规则。因此，从20世纪30年代起，美、英等国先后成立了专门机构，负责拟定和颁布会计准则，用以规范和指导企业的会计确认、计量、记录和报告工作，为资产、负债、所有者权益、收入、费用、利润等会计要素的具体会计处理方法提供准绳，这样可以大幅度地提高企业会计信息的可靠性和企业间会计信息的可比性。随着世界经济的繁荣和跨国公司的发展，为增强各国间会计信息的可比性，1973年成立了国际会计准则委员会，至今已颁布了30多项国际会计准则，为国际会计的发展作出了贡献。我国为适应社会主义市场经济的发展，也于1992年11月发布了第一个《企业会计准则》，并于1993年7月1日开始实施。为顺应我国市场经济的发展要求，实现会计准则国际趋同，我国财政部于2006年先后颁布了38项具体会计准则，形成了适用于我国国情的会计准则体系。

二、国际会计规范

国际上比较有影响的会计规范有两大类：一类为以美国、英国等国为代表的英美法系国家的会计规范，一类为以法国、德国等国为代表的大陆法系国家的会计规范。目前这两种法系的会计规范不断进行协调，有共同认同和遵循《国际财务报告准则》的趋势。

英美会计规范的重要特点是：以维护投资者（包括股东和债权人）的利益为重要目标；会计准则在所有会计规范中显得特别重要；民间会计组织在规范会计行为、推动会计发展中的力量十分突出。法国会计规范中，税法与税制是十分重要的方面，很多会计业务的处理必须吻合于税法的要求。按照法国税法的规定，为纳税而申报的收益必须与相应财务年度的账面会计记录和反映在会计报表上的收益相一致。法国的现代会计制度充分体现了会计收益与纳税收益一致的原则。与美英会计规范相比较不难发现，德国和法国等国家的会计规范特别关注国家的税收利益和公司本身的利益，税法和公司法对会计实务的影响较大。相对而言，这些国家的民间会计组织力量较弱，影响力较小，相反国家在制定会计规范、管理会计行为方面投入了大量的人力、物力和财力，使得这些国家的会计实务具有较强的"统一性"特征。

在国际范围内，影响越来越大的会计规范是国际会计准则委员会（International Accounting Standards Committee，IASC）和国际会计准则理事会（International Accounting Standards Board，IASB）制定和发布的国际会计准则（International Accounting Standards，IASs）和国际财务报告准则（International Financial Reporting Standards，IFRSs）。迄今为止，包括欧盟在内的越来越多的国家已经要求上市公司和部分国内企业将国际财务报告准则和国际会计准则作为会计核算和会计报告的规范，包括美国在内的很多国家也加强和国际财务报告准则和国际会计准则的协调，以使自己国家的会计准则与国际财务报告准则和国际会计准则之间的差异化达到最小，从而实现各国公司之间会计信息的可比性。我国属于新兴市场经济国家，具有特定的法律基础、经济环境和文化特色。这就决定了中国企业会计准则体系建设必须走立足国情、国际趋同的道路。

三、我国的会计规范

我国现行的会计规范可以分为三个层次。最高层次的会计规范体现为国家颁布的一系列法律。如《会计法》、《注册会计师法》、《审计法》、《公司法》、《证券法》等。其中，《会计法》是直接规范会计业务和会计行为的最高法律规范，是会计工作的根本大法；其他法律则从不同的角度部分或间接地对会计工作作出规定，各个单位及其会计人员在从事会计工作时也应遵循这些规范。我国的《会计法》于1985年1月12日经全国人大审议通过，1993年12月29日全国人大通过《关于修改〈中华人民共和国会计法〉的决定》，1999年10月31日全国人大又审议通过了再次修订后的《会计法》，现行的《会计法》即为1999年修订，2000年7月1日开始实施的新《会计法》。《会计法》对会计工作的规定是完整的、总括性的，作为规范会计工作的根本大法不可能对具体的会计核算、会计行为作出规定，为了搞好会计核算，加强会计监督，还需要具体的会计规范。

第二层次的会计规范是一些与会计工作有关的法律和规章。比较重要的有《企业会计准则》、《独立审计准则》和适用于上市公司的《公开发行股票公司信息披露的内容与格式准则》。就会计核算和会计报表的编报而言，《企业会计准则》始终是极其重要的会计制度。我国于1992年由财政部制定和颁布了首个《企业会计准则（基本准则）》，并于1993年开始实施。在1997年至2004年间，为规范企业会计实务，财政部还陆续颁布和修订了16个具体会计准则。尽管这些会计准则的颁布和实施极大地提高了我国的会计发展水平，推动了经济进步，但是由于这些会计准则是陆续制定的，内容上不完整，并且与国际会计准则和国际财务报告准则之间存在差异，这在一定程度上阻碍了国际经济交流，影响了经济发展的速度。为此，我国财政部组织国内外专家加紧会计准则的修订和制定，于 2006 年颁布了新修订和制定的《企业会计准则——基本准则》和 38 项具体会计准则，该会计准则体系的颁布基本实现了我国会计准则与国际会计准则和国际财务报告准则的趋同。随着 2011 年以来国际财务报告准则的全面改革和修订，为与国际准则保持同步，方便企业走出去，2013 年以来财政部又颁布修订了"合并财务报表（修订版）"、"财务报表列报（修订版）"、"职工薪酬（修订版）"、"长期股权投资（修订版）"、"合营安排"、"在其他主体中权益的披露"、"公允价值计量"等七个准则。我国现行会计准则体系的内容如下：

  企业会计准则——基本准则
  企业会计准则第 1 号——存货
  企业会计准则第 2 号——长期股权投资
  企业会计准则第 3 号——投资性房地产
  企业会计准则第 4 号——固定资产
  企业会计准则第 5 号——生物资产
  企业会计准则第 6 号——无形资产
  企业会计准则第 7 号——非货币性资产交换
  企业会计准则第 8 号——资产减值
  企业会计准则第 9 号——职工薪酬
  企业会计准则第 10 号——企业年金基金
  企业会计准则第 11 号——股份支付
  企业会计准则第 12 号——债务重组
  企业会计准则第 13 号——或有事项
  企业会计准则第 14 号——收入
  企业会计准则第 15 号——建造合同
  企业会计准则第 16 号——政府补助
  企业会计准则第 17 号——借款费用
  企业会计准则第 18 号——所得税
  企业会计准则第 19 号——外币折算
  企业会计准则第 20 号——企业合并
  企业会计准则第 21 号——租赁
  企业会计准则第 22 号——金融工具确认和计量
  企业会计准则第 23 号——金融资产转移
  企业会计准则第 24 号——套期保值
  企业会计准则第 25 号——原保险合同
  企业会计准则第 26 号——再保险合同
  企业会计准则第 27 号——石油天然气开采
  企业会计准则第 28 号——会计政策、会计估计变更和差错更正
  企业会计准则第 29 号——资产负债表日后事项
  企业会计准则第 30 号——财务报表列报

企业会计准则第 31 号——现金流量表
企业会计准则第 32 号——中期财务报告
企业会计准则第 33 号——合并财务报表
企业会计准则第 34 号——每股收益
企业会计准则第 35 号——分部报告
企业会计准则第 36 号——关联方披露
企业会计准则第 37 号——金融工具列报
企业会计准则第 38 号——首次执行企业会计准则
企业会计准则第 39 号——公允价值计量
企业会计准则第 40 号——合营安排
企业会计准则第 41 号——在其他主体中权益的披露

值得说明的是，目前在我国第二层次的会计规范还包括：政府与非营利组织会计准则（制度）。传统上，我国政府与非营利组织会计包括适用于政府层面的财政总预算会计，以及适用于单位层面的行政单位会计和事业单位会计，这一"三足鼎立"的局面在为我国财政预算管理做出巨大贡献的同时，其弊端也不断显现，特别是在我国做出建立权责发生制政府综合财务报告的决定以后，这一"三足鼎立"的局面成为障碍。2015 年 10 月，财政部发布《政府会计准则——基本准则》，政府会计改革迈出关键一步。按照财政部政府会计改革日程今后还会制定政府会计具体准则和政府会计制度。

第三层次的会计规范是在国家会计法律和法规、会计准则和规则，以及信息披露准则等指导下，由企业根据自身的经营管理需要而制定的适用于本企业内部财务与会计管理的工作规范和管理制度。这些规范和制度在不同企业之间具有较大的差异，但是它们在保证会计工作质量方面的作用是相同的。

第三节 会计基础理论

一、会计目标

会计目标是指会计活动所要达到的目的，讨论会计目标涉及两个问题：其一，谁是会计信息的使用者；其二，需要提供哪些会计信息。由于会计主要以财务报告形式提供信息，因此，会计目标也称为财务报告目标。

目前流行的会计目标的观点有两大流派：决策有用学派和受托责任学派。决策有用学派认为，会计的目标是为信息使用者提供决策有用的信息；受托责任学派则认为，会计目标是向资源委托人报告受托经济责任的履行情况。

美国 FASB 在其第一号财务会计概念公告（SAFC NO.1）《企业编制财务报告的目标》中认为，财务报告目标应该包括以下几个方面：一是提供对现在和潜在的投资者、债权人和其他使用者做出合理的投资、信贷和类似决策的有用信息；二是提供有助于现在和潜在的投资者、债权人和其他使用者来自股利或利息及其来自销售、偿付、到期汇券或贷款等的实得收入和预期现金收入的金额、时间分布和不确定性的信息；三是提供与企业有关企业的经济资源，对这些资源的要求权（企业把资源转移给其他主体的责任和业主权益），以及使资源和资源要求权发生变动的交易、事项和情况的信息；四是提供关于企业如何获得并花费现金的信息；关于企业的举债和偿还借款的信息；关于资本交易的信息（包括分配给业主的现金股利和其他的企业资源的信息）；关于可能影响企业的变现能力或偿债能力的信息；五是提供关于企业管理当局在使用业主委托给它的企业资源时是怎样履行它对业主（股东）的"管家"责任的信息；六是提供对企业经理和董事们在按照业主利益进行决策时有用的信息。

国际会计准则委员会在《编报财务报表的框架》中仅以财务报表为对象，提出了财务报表的目标：提供在经济决策中有助于一系列使用者的关于企业财务状况、经营业绩和财务状况变动的信息，反映企业经营管理层受托责任的信息。在1997年修订的《财务报表列报》中写道："通用财务报表的目的是提供有助于广大使用者进行经济决策的有关企业财务状况、经营成果和现金流量的信息。财务报表还反映企业管理当局对受托资源保管工作的结果。"与美国FASB制定的财务报告目标相比，国际会计准则委员会的财务报表目标不仅考虑一系列使用者经济决策的有用性，又要求反映企业管理层对交付给它的经济资源的经营成果即受托责任。

我国《企业会计准则——基本准则》规定，财务报告的目标是向财务报告使用者提供与企业财务状况、经营成果和现金流量等有关的会计信息，反映企业管理层受托责任履行情况，有助于财务报告使用者做出经济决策。可见，我国财务报告的目标和国际财务报表目标趋于一致，将保护投资者利益、满足投资者信息需求放在了突出位置。

财务报告使用者主要包括投资者、债权人、政府及其有关部门和社会公众等。满足投资者的信息需要成为企业编报财务报告的首要出发点。根据投资者决策有用目标，财务报告所提供的信息应当如实反映企业所拥有或者控制的经济资源、对经济资源的要求权以及经济资源及其要求权的变化情况；如实反映企业的各项收入、费用、利得和损失的金额及其变动情况；如实反映企业各项经营活动、投资活动和筹资活动等所形成的现金流入和现金流出情况等，从而有助于现在的或者潜在的投资者、债权人以及其他使用者正确、合理地评价企业的偿债能力、资产质量、营运能力、盈利能力以及发展能力等，有助于投资者评估与投资有关的未来现金流量的分布状况和风险等，最终能导致投资者根据所提供的相关会计信息做出理性的投资决策。

除此之外，企业财务报告的使用人还包括债权人、社会公众、财政和税务等政府机构、证券交易所、财务分析机构和往来客户等。比如，债权人更关心企业还本付息的能力；政府机构则主要关心企业的资源配置状况和资本运营效率，以及税款缴纳和环境保护的投入情况等；企业内部职工和社会公众最关心企业的福利、工薪水平、劳动安全和职工培训，以及企业对社会的贡献状况。

现代企业制度强调企业所有权和经营权相分离，企业管理层是接受委托经营管理企业及各项资产，因此负有受托责任。为实现受托责任，企业管理当局要制定经营目标，分配有限的经济资源，安排和组织生产作业，选择恰当的投资项目，提高资金的运营效率。企业投资者和债权人等也需要及时了解企业管理层使用和保管资产的状况，以便评价企业管理层的责任情况和业绩情况，并决定是否需要调整各项投资和信贷政策，是否加强内部控制等监督制度建设和更换管理层的决定。因此，财务报告的目标还应当反映企业管理层受托责任履行情况。

二、会计确认、计量和报告的基本前提

会计确认、计量和报告的基本前提也称会计假设。会计假设是对会计信息系统运行所依存的客观环境中与会计相关的因素所进行的抽象与概括，是会计信息系统运行与发展的基本前提和制约条件。我国2014年新修订的《企业会计准则——基本准则》中会计假设和前提主要有四项，即会计主体、持续经营、会计分期和货币计量。

（一）会计主体

会计在确认、计量、报告时必须首先明确会计主体，即为谁确认、计量和报告，确认、计量和报告谁的经济业务。我国《企业会计准则——基本准则》第五条明确规定：企业应当对其本身发生的交易或者事项进行会计确认、计量和报告。从规定可以看出，会计主体规定的是会计核算的空间范围和界限，它明确区分了一个会计主体与另一个会计主体之间的经济业务和事项；明确区分了一个会计主体与其所有者之间的经济利益关系。

一般地，法人主体都是会计主体，但是，不具有法人资格的独资企业、合伙企业或一个企业组织下属的分公司和几个法人主体构成的一个经济实体（此实体不一定是法人主体）都可以构成会计主体。会计主体既可以是营利组织，也可以是非营利组织。随着科学技术的进步和社会经济的发展，会计主体的形式不断地发生变化，比如，虚拟企业、网络站点都可能成为新的会计主体形式，而且，有的会计主体寿命期很长，有的会计主体寿命期很短。但无论怎么变化，会计主体的本质内涵和基本功能都不会发生改变。

（二）持续经营

从企业经营的存续时间看，存在两种可能：一种是企业在近期可能面临破产清算；另一种是在可以预见的将来，企业会持续经营下去。不同的可能性决定了企业要采用不同的方法进行确认、计量和报告。为了保证会计确认、计量和报告的正确性，就必须对此作出选择和判断。一般地，尽管任何企业都存在破产、清算的风险，但不可能预见何时破产、清算。其次，从企业经营实践看，绝大多数企业在可以预见的将来都确实能持续经营下去。我国《企业会计准则——基本准则》第六条明确规定：会计确认、计量和报告应当以持续经营为前提。即：在可以预见的将来，企业不会面临破产、清算，企业将会按既定目标持续不断地经营下去。在持续经营的情况下，企业将按既定的用途使用现有的资产，同时也将按最初承诺的条件去清偿债务。所以，企业会计确认、计量和报告应当以持续、正常的生产经营活动为前提，而不能以企业破产清算为前提。

（三）会计分期

为了及时地提供决策所需的财务及其相关的经济信息，我们不得不将企业"持续经营的长河"人为地划分为一个个区间，这就是会计分期。只有按照会计分期前提进行会计确认、计量和报告，才能确保会计信息的及时提供，才能确保会计信息的有用性。我国《企业会计准则——基本准则》第七条明确规定：企业应当划分会计期间，分期结算账目和编制财务会计报告。会计期间分为年度和中期。中期是指短于一个完整的会计年度的报告期间。因此，企业除了提供年度报告外，还需要提供半年度报告、季度报告和月度报告，根据管理的需要，企业还可以划分出其他的会计期间。在计算机技术迅速发展的今天，为了更好地为决策者服务，及时提供会计信息，会计期间呈现出越来越短的趋势，有些企业开始提供周报、日报，有些企业甚至提供实时财务报告。持续经营和会计分期都是关于会计核算的时间方面的界定。

（四）货币计量

会计主体、持续经营和会计分期分别解决了会计核算中的空间与时间问题，会计核算还必须解决计量的手段问题，货币计量假设应运而生。企业在生产经营活动中涉及大量错综复杂的经济业务，这些业务又表现为一定的实物形态，如现金、存货、机器设备、厂房建筑物等。由于它们的实物形态不同，可采用的计量方式也多种多样。如：长度、重量、台、件等。如果要连续、系统、全面、综合地反映经济业务，显然无法采用各种实物计量单位进行计量。而货币是商品的一般等价形式，企业的生产要素在实物形态上表现各异，但它们在价值形式上却具有同质性，完全可以采用统一的货币计量单位。我国《企业会计准则——基本准则》第八条明确规定：企业会计应当以货币计量。也就是说，会计只记录那些能够以货币表示的交易与事项。

货币作为会计的计量单位，其价值必须是稳定的，否则就没法对经济交易和事项进行度量。因此，"币值稳定"是货币计量假设的附带假设。一般情况下，我国企业的会计核算和报告工作以人民币为记账货币，称为记账本位币。业务收支以人民币以外的货币为主的企业，可以选定其中一种货币作为记账本位币，但是在编报财务会计报告时应当将其折算为人民币。

三、会计信息质量要求

（一）真实性

真实性又称客观性，我国《企业会计准则——基本准则》第十二条明确规定：企业应当以实际发生的交易或者事项为依据进行会计确认、计量和报告，如实反映符合确认和计量要求的各项会计要素及其他相关信息，保证会计信息真实可靠、内容完整。具体而言，真实性要求：会计反映的交易和事项必须真实发生，记载交易和事项的会计凭证要可靠，根据真实的交易和事项以及真实会计凭证编制的会计报表要公允，反映财务状况、经营成果和现金流动的情况要完整，不得弄虚作假、欺骗会计信息使用者。

（二）相关性

相关性又称有用性，我国《企业会计准则——基本准则》第十三条明确规定：企业提供的会计信息应当与财务会计报告使用者的经济决策需要相关，有助于财务会计报告使用者对企业的过去、现在或者未来的情况做出评价或者预测。会计信息的价值在于其对决策有用，如果一个会计主体提供的会计信息缺乏对决策的影响，会计信息就没有相关性，会计信息就失去存在的价值。在我国，会计信息的使用者主要是投资者、债权人、政府及其有关部门和社会公众等，因此，相关性就是要使会计核算和报告形成的信息有助于他们做出各种各样的经济决策。

（三）明晰性

明晰性是指企业提供的会计信息应当清晰明了，便于财务会计报告使用者理解和利用。具体的，明晰性要求：会计凭证、账簿和报告的书写要清楚，不得随意涂改；会计信息的内容和表述要简明扼要，通俗易懂。力求使会计信息使用者容易理解和接受。

(四) 可比性

我国《企业会计准则——基本准则》第十五条明确规定：企业提供的会计信息应当具有可比性。具体而言，可比性包括两层含义：首先，同一企业不同时期发生的相同或者相似的交易或者事项，应当采用一致的会计政策，不得随意变更。确需变更的，应当在附注中说明。有些学者将可比性在这个方面的规定称为一致性或一贯性。其次，不同企业发生的相同或者相似的交易或者事项，应当采用规定的会计政策，确保会计信息口径一致，相互可比。

(五) 实质重于形式

实质重于形式，是指企业应当按照交易或者事项的经济实质进行会计确认、计量和报告，不应仅以交易或者事项的法律形式为依据。因为在实际工作中，有时候会计事项的法律形式与经济实质不一致，为了反映企业的真实情况，就必须根据其经济实质而不是法律形式来进行会计确认、计量和报告。例如，一个企业融资租赁租入固定资产，从法律形式上看，该资产的所有权并未发生转移，但是从经济实质看，该资产上所内含的报酬和风险已经发生转移，企业应该将该项固定资产视为自有固定资产管理，将该固定资产记录入账，并按期计提折旧。只有坚持实质重于形式，才不会误导会计信息的使用者。

(六) 重要性

会计信息的提供是有成本的，因此，会计主体在提供会计信息时，既要考虑信息的完整性，还得考虑信息的重要性。我国《企业会计准则——基本准则》第十七条明确规定：企业提供的会计信息应当反映与企业财务状况、经营成果和现金流量等有关的所有重要交易和事项。具体而言：对资产、负债、损益等有较大影响，进而影响财务会计报告使用者据以做出合理判断的重要会计事项，必须按照规定的会计方法和程序进行处理，并在财务会计报告中予以充分的披露；对于次要的会计事项，在不影响会计信息真实性、完整性和不至于误导会计信息使用者做出正确判断的前提下，可适当简化处理。

(七) 谨慎性

我国《企业会计准则——基本准则》第十八条明确规定：企业对交易或者事项进行会计确认、计量和报告应当保持应有的谨慎，不应高估资产或者收益、低估负债或者费用。谨慎是指在有不确定因素的情况下做出所要求的估计时，在判断中加入一定程度的谨慎，以便不虚计资产或收益，也不少计负债和费用。具体的，谨慎性要求会计人员只有在"相当确定"(reasonably certain)的条件下才能确认资产和收益；但是，在"相当可能"(reasonably possible)的条件下就应该确认负债和费用。对各项资产减值及时做出处理就是谨慎性在会计核算中的具体运用。坚持谨慎性可以保证企业报送的会计信息中所反映的所有者权益和净收益的质量。

(八) 及时性

及时性，是指企业对于已经发生的交易或者事项，应当及时进行会计确认、计量和报告，不得提前或者延后。它要求当期发生的经济业务必须在当期处理，不得拖延，做到及时记账、结账、编制财务会计报告，并及时将信息传递出去，以便会计信息使用者及时使用。会计信息具有极强的时效性，只有及时提供会计信息，才能提高会计信息的有用性。

四、会计要素与会计等式

会计要素是为实现会计目标，以会计基本前提为基础，对会计对象的基本分类；是会计确认、计量和报告对象的具体化；是用于反映会计主体财务状况和经营成果的基本单位[①]。我国《企业会计准则——基本准则》第十条明确指出："企业应当按照交易或者事项的经济特征确定会计要素。会计要素包括资产、负债、所有者权益、收入、费用和利润。"这六大会计要素可以划分为两大类，即反映财务状况的会计要素和反映经营结果的会计要素。反映财务状况的会计要素包括资产、负债和所有者权益；反映经营结果的会计要素包括收入、费用和利润。

（一）会计要素

1. 资产

我国《企业会计准则——基本准则》规定：资产是指企业过去的交易或者事项形成的、由企业拥有或者控制的、预期会给企业带来经济利益的资源。可以从以下几方面理解资产的定义：（1）预期在未来发生的交易或事项不形成资产。企业过去的交易或事项包括购买、生产、建造行为或其他交易或者事项。这既是会计谨慎性的表现，又是会计信息可靠性的保障。（2）由企业拥有或者控制，是指企业享有某项资源的所有权，或者虽然不享有某项资源的所有权，但该资源能被企业所控制。（3）预期会给企业带来经济利益，是指直接或者间接导致现金和现金等价物流入企业的潜力。符合上述资产定义的资源，在同时满足以下条件时，才能确认为资产：（1）与该资源有关的经济利益很可能流入企业；（2）该资源的成本或者价值能够可靠地计量。

企业可以从多种渠道取得资产，如吸收投资，取得贷款，接受赠与等。有些资产是有形的，有些资产是无形的。企业的所有资产通常按流动性大小进一步分类为流动资产和非流动资产，比如货币资金、应收及预付款项、存货等构成企业的流动资产；长期股权投资、固定资产、无形资产等构成企业的非流动资产。

2. 负债

我国《企业会计准则——基本准则》规定：负债是指企业过去的交易或者事项形成的、预期会导致经济利益流出企业的现时义务。可以从以下几方面理解负债的定义：（1）负债是由过去的交易和事项而形成的现时义务。所谓现时义务，是指企业在现行条件下已承担的义务。未来发生的交易或者事项形成的义务，不属于现时义务，不应当确认为负债。（2）负债的本质是企业在现时条件下应承担的义务，是依照法律、合同或类似文件而担负的强制性责任。负债的清偿可能要动用各种资产或提供一定的劳务，即负债的履行预期会导致经济资源流出企业。符合上述负债定义的义务，在同时满足以下条件时，才能确认为负债：（1）与该义务有关的经济利益很可能流出企业；（2）未来流出的经济利益的金额能够可靠地计量。

有些负债因借贷活动而发生，比如短期借款和长期借款；有些负债因经营活动或经营

[①] 余国杰，梁瑞红. 会计学. 清华大学出版社，2007：18.

所得而形成，比如应付账款和应付股利。企业的所有负债通常按照偿付期限的长短进一步分为流动负债和非流动负债。流动负债包括短期借款、应付及预收款项、应交税费、应付职工薪酬等；非流动负债包括长期借款、长期应付款、应付债券等。

3. 所有者权益

我国《企业会计准则——基本准则》规定：所有者权益，是指企业资产扣除负债后由所有者享有的剩余权益。公司的所有者权益又称为股东权益。从所有者权益的定义看，所有者权益具有以下特征：（1）从性质上看，所有者权益是一项剩余权益，是企业的投资人对该企业净资产的要求权，是资产与负债相抵的结果。所有者权益因此又被称作净资产。（2）会计报表上列示的所有者权益金额取决于资产与负债的计量。

所有者权益的来源包括所有者投入的资本、直接计入所有者权益的利得和损失、留存收益等。直接计入所有者权益的利得和损失，是指不应计入当期损益、会导致所有者权益发生增减变动的、与所有者投入资本或者向所有者分配利润无关的利得或者损失。所有者权益的具体项目有实收资本（或者股本）、资本公积、盈余公积和未分配利润。

4. 收入

我国《企业会计准则——基本准则》规定：收入是指企业在日常活动中形成的、会导致所有者权益增加的、与所有者投入资本无关的经济利益的总流入。从收入的定义看，收入具有以下特征：（1）收入会导致企业所有者权益增加。这是由收入使企业的资产增加或负债清偿所形成的结果。（2）收入来自企业的日常活动，非日常活动形成的经济利益流入在所有者权益或利得中反映。（3）收入只有在经济利益很可能流入从而导致企业资产增加或者负债减少、且经济利益的流入额能够可靠计量时才能予以确认。

5. 费用

我国《企业会计准则——基本准则》规定：费用是指企业在日常活动中发生的、会导致所有者权益减少的、与向所有者分配利润无关的经济利益的总流出。从费用的定义看，费用具有以下特征：（1）费用会导致企业所有者权益减少。这是由费用使企业的资产流出、消耗或负债增加所形成的结果。（2）费用来自企业的日常活动，非日常活动形成的经济利益流出主要在损失中反映。（3）费用只有在经济利益很可能流出从而导致企业资产减少或者负债增加、且经济利益的流出额能够可靠计量时才能予以认定。

企业为生产产品、提供劳务等发生的可归属于产品成本、劳务成本等的费用，应当在确认产品销售收入、劳务收入时，将已销售产品、已提供劳务的成本计入当期损益；企业发生的支出不产生经济利益的，或者即使能够产生经济利益但不符合或者不再符合资产确认条件的，应当在发生时确认为费用，计入当期损益；企业发生的交易或事项导致其承担了一项负债而又不确认为一项资产的，应当在发生时确认为费用，计入当期损益。

6. 利润

我国《企业会计准则——基本准则》规定：利润是指企业在一定会计期间的经营成果。利润包括收入减去费用后的净额、直接计入当期利润的利得和损失等。从利润的定义看，利润具有如下特征：（1）利润是收入与费用相抵的结果，利得和损失也是利润项目的调整数。（2）收入、费用、利得和损失的确认与计量标准决定了利润的金额。

（二）会计等式

会计等式也称会计平衡公式，是表明各会计要素之间基本关系的恒等式，它揭示了六大会计要素之间的内在联系。

企业要从事生产经营活动，一方面必须拥有一定数量的资产。这些资产以各种不同的形态分布于企业生产经营活动的各个阶段，成为企业生产经营活动的基础。另一方面，这些资产或者来源于债权人，形成企业的负债；或者来源于投资人，形成企业的所有者权益。由此可见，资产和负债与所有者权益，实际上是同一价值运动的两个方面，一个是"来龙"，另一个是"去脉"。因此，这两方面之间必然存在着恒等关系。这种恒等关系随着企业所处的会计期间不同，有着不同的表现形式。

在某一个会计期的期初，或者期末结账以后，由于会计要素中只有资产、负债和所有者权益，因此会计等式为：

$$资产 = 负债 + 所有者权益$$

这是最基本的会计等式，属于静态等式。它反映了资产、负债和所有者权益之间的数量关系，是复式记账和编制资产负债表的基础。

在某一个会计期间，随着企业经营活动的进行，企业会取得收入，并发生相应的费用。企业在一定时期内的收入扣除相关的费用后，即为企业的利润，于是有了反映企业经营成果的会计等式：

$$收入 - 费用 = 利润$$

这一等式属于动态等式，反映了企业经营成果与收入和费用的关系，是编制利润表的基础。

企业取得利润，表明企业的资产总额增加。企业的利润是属于所有者的，取得利润意味着所有者权益也增加。反之，如果企业发生亏损，企业资产减少的同时所有者权益也减少。将利润或亏损并入基本会计等式，出现了第三个会计等式：

$$资产 + 费用 = 负债 + 所有者权益 + 收入$$

这是综合反映企业财务状况和经营成果之间关系的会计等式。从这个会计等式可以看出，企业的经营成果最终会影响企业的财务状况，利润会使企业的资产增加（或负债减少）、所有者权益增加；亏损则使企业的资产减少（或负债增加）、所有者权益减少。

当一个会计期间结束后，利润（或亏损）被并入所有者权益项目，会计等式又恢复成"资产=负债+所有者权益"的基本形式。这个期末的会计等式也就是下一期期初的会计等式，它将随着企业下一期经营活动的进行发生变化。

五、权责发生制与收付实现制

在企业经济活动中，有时货币收支业务与经济业务本身并不一致。如款项已经收到，但销售并未完成；或者款项已经支付，但并不是为当期经营活动而发生的。在确认、计量和报告企业的收入或费用时，是根据收到或者支付款项作为记录收入或者费用的依据还是以取得收款权利或者支付款项的责任为记录收入或者费用的依据，就形成了两种不同的记账基础，前者称为收付实现制，后者称为权责发生制。

在收付实现制下，对收入和费用的确认、计量和报告，完全按照款项实际收到或支付的日期为基础来确定它们的归属期。而权责发生制,则是以权利责任发生为基础来确定本期收入和费用。在权责发生制下,凡应属于本期的收入和费用,不论其款项是否已收付,均作为本期收入和费用处理;反之,凡不属于本期的收入和费用,即使其款项已在本期收到或付出,也不作为本期收入和费用处理。两种会计处理基础的比较如表1-1所示。

表1-1　　　　　　　　　　　权责发生制与收付实现制的比较

举例	权责发生制	收付实现制
7月份一次收讫下半年出租房屋的租金	7月份的租金收入为总收入的六分之一;其余为7月份的预收收入	全部作为7月份的收入
7月把含本月在内的未来两年的杂志订阅费一次付讫	7月的订阅费仅为整笔支出的1/24;其余部分为7月的预付费用	全部作为7月份的费用
与购货单位签订合同,分别在4月、5月、6月份销售3批产品,货款于6月末一次结清	分别作为4月、5月、6月份的收入;4月、5月份应收而未收到收入为应计收入	全部作为6月份的收入
7月向银行借入为期3个月的借款,利息到期(即9月份)一次偿还	借款利息分别作为7月、8月、9月的费用;7月、8月份应付而未付的利息费用为应计费用	全部作为9月份的费用

由上述比较可以看出,与收付实现制相反,在权责发生制下,必须考虑预收、预付以及应收、应付。虽然采用权责发生制核算比较复杂,但能真实、合理反映当期收入和费用,正确反映各期盈亏。因此,我国《企业会计准则——基本准则》第九条规定:"企业应当以权责发生制为基础进行会计确认、计量和报告。"

第四节　会计职业与会计学科体系

会计职业是人们利用会计知识和技能从事的工作领域。会计学科是对会计实践进行抽象和概括,并对会计规律进行系统研究的科学体系。

一、会计职业

职业是指个人在社会中所从事的并以其为主要生活来源的工作。会计职业是会计人员以专业技能和职业判断从事会计工作的一系列领域。会计师提供的信息对投资者和整个社会的利益有着广泛的影响,因此,会计师明确自己的职业责任尤为重要。

前面我们提及的会计,特指存在于企业中的会计。实际上,会计职业不仅限于企业,同样也存在于其他各类经济组织中,如政府部门、学校、医院等。按照服务对象不同,会计职业可以分为三大类:企业会计、政府与非营利组织会计和社会会计。

(一)企业会计职业

企业会计以企业为会计主体,以企业的经济活动作为会计信息的加工来源,专门为一家企业的会计工作服务，为企业内外的会计信息使用者提供决策所需的信息，从而帮助他们做出正确的决策。由于从事企业会计工作的会计师专门为一家公司工作，因此，在西方国家企业会计又称为私人会计（private accounting）。

从企业会计师在企业内部开展的工作看，企业会计又可细分为以下工作领域：（1）主要负责企业经济业务及其事项的核算和报告工作的企业财务会计。（2）主要负责企业短期经营决策和长期投资决策方案的制订、经营预算和资本预算的编制、责任会计的推行、内部业绩的评价、成本的计算与管理等工作的企业管理会计。（3）主要负责评价企业内部控制体系和企业经营效率与效果的内部审计。（4）主要负责企业的投资和筹资管理，以实现企业价值最大化为工作目标的财务管理等。

从事企业会计工作的人员很多，从会计实务的角度考察，西方企业中的会计人员主要包括首席财务官（CFO）、财务经理（financial manager）、财务主任（treasury）、主计长（controller）和一般的会计人员等。我国则在国有或国有控股的大中型企业中设有总会计师；普通企业中一般设有主管财务与会计工作的副总经理，下面有财务经理、综合计划主管、核算主管、成本主管、普通会计人员和出纳员等。

（二）政府与非营利组织会计职业

政府和非营利组织手中的经济资源丰富，这些资源也需要合理的配置和运营，做出与此相关的很多决策都需要大量的会计信息，因此，政府和非营利组织会计是整个会计体系不可或缺的重要组成部分。

政府与非营利组织会计，概指服务于政府行政机关和事业单位等非营利组织中的会计，如政府部门、学校、图书馆、医院、科研单位和慈善机构等的会计。在我国，政府及非营利组织会计由财政总预算会计、行政单位会计、事业单位会计和民间非营利组织会计构成。其中，财政总预算会计、行政单位会计和事业单位会计通常合称为预算会计，是政府与非营利组织会计的最主要组成部分，民间非营利组织会计相对比较独立，也有组织会接受政府补助。

（1）财政总预算会计。总预算会计是各级政府财政部门核算、反映和监督政府财政总预算执行情况和结果的专业会计。我国财政总预算会计的组成与政府财政总预算组成体系相一致，分为五级，即中央、省（自治区、直辖市）、市（地、州）、县（市）和乡（镇）政府预算会计。2015年10月财政部颁布了修订后的《财政总预算会计制度》。

（2）行政单位会计。行政单位会计是以行政单位发生的各项经济业务为对象，记录和反映行政单位自身的各项经济活动、资金和财产的专业会计。在行政单位会计中，行政单位泛指各级各类国家机关和政党组织。如人民代表大会这样的国家立法机关；外交部、财政部、教育部这样的国家执法机关；各级人民法院这样的国家司法机关等。根据机构建制和经费领报关系，行政单位的会计组织系统，分为主管会计单位、二级会计单位和基层会计单位。目前执行的是财政部于2013年12月修订的《行政单位会计制度》。

（3）事业单位会计。事业单位会计是以事业单位发生的各项经济业务为对象，记录和反映事业单位自身的各项经济活动、资金和财产的专业会计。在事业单位会计中，事业单位泛指由政府举办的各级各类向社会提供公益服务的组织。如高等学校、中小学这样的教育事业单位；医院和基层医疗卫生机构这样的医疗卫生事业单位；图书馆、文化馆这样的文化事业单位等。财政部于 2012 年 12 月颁布了修订后的《事业单位会计制度》。

（4）民间非营利组织会计。民间非营利组织会计是指核算、反映和监督民间非营利组织经济活动过程及其结果的专业会计。民间非营利组织包括依照国家法律、行政法规登记的社会团体、基金会、民办非企业单位和寺院、宫观、清真寺、教堂等。民间非营利组织的资源主要来源于社会捐赠和缴纳会费。除此之外，提供商品和服务收入、政府补助收入等也是资源的来源渠道。目前执行的是 2004 年 8 月财政部颁布的《民间非营利组织会计制度》。

政府和非营利组织自身的会计核算和财务管理工作都属于政府与非营利组织会计工作的范畴，这些工作也为会计人员提供了良好的职业机会。

（三）社会会计职业

社会会计也称公共会计，是指会计师事务所从事的面向全社会各类企业、事业和行政单位提供会计、审计和咨询服务，并按规定向客户收取服务费用的会计职业。公共会计的组织机构为会计师事务所，从业人员一般具有注册会计师资格，因为其面向社会单位并公开提供会计服务，因此同只为本单位服务的企事业单位、行政单位会计相对应，它被称为社会会计或公共会计。社会会计的主要业务包括：财务报表审计、资产评估、资本验证、会计服务、税务服务、管理咨询服务、经济案件鉴证、参与办理企业解散、破产的清算事项等。

目前在我国，社会会计承担的主要业务是财务报表审计。会计师事务所接受客户委托后，对企业所提供的财务报表进行审查并发表审计意见。鉴于审计业务是会计师事务所的主要业务，因此社会会计也被称为社会审计；社会审计机构和人员独立于财务报表使用者和提供者，因此也被称为独立审计。

在我国，会计师事务所及其注册会计师，由中国注册会计师协会（CICPA）管理。目前各国一般规定注册会计师必须接受过一定程度的教育，具有一定的实践经验，参加并通过相关的考试后才能申请取得执业资格。

二、会计职业道德

职业道德是指从事一定职业的人员在职业活动中应遵循的行为规范的总和。会计职业道德，指在会计职业活动中应当遵循的、体现会计职业特征的、调整会计职业关系的各种经济关系的职业行为准则和规范。

会计职业作为社会经济活动中一种特殊职业，其职业道德与其他职业的职业道德相比具有自身的特征：一是具有一定的强制性。如为了强化会计职业道德的调整职能，我国会计职业道德中的许多内容都直接纳入了会计法律制度之中。二是较多关注公众利益。会计职业的社会公众利益性，要求会计人员客观公正，在会计职业活动中，发生道德冲突时要坚持准则，把社会公众利益放在第一位。

由于会计工作的社会效应很大，会计人员更要注意培养自己的职业道德，并主动遵循会计职业道德。相当多的职业会计组织对会计人员的职业道德规范做出了明确规定，希望会计师们认真遵循。如美国注册会计师协会对注册会计师的职业道德要求是遵循公众利益、具有诚信、客观和独立性，同时在完成职责时需要保持应有的关注。美国管理会计协会也专门规定：作为专业人士，管理会计人员必须尽其对自己、同事和其所属组织的义务，保持较高的道德行为标准。国际内部审计师协会在《内部审计师协会道德准则》中对会员的职业道德要求是诚实、客观和勤奋。

我国《会计法》第五章"会计机构和会计人员"中明确指出：会计人员应当遵守职业道德，提高业务素质。对会计人员的教育与培训工作应当加强。中国注册会计师协会在其《职业道德基本准则》对职业道德的重要要求是：独立、客观、公正，具有专业胜任能力，对客户、对同行、对职业组织具有责任感。财政部发布的《会计基础工作规范》中提到"会计人员应当按照会计法规和国家统一会计制度规定的程序和要求进行会计工作，保证所提供的会计信息合法、真实、准确、及时、完整；会计人员办理会计事务应当实事求是、客观公正；会计人员应当熟悉本单位的生产经营和业务管理情况，运用掌握的会计信息和会计方法，为改善单位内部管理、提高经济效益服务；会计人员应当保守本单位的商业秘密，除法律规定和单位领导人同意外，不能私自向外界提供或者泄露单位的会计信息"。

由此可见，会计师的职业道德涵盖了"职业之道"与"职业之德"两个方面。"职业之道"，即职业技能，指会计师必须具备的知识、方法与技能，"职业之德"指会计师应当具备的态度、作风、良知、职业观念、职业责任与职业荣誉感等。要体现崇高的职业道德，职业技能与职业品质缺一不可：会计师若没有娴熟的专业技能，其优良的职业品质难以表现；但若没有优良的职业品质再娴熟的职业技能也无法更好得服务社会。由此可见，"职业之道"与"职业之德"二者互为根本，密不可分。会计人员经常会面临这样的问题，比如：一个公司的财务问题在何时足以引起企业在可预见的将来陷入财务危机，甚至影响持续经营，这样的信息又应该在何时通过会计报表传递给信息使用者？企业利润粉饰的行为在什么情况下超过了正当界限，使得会计报表实际上已经在误导投资者？这些都需要会计人员的道德判断。另外，对公众利益、行业利益、企业利益的关注是会计人员职业道德中十分重要的方面，诚实、正直、勤奋也是对会计人员的基本要求。

三、会计学科体系

会计学是在人类长期从事会计工作的基础上，通过理论工作者进行抽象、概括而逐步形成、并不断完善的专门研究会计理论和会计方法的应用型学科，会计学是经济管理学的重要分支。会计学的核心是解决一个主体所发生的经济业务的确认、计量、记录和报告的问题，它是研究社会经济现象中一个主体资金运动计量规律的科学。由于具体的研究内容不同，会计学形成了不同的分支学科。关于分支学科的划分，在不同的历史时期、出于不同的目的会有不同的标准；划分标准不同，会计分支学科的构成也不一样。

（一）会计学按照研究内容的分类

按照研究内容的不同，会计学主要分为会计学原理、中级财务会计学、高级财务会计学、管理会计学、成本会计学、会计史学和国际会计学等。

会计学原理，又被称为"基础会计学"、"初级会计学"等，主要阐述会计的一些原理性知识。具体而言，会计学原理侧重于研究会计的基本理论、基础知识和基本方法。会计的基本理论主要包括会计的本质和特征、会计的产生与发展历史、会计与社会环境之间的关系、会计的目标和会计信息的质量特征、会计的对象和要素、会计的职能和方法、会计的假设和原则、会计准则和会计的经济后果等问题。会计的基础知识主要包括会计职业、会计工作的组织、会计人员的职权、会计的法律法规等。会计的基本方法主要包括设置账户、复式记账、填制和审核凭证、登记账簿、成本计算、财产清查、编制报表等会计核算方法，以及会计预测、决策、控制和分析方法等。会计的基本理论、基础知识和基本方法相互嵌入，互相影响，形成了会计学原理的知识体系和内容体系。

中级财务会计学是对会计学原理相关问题所作的延伸性研究，主要讨论会计要素确认、计量、记录和报告的理论问题与方法问题；高级财务会计学主要探讨特殊业务和复杂业务的会计理论和处理方法等问题；管理会计学主要研究如何为内部管理人员提供决策所需信息的问题；成本会计学则重点研究企业的成本核算、成本控制、成本预测和成本决策等理论和方法问题；会计史学主要研究会计发展的基本过程和规律问题；国际会计学主要讨论跨国公司中的有关经济业务的会计处理方法和理论问题。

(二) 会计学按照其应用部门的分类

会计学科体系按照其应用部门划分，可分为工业企业会计、农业企业会计、商品流通企业会计、施工企业会计、金融企业会计、交通运输企业会计、旅游饮食服务企业会计和政府与非营利组织会计等。

(三) 会计学按照涉及的核算主体分类

按照涉及的核算主体的范围不同，会计学可以分为微观会计学和宏观会计学。微观会计学涉及的核算主体主要是营利组织和非营利组织，营利组织除企业外，还有以营利为目标的事业单位，微观会计学主要对单个会计主体的会计理论和方法进行研究。宏观会计学涉及的核算范围比较宽，它是对一个国家或地区范围内的经济活动及其成果进行核算，宏观会计主要反映宏观的资金运动状况及其效果，宏观会计学对宏观资金运动方面的会计理论和会计方法进行研究。

会计学科的分类是相对的，到目前为止，人们对会计学的分类标准并没有一致的认识，按照不同分类标准得出的结果之间也有较大的交叉性，但是上面对会计学科分类所作的简单介绍有助于初学者对会计学的丰富内容有一个初步的了解，更多的会计学问题有待未来学习和研究。

第五节　现代会计的发展与展望

一、现代会计发展的若干新领域

(一) 人力资源会计

通过本章第一节会计的演进，我们明确了会计从古至今的历史演进过程。到了20世纪60年代末70年代初，以美国为首的西方发达国家步入后工业时代（或称知识经济时代），一场"新的产业革命"时期到来，这次革命的根本问题是知识的生产和利用。由于任何知识都是人类创造和发明的，因此，人在生产过程中的重要作用日益被认识，人力资源会计由此诞生。1964年，美国密歇根大学的赫曼森（G. Hermanson）教授明确提出了人力资源会计的概念。自此以后,人力资源会计开始受到会计职业界和学术界的重视。美国会计学会(AAA)、美国注册会计师协会(AICPA)等职业团体多年来一直致力于人力资源会计理论和方法的探讨,特别是1973年,AAA下属的人力资源会计研究委员会(CHAR)发表报告对人力资源会计作出了积极的评价,更是推动了人力资源会计的发展。然而,人力资源会计的推广施行并非一帆风顺,在经过了60年代后期的创始阶段和70年代初、中期的初步实验阶段以后,人力资源会计在70年代后期和80年代初期却陷入了低迷的境地,甚至在90年代以后仍发展缓慢。在20世纪末,由于知识经济的兴起,人力资源会计重新受到社会各界的重视,其研究和推广工作呈现出"柳暗花明"的态势。

人力资源的确认和计量是人力资源会计的核心内容。人力资源会计确认所需要解决的问题是:将人力资源作为何种会计要素加以确认?计量问题是人力资源会计所面临的最大问题。人力资源会计的发展之所以迟迟难以取得突破,最关键原因就是人力资源的计量问题尚没有很好的解决之道。正因为人力资源的计量问题尚未得到很好的解决,世界各国的会计准则制定机构并不要求企业在财务报表中报告与人力资源有关的会计信息。如今,虽然人力资源在会计报表中反映还不太可能,但我们完全可以在表外披露企业的人力资源管理政策、人力资源结构的信息,以及核心人力资源的详细信息。人力资源信息的表外披露可以在一定程度上弥补现行财务会计体系对于人力资源反映的不足。

(二)社会责任会计

科学技术的发展是一把双刃剑,它一方面为人类的未来和幸福提供了空前未有的物质财富;另一方面也使未来笼罩上阴影——空气和水资源这些人类赖以生存的物质被污染、不可再生资源被过度开采等。这一系列现实问题给会计学家提出了新课题:如何用会计手段来揭示会计主体应该承担的社会责任。于是20世纪70年代社会责任会计应运而生。社会责任会计具体反映和揭示企业在处理与社会的相互关系时所应承担的责任及其履行情况。由于企业与社会的相互关系体现在许多方面,企业的社会责任所涉及的范围十分广泛,包括环境污染的治理、能源的综合利用、就业环境与机会、社会福利事业等。

20世纪80年代以后,社会责任会计的重点转移到环境会计或绿色会计上。20世纪90年代以来,环境会计的研究和实务取得了较大的进展,并独立为会计的一个新兴分支。目前,在发达国家,自愿编制和对外发布环境报告(environmental report)正成为企业中的流行趋势。

(三)战略管理会计

20世纪60年代产生的战略管理浪潮催生了战略管理会计,而战略管理会计又全面而深刻地改变了整个管理会计的导向和理念。1981年,战略管理会计概念的首创者肯尼斯·西蒙兹(Kenneth Simmonds)将战略会计定义为"用于构建监督企业战略的有关企业及其竞争对手的管理会计数据的提供与分析"。他认为战略管理会计应该侧重于本企业与竞争对手的对比,收集竞争对手关于市场份额、定价、成本、产量等方面的信息;战略管理会计研究的主要内容应包括:市场份额的评估;战略预算的编制(把本企业和竞争对手的信息按多栏式预算格式加以对比反映);竞争地位的变化研究(以企业现状为起点,改变资本结构或定价策略将会给企业竞争地位造成的影响);等等。

战略管理会计是管理会计服务于企业战略管理需求的产物,是服务于战略管理的会计信息系统,是管理会计向战略管理领域的延伸和渗透;它既提供顾客和竞争对手具有战略相关性的外向型信息,也对企业内部的信息进行采集和分析,从而帮助企业决策者进行竞争战略的制定和实施,最大限度地促进本企业价值链的改进和完善,使企业能够创造并保持长期竞争优势。

二、移动互联网时代会计的新发展

1991年万维网(world wide web)的诞生,开启了人类的互联网时代;2007年苹果公司推出以因特网为基础的智能手机(iPhone),促使人类进入移动互联网时代。国家互联网信息中心的统计数据表明,截至2014年年底,我国网民总数已达6.49亿,85.8%的网民通过手机上网。移动互联网不仅改变了我们的生活方式,而且颠覆了传统的商业模式。2016年3月21日,阿里巴巴宣布其2016财年(2015年4月1日—2016年3月31日)电商交易额突破3万亿元人民币。这意味着,1999年创立的阿里巴巴在财年内有望超越1962年成立的沃尔玛,成为全球最大零售平台,世界上最大的虚拟店超越了世界上最大的实体店。此外,以小米、海尔为代表的智能制造,让我们看到了工业4.0在中国落地生根的曙光。移动互联网时代下的技术更迭迅速,商业模式创新层出不穷。在营商环境发生翻天覆地变化的背景下,会计理论和实务也应与时俱进。

管理大师彼得·德鲁克早就告诫我们:"现在企业之间的竞争,已经不是产品质量之间的竞争,而是商业模式之间的竞争。"简而言之,商业模式就是公司通过什么途径或方式来赚钱。比如快递公司通过送快递来赚钱;网络公司通过点击率来赚钱;通信公司通过收话费赚钱;超市通过平台和仓储来赚钱;等等。只要有赚钱的地儿,就有商业模式存在。同样的产品、同样的质量、同样的品牌,采用不同的商业模式,可以产生截然不同的竞争力和盈利能力。

移动互联网时代日新月异的商业模式创新,对会计具有深远的影响①:

商业模式创新急需拓展资产要素的定义,放宽会计确认的标准。用户数量、信息资源、交易平台、行业地位等要素对于移动互联网企业维持核心竞争力和价值创造能力至关重要,但因其不符合现行的资产定义,且难以可靠计量,往往被排除在资产负债表之外。如果不拓展资产定义会严重低估这些移动互联网企业的价值。

商业模式创新急需赋予企业更大的计量属性选择权。资产负债的分类、计量属性的选择应更多地依据商业模式。移动互联网企业的商业模式创新方兴未艾,资产的效用大小取决于运用资产的方式方法,相同的资产采用不同的商业模式,其创造价值和现金流量的能力也将产生重大差异。从会计角度,计量属性反映的是会计要素金额的确定基础,主要包括历史成本、重置成本、可变现净值、现值和公允价值等。不同的计量属性,会使相同的会计要素表现为不同的货币数量。统一的计量属性显然不适合新经济、新业态的营商环境,这要求包括国际会计准则委员会在内的各国准则制定机构赋予企业根据其特定的商业模式选择计量属性的权利。

商业模式创新急需完善财务报告特别是分部报告的披露。当前许多移动互联网企业采

---

① 黄世忠. 移动互联网时代财务与会计的变革与创新. 财务与会计, 2015 (21).

用第三方付费的商业模式，通过免费提供微信和QQ等社交服务，吸引一部分用户从事网络游戏进而获取收入和利润。此时，有偿服务的收入如何与免费服务的成本相配比，如何编制和披露分部报告，是值得会计界探讨的问题。如果这些问题不解决，采用第三方付费商业模式的企业，其披露的分部报告将严重高估有偿服务的盈利能力，对报表使用者产生误导。

商业模式创新急需明确商业模式在财务报告中的角色。在商业模式不断创新的时代背景下，会计理论界关于商业模式在财务报告中的角色，引起不少争议。争议主要集中在三方面：财务报告应否反映报告主体的商业模式；如何定义商业模式；在财务报告中引入商业模式将对概念框架产生什么影响。因此，各国准则制定机构需要澄清商业模式在财务报告中的角色、地位和作用。

【案例讨论】

从审计意见看企业持续经营①

《证券日报》市场研究中心和WIND数据显示，*ST广厦、*ST东碳、S*ST生化、*ST中华A、*ST科健、*ST大地和*ST创智等7家上市公司的2010年年报被会计师事务所出具了无法表示意见的审计报告。

其中，比较典型的是*ST科健。武汉众环会计师事务所为该公司2010年年报出具了无法表示意见的审计报告。他们认为，导致无法表示意见的事项如财务报表附注（九）所述，中科健公司2010年12月31日合并净资产为-12.02亿元，已严重资不抵债，存在多项巨额逾期借款、对外担保；中科健公司面临多项诉讼，部分资产被查封或冻结，生产经营规模萎缩；中科健公司已两次提出重大资产重组方案，但均已终止；已有债权人向法院提出破产重整申请等。截至审计报告日，中科健公司管理层在其书面评价中表示将继续采取包括资产重组等措施；但由于多项措施并没有进入实施阶段，无法获取充分、适当的审计证据以证实其能否有效改善中科健公司的持续经营能力，因此无法判断中科健公司继续按照持续经营假设编制2010年度财务报表是否适当。然而令人疑惑的是，自2011年1月4日至5月5日，该公司股价累计涨幅已达47.16%，而且于4月1日至4月15日出现了九连阳，涨幅达26.13%，同时也达到了当年的最高股价11.45元，随后震荡下挫。

分析思考：
1. 上市公司的股价是否可以反映企业的业绩和持续经营能力？
2. "持续经营"意味着什么？怎样判断企业是否能够持续经营？
3. 什么是"持续经营假设"？企业编制财务报表为什么要基于"持续经营假设"？除此之外，企业编制财务报表还应该基于哪些基本假设（前提）？为什么？

---

① 参见张新民，钱爱民. 财务报告解读与分析. 电子工业出版社，2014，作者进行了改编。

【资料链接】

万福生科财务舞弊及处罚①

企业概况及舞弊事件经过：

万福生科（湖南）农业开发股份有限公司（以下简称"万福生科"）前身系湖南省桃源县湘鲁万福有限责任公司，于2003年5月8日成立。公司以2009年9月30日为基准日，采用整体变更方式设立万福生科（湖南）农业开发股份有限公司。万福生科于2011年9月15日在深圳证券交易所首次公开发行1 700万股，并于2011年9月27日在深圳证券交易所创业板挂牌上市，法定代表人为龚永福。公司自成立以来，一直从事稻米深加工，并在国内首创以大米淀粉糖、大米蛋白为核心产品的稻米精深加工及副产物高效综合利用的循环经济生产模式，公司产品主要为高麦芽糖浆、麦芽糊精、葡萄糖粉、大米蛋白粉、米糠油、食用米等。

万福生科在上市不到一年的2012年9月14日，发布被立案稽查公告，称公司因涉嫌违反有关证券法律法规被证监会湖南监管局勒令调查，万福生科由此成为中国创业板造假第一股。万福生科造假事件初露端倪是在2012年8月，湖南证监局在对万福生科进行例行检查时，发现了该公司的两套账本。由此，万福生科财务舞弊问题逐渐浮出水面。

2012年10月26日，万福生科发布了长达29页的《关于重要信息披露的补充和2012年中报更正的公告》，并在公告中承认2012年中报存在重大遗漏和虚假记载，该更正报告显示，公司在2012年半年报中虚增营业收入187 590 816.61元、虚增营业成本145 558 495.31元、虚增利润40 231 595.41元，未披露公司上半年停产事项。2012年11月，深交所发布公告，公开谴责万福生科2012年中报造假行为。与此同时，万福生科发布致歉公告。

2013年3月2日，万福生科发布了《关于重大事项披露及股票复牌的公告》，公告显示，"公司2008年至2011年累计虚增收入7.4亿元左右，虚增营业利润1.8亿元左右，虚增净利润1.6亿元左右。"2013年9月，证监会调查结果显示，"万福生科2008年至2010年财务数据存在虚假记载，公司不符合公开发行股票的条件。经查，万福生科为了达到公开发行股票并上市的条件，由董事长兼总经理龚永福决策，并经财务总监覃学军安排人员执行，2008年至2010年分别虚增销售收入12 262万元、14 966万元、19 074万元，虚增营业利润2 851万元、3 857万元、4 590万元。扣除上述虚增营业利润后，万福生科2008年至2010年扣除非经常性损益的净利润分别为-332万元、-71万元、383万元。"另外，"万福生科2011年虚增销售收入28 681万元，2012年上半年虚增销售收入16 549万元，也未就公司2012年上半年停产事项履行及时报告、公告义务。"据调查，负责万福生科IPO的保荐机构平安证券及负责审计的中磊会计师事务所也未能保持应有的职业谨慎，都面临监管机构开出的巨额罚单。

---

① 根据中国证监会相关报告整理。

处理结果：

2013 年 9 月 24 日，证监会对万福生科公布了处罚决定，证监会决定：

(1) 责令万福生科改正违法行为，给予警告，并处以 30 万元罚款；

(2) 对龚永福（董事长）给予警告，并处以 30 万元罚款；

(3) 对严平贵（副总经理）给予警告，并处以 25 万元罚款；

(4) 对蒋建初（副董事长）、张行（董事）、杨荣华（董事）、肖德祥（董事）、邹丽娟（独立董事）、单杨（独立董事）、程云辉（独立董事）、刘炎溪（监事）、王湛浙（监事）、张苏江（监事）、文会清（副总经理）给予警告，并分别处以 20 万元罚款；

(5) 对马海啸（董事）给予警告，并处以 15 万元罚款；

(6) 对黄平（副总经理）、叶华（副总经理）、肖明清（董事会秘书）、肖力（副总经理）、李玉强（副总经理）给予警告，并分别处以 10 万元罚款；

(7) 对杨满华（副总经理）给予警告，并处以 5 万元罚款。

同时，鉴于证监会已依法将万福生科及主要负责人员龚永福、覃学军涉嫌欺诈发行股票行为和涉嫌违规披露、不披露重要信息行为移送司法机关处理，证监会决定对该两类行为中已涉嫌犯罪的万福生科、龚永福、覃学军不再进行行政处罚，相应违法事实中涉及的虚构销售收入、营业利润等财务数据，以司法机关认定为准。

同时，对负责审计的中磊会计师事务所作出如下处罚：

(1) 责令中磊所改正违法行为，没收业务收入 98 万元，并处以 196 万元罚款；

(2) 对王越、黄国华（均为万福生科 IPO 财务报表审计报告签字注册会计师）给予警告，并分别处以 10 万元罚款；

对保荐机构平安证券作出如下处罚：

(1) 责令平安证券改正违法行为，给予警告，没收业务收入 2 555 万元，并处以 5 110 万元罚款，暂停保荐业务许可 3 个月；

(2) 对吴文浩（万福生科项目保荐代表人）、何涛（万福生科项目保荐代表人）、薛荣年（平安证券总经理）、曾年生（平安证券总经理助理）、崔岭（平安证券总公司投资银行事业部上海业务负责人）给予警告，并分别处以 30 万元罚款，撤销证券从业资格；

(3) 对汤德智（平安证券万福生科项目组成员）给予警告，并处以 10 万元罚款，撤销证券从业资格。

近年来，中外各种财务丑闻时有发生。在西方，"麦道夫丑闻"给投资者带来巨额损失，还有美国安然、施乐、世界通信等公司先后爆出财务丑闻。在我国，企业损益不实、多计利润等问题也很突出。2000 年猴王股份、东方电子；2001 年重庆实业、银广厦公司；2002 年蓝田股份；2005 年达尔曼；2007 年德棉股份；2009 年五粮液；2010 年绿大地、四川长虹；2011 年紫鑫药业；2012 年胜景山河；2013 年万福生科等公司财务舞弊相继披露。

财政部对部分企业会计信息质量抽检的结果显示，当前我国会计信息失真的主要原因是"人为操作"造成的，而会计信息质量的好坏与会计人员职业道德水平密切相关。这表明会计人员职业道德问题突出。朱镕基曾对会计人员提出"不做假账"的题词。"不做假账"真实客观反映企业经济活动状况，本应是会计人员必须遵守的最基本的职业道德规范，但却需要惜墨如金的朱镕基作为校训题词给国家高级会计人才的培养基地上海国家会计学院。个中缘由，值得深思。

第二章 会计循环

【学习目标】

1. 了解会计循环的基本原理及操作步骤;
2. 理解会计科目的概念,会计要素与会计科目的关系;
3. 掌握借贷记账法及会计分录的编制;
4. 了解原始凭证与记账凭证;
5. 了解账簿与账户的关系,熟悉登账过程;
6. 能够编制试算平衡表,理解试算平衡的作用和局限;
7. 了解会计报表的编制方法。

第一节 会计循环原理

在日常的生产经营活动中,企业要想得到经营管理所需要的资料和有价值的信息,必须通过许多会计工作程序将复杂繁多的经济业务整理简化成为会计报表,形成会计循环的过程。我国传统会计实务中的会计核算程序是对会计循环的继承和发展。

一、会计记录的作用

发生于企业生产经营过程中,能够引起会计要素增减变化的交易,在会计中称为经济业务(business transactions),也称会计事项或交易。

严格地说,会计不仅反映涉及所有权转换的买卖性交易,如购买资产或销售商品等;也涉及管理权力和责任发生变更的经济业务,如生产车间从仓库领用材料、生产部门将生产完工的产成品验收入库等;有时还要对一些不涉及所有权转换和管理权力变更的事件做出记载和报告,如资产减值对企业资产价值的影响等。

企业无需在每次交易后都编制新的财务报表。相反,企业将每项单独交易的影响累计在会计记录中。然后,每隔一个规律性的期间(会计期间),运用这些累计的数据来编制财务报表。

会计记录(accounting records)不只是用来编制财务报表,在日常的经营工作中,管理者及相关人员也会使用会计记录:

(1) 建立会计主体控制下的资产和交易的会计责任;
(2) 保留交易活动的记录过程,如企业银行户头的金额、应收账项的金额等;
(3) 获取特殊交易的详细信息;

(4) 评价企业内部各个部门的运作情况和效率；

(5) 保留企业交易活动的文件记录。

会计实务中这些会计记录如何累计？如何通过一个个工作步骤形成会计报表？大约100多年前，会计循环出现。会计循环实务的产生和会计循环理论的出现是簿记发展到会计阶段的主要标志之一。

二、会计循环的概念

所谓会计循环，是指会计人员在一定会计期间内，从取得反映企业所发生的经济业务的原始凭证开始，到编制出会计报表为止所经历的各个会计工作步骤的依次继起，逐步进行，周而复始和不断循环的过程。

会计循环过程中的每一个工作环节都有专门的方法，比如设置账户、复式记账、填制和审核凭证、登记账簿和编制报表等。因此也可以说，会计循环就是运用一系列的程序与方法，按一定顺序进行依次继起的账务处理的过程①。

根据上文所述，可以用图 2-1 来表示会计循环所包括的工作。

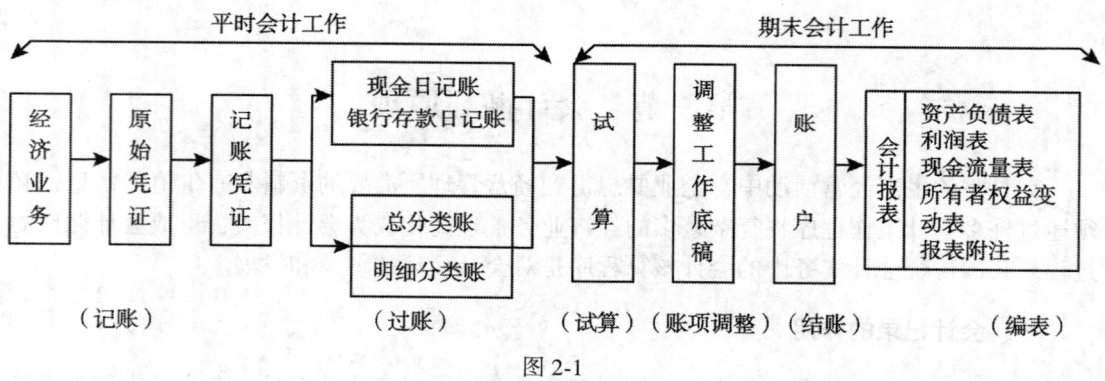

图 2-1

在持续经营的企业，会计循环正是通过各种记账凭证的填制、各种账簿的登记和各种报表的编制来完成的。前文提到的会计记录，会计实务中称会计分录。所谓会计分录，简称分录，是会计人员所做的分门别类的记录；严格地讲，是指经济业务发生时，会计人员按照记账规则的要求，确定并列示应借应贷会计科目的名称及其金额的一种简明记录。编制会计分录主要涉及四个方面的问题：(1) 编制会计分录的依据：原始凭证。(2) 编制会计分录所涉及各会计要素的具体项目：会计科目。(3) 编制会计分录的方法：借贷记账法。(4) 编制会计分录的地方：记账凭证。本章第二节主要讲解这四个问题，第三节讲解会计循环的第二个关键步骤——登记账簿，第四节讲解会计循环的第三个关键步骤——编制会计报表。

---

① 廖洪. 会计学原理. 武汉大学出版社，2002：234.

第二节　借贷记账法与会计凭证

一、原始凭证

（一）原始凭证的概念及分类

原始凭证又称单据，是指在经济业务发生或完成时所取得或填制的，载明经济业务具体内容和完成情况，明确业务经办人员责任的书面证明，是进行会计核算的原始资料和依据，如发票、收据、银行结算凭证、领料单等。原始凭证是经济业务发生的第一手资料，是一种很重要的凭证。原始凭证的种类、格式多种多样，可以按照不同标准进行分类。按其来源不同，可分为外来原始凭证和自制原始凭证。

（1）外来原始凭证。它是指同其他单位发生经济业务时，从发生经济业务往来的单位或个人取得的原始凭证。例如，购货时从供应单位取得的发票，如表2-1所示。销货收款后将购货单位的支票等送存银行后从银行取得的进账单的回单，如表2-2所示。

表2-1　　　　　　　　　　　**增值税专用发票**

开票日期：　　　　　　　　　　　发票联　　　　　　　　　　　　　　No：

购货单位	名称				纳税人登记号		
	地址电话				开户银行及账号		

货物或应税劳务名称	计量单位	数量	单价	金　额（百十万千百十元角分）	税率（%）	金　额（百十万千百十元角分）
合计						
价税合计	（大写）　百十万千百十元角分（小写）¥					

购货单位	名称				纳税人登记号		
	地址电话				开户银行及账号		
	备注						

收款人：　　　　复核：　　　　开票人：　　　　销货单位（未盖章无效）：

表 2-2   中国××银行进账单（回单或收款通知）
                                年　月　日   第　号

付款人	名　称		收款人	名　称	
	账　号			账　号	
	开户银行			开户银行	

人民币（大写）		千	百	十	万	千	百	十	元	角	分
票据种类											
票据张数		收款人开户行盖章									
主管　　　会计　　　复核　　　记账											

增值税专用发票的联次统一规定为四联，各联次用途分别为：第一联为存根联，由销货方留存备查；第二联为发票联，购货方据此做付款的记账凭证；第三联为税款抵扣联，购货方做扣税凭证；第四联为记账联，销货方据此做销售的记账凭证。进账单一般为两联：第一联为回单联，由银行盖章后退回进账单位；第二联由银行作为其收入凭证。

（2）自制原始凭证。自制原始凭证是指由本单位经办业务的部门和人员在执行或完成某项经济业务时，根据经济业务的内容自行填制的凭证。例如，仓库保管人员在验收入库材料时填制的"收料单"，如表 2-3 所示；在完工产成品入库时填制的"产品入库单"，如表 2-4 所示；车间向材料仓库领取材料时填制的"领料单"，如表 2-5 所示。

表 2-3   **收料单**
收料部门：　　　　　材料类别：　　　年　月　日　　收料仓库：　　　　　编　号：

材料编号	名称	规格	单位	数量	单价	总值	备注
	合　计						

主管：　　　　　　　　　　　　记账：　　　　　　　　　　　　仓库保管：

表 2-4   **产品入库单**
　　　　　　　　　　　　　　　　　　　　　　　　　　　　　　　　编　号：
交库单位：　　　　　　　　　　年　月　日　　　　　　　　　产品仓库：

产品编号	产品名称	规格	单位	交付数量	检验结果		实收数量	单价	金额
					合格	不合格			
备　注									

记账：　　　　　　检验：　　　　　　仓库：　　　　　　　　　　　　经办人：

表 2-5 **领料单**

材料类别：
领料部门：　　　　　　　　　　　　　　　　　　发料仓库：
用　途：　　　　　　　　　年　月　日　　　　　编　号：

材料编号	材料名称	规格	单位	数　　量		计划单价	金额
				请领	实发		

主管：　　　　　记账：　　　　　　　　仓库保管：　　　　　　　领料人：

产品入库单一般为三联：第一联为存根联；第二联交会计部门，会计人员据此登记产品明细账；第三联是仓库记账联，作为仓库明细账的依据。收料单、领料单的联次基本类似，在此不一一赘述。

原始凭证是会计人员编制会计分录的依据。会计人员收到供应单位的发票，确认购货业务发生；收到本单位出纳所开支票的存根，确认付款业务发生；同时收到供应单位的发票和本单位出纳所开支票的存根，确认购货付款业务发生。同样，会计人员收到本单位销售部门所开发票的记账联，确认销货业务发生；收到银行进账单的回单，确认收款业务发生；同时收到本单位销售部门所开发票的记账联和进账单的回单，确认销货收款业务发生。

（二）原始凭证的基本内容

在现实经济生活中，由于企业的经济业务复杂多样，经济管理要求各不相同，因而记录经济业务的各种原始凭证也不尽相同。但是，原始凭证作为反映经济业务已经发生或完成的原始证明，必须具备说明经济业务发生或完成情况、明确有关人员经济责任等基本内容。因此，原始凭证无论其格式、外表形状多么不同，但就基本内容来看都具有以下几方面的共同点：

1. 原始凭证的名称

原始凭证的名称表明原始凭证所记录的经济业务类型，反映原始凭证的用途。如"收料单"表明仓库收到了购入的原材料并已验收入库，"领料单"表明企业内部某职能部门向仓库领用材料的业务，"发票"表明企业的销售或采购业务等。

2. 凭证填制日期

填制原始凭证的日期应该是经济业务发生或完成的日期。如果在业务发生或完成时，因各种原因未能及时填制原始凭证的，应以实际填制日期为准。如在领料单上要写明填制领料单的日期，以备考察。

3. 凭证的编号

凭证编号是为了加强会计管理和监督。

4. 交易双方单位的名称

一份完整的原始凭证应该能载明交易双方单位的名称，以便准确地反映双方的经济责任,否则就很难追查其真实性。如"××公司"、"××商场"等,单位名称要写全称,不得省略。

5. 经济业务的基本内容

包括所发生经济业务的摘要、名称、规格及有关附注说明等内容。

6. 经济业务所涉及的数量、单价和金额

如领料单上要有计量单位、数量、单价和金额等,这些不仅是记账所必需的资料,也是检查业务的真实性、合理性和合法性所必需的。

7. 填制单位及有关人员的签章

如领料单上应有主管人员、记账人员、领料单位负责人、领料人和发料人的签名或签章,这是明确经济责任所必需的。

以上这些只是原始凭证的基本内容,是原始凭证的共同特征,对于一些特殊的原始凭证,还应当符合一定的附加条件。例如:

(1) 外来原始凭证应该使用统一的发票,发票上应该印有税务专用章,必须加盖开票单位的公章,但几种公认的特殊外来原始凭证例外,如火车票、机票、汽车票等。

(2) 支付款项的原始凭证,必须有收款单位和收款人的收款证明,不能仅仅以支付款项的有关凭证代替。

(3) 购买实物的原始凭证,必须附有验收证明。

(4) 销售货物并发生退回时,必须以退回发票、退回验收证明和对方的收款收据作为原始凭证。

(5) 职工暂借款时填制的借款单,必须附在记账凭证后。收回借款时,应该另外开收据或者退还借款副本,不得退还原借款凭证。

(6) 需经有关部门批准办理的某些特殊业务,应将批准文件作为原始凭证的附件,若批准文件需单独归档,应在凭证上注明批准机关名称、日期和文件字号。

在实际工作中,各会计主体可以根据经济业务的特点和本单位会计核算和管理的需要,按照原始凭证应当具备的基本内容和补充内容,设计和使用适合本单位的各种原始凭证,以充分发挥原始凭证的作用。对于在一定范围内经常发生的同类经济业务,可以由有关主管部门设计统一的原始凭证格式。例如,由税务部门统一印制的增值税专用发票、交通部门统一印制的运费单据、中国人民银行统一印制的结算凭证等。这样可以加强宏观管理,防止舞弊等违法行为的发生。

(三) 原始凭证的填制

原始凭证作为经济业务的最初证明,其填制必须符合一定的要求。这些要求可以概括为:填制内容真实,填制内容完整,填制方法规范,填制时间及时。

1. 记录真实

填制在凭证上的内容和数字,必须真实可靠,要符合有关经济业务的实际情况,不得扭曲经济业务的真相,弄虚作假。同时,填制原始凭证时要注意:购买实物的原始凭证必须有验收证明;支付款项的原始凭证必须有收款单位和收款人的收款证明。对于实物的数量质量检验和金额计算,都要经过严格的审核。从外单位取得的原始凭证若有遗失,应取得原签发单位盖有财务专用章的证明,并证明原来凭证的编号、金额和内容等,经单位负责人审批之后，可代作原始凭证。对于确实无法取得证明的，如火车票、飞机票等凭证，由当事人写出详细情况，由经办单位负责人批准后，可代作原始凭证。

2. 内容完整

凭证中的各项内容，包括基本内容和补充内容都要详尽地填写齐全，不得漏填或省略不填。如果项目填写不全，则不能作为经济业务的合法证明，也不能作为有效的会计凭证。需要填写一式数联的凭证必须用复写纸套写，各联的内容必须完全相同，联次也不得短少；手续必须完备，经办业务的有关部门和人员要认真审查并签名盖章；有附件的必须注明附件的自然张数，其有效金额必须相等。各种附件应附在原始凭证背面。如凭证数量较多，应从原始凭证右上角起按自右向左顺序重叠粘贴，不得遮盖报销金额。

另外，内容完整还包括：经办人员和有关责任人的签章齐备。为了明确经济责任，原始凭证必须有相关经办人员或部门的签章；从外单位取得的原始凭证必须盖有填制单位的公章或财务专用章；发票必须有税务部门监制印章；收据必须有财政部门监制印章；从个人取得的原始凭证必须有填制人员的签名或者盖章；自制原始凭证必须有经办单位领导或者其指定的人员签名或盖章；对外开出的原始凭证必须加盖本单位公章。

3. 书写规范

各种凭证的书写要用蓝黑墨水、文字要简要，若要填制一式几联的原始凭证，可以用圆珠笔加双面复写纸复写，各联字迹必须保持清晰，易于辨认，属于套写的凭证，一定要写透，不要上面清楚，下面模糊。不得使用未经国务院公布的简化字。大小写金额的书写符合规范。

书写规范还包括：凭证不得随意涂改、乱擦、挖补。填写错误需要更正时，应用画线更正法，即将错误的文字和数字，用红色墨水画线注销，再将正确的数字和文字用蓝字写在画线部分的上面，并签字盖章。提交银行的各种结算凭证的大小写金额一律不得涂改。

同时，各种凭证必须编号，以便查证。各种凭证如果已经预先印定编号，在写坏作废时，应当加盖"作废"戳记，并全部保存，不得撕毁。一式几联的原始凭证应当注明各联的用途，只能以一联作为报销凭证。一式几联的发票和收据，必须用双面复写纸套写连续编号。作废时应当加盖"作废"戳记，连同存根一起保存，不得撕毁。

4. 填制及时

各种原始凭证的填制应该及时，要在经济业务发生、执行或完成时即予以填制，不可拖延时日，以防事过境迁，记忆模糊，出现差错，难以查清。填制完成的原始凭证应按规定程序及时传递到会计部门，以便审核并据以编制记账凭证（会计分录）。

（四）原始凭证的审核

为了防止不符合填制要求的原始凭证影响会计信息的质量，由会计部门对一切外来的和自制的原始凭证进行严格的审核。原始凭证的质量直接关系到会计核算工作的质量。各种原始凭证除由经办业务的有关部门审核外，最后还要由会计部门进行审核。及时审核原始凭证，是对经济业务进行的事前监督。在审核原始凭证时，必须注意审核原始凭证的合规性、完整性、正确性。

1. 审核原始凭证的合法性、合规性和真实性

审核人员首先需审核原始凭证所反映的经济业务是否符合现行的法律、法规、政策、

法令、制度、计划、预算和合同；是否符合本单位制定的有关规则、规章、预算和计划的要求；是否如实反映了经济业务的本来面貌。审核有无违反规定的开支标准而乱支乱用，随意扩大费用开支范围的情况，有无弄虚作假、贪污舞弊、违法乱纪的行为。

如有违反合法性、合规性和真实性原则的情况，要向本单位领导汇报，提出拒绝执行的意见。必要时，可向上级领导机关反映有关的情况。对于弄虚作假、营私舞弊、伪造涂改凭证等违法乱纪行为，必须及时揭露，并向领导汇报。只有经过审核无误的原始凭证，才能作为填制记账凭证、登记账簿的依据。

2. 审核原始凭证的完整性

审核人员还需审核原始凭证是否具备作为合法有效凭证所必须具备的基本内容。原始凭证的格式、内容和填制手续是否符合规定的要求，即各项内容是否填写齐全，手续是否完备，文字和数字是否填写清楚，有关部门单位和经办人员是否已签字盖章，是否经过主管人员审批同意，对填制给外单位的原始凭证应在凭证上加盖本单位财务专用章等。对于内容填列不全、手续不完备、书写不清楚的原始凭证应退回补办手续或更正后，才能据以办理有关业务并登记入账。

3. 审核原始凭证的正确性

审核原始凭证的正确性主要是看原始凭证中的中文摘要和数字是否填写清楚、正确，数量、单价、金额的计算有无差错，大写和小写的金额是否相符等。会计人员对于填写不清楚或有误的原始凭证，应退给原经办人员更正后才能受理。

原始凭证的审核是一项政策性很强的工作，会计人员要做好原始凭证的审核工作，切实发挥会计的监督作用。审核无误的原始凭证才能作为编制记账凭证和登记明细分类账的依据。对审核中发现不真实、不合法、不合理的原始凭证，应拒绝付款、拒绝报销或拒绝执行，同时向有关领导报告；对于填写不齐全、手续不完备、书写不清楚、计算不正确的原始凭证，应责令经办人员补填齐全，补办手续，更正错误或更换原始凭证，情节严重的还应报请单位负责人或上级处理，并追究其法律责任。

二、会计科目

（一）会计科目的概念

会计科目是按照经济内容或用途对会计要素所作的进一步分类后所规定的名称，它也是会计账户的名称。如前所述，会计要素分为资产、负债、所有者权益、收入、费用和利润六大类，这些要素只是对会计对象按属性区分的大类，显得过于笼统和粗略，难以满足有关各方对会计信息的需求。例如，存货和固定资产都属于资产，但它们的实物形态和经济用途各不相同；应付账款和长期借款都属于企业的负债，但它们的形成来源和偿还期限各不相同；实收资本和资本公积都属于所有者权益，但它们的来源渠道和使用方式各不相同。会计信息使用者不仅要了解每一类会计要素的总括情况，还要了解详细情况。因此，有必要对会计要素做进一步的分类，这种进一步分类形成的项目就是会计科目。

会计科目的设置对于会计核算和会计报表编制有着重要意义。首先，它使会计要素进一步明确化与具体化，便于进行会计上的反映和控制，并为会计信息使用者提供有关企业财务状况、经营成果的更为全面、系统、准确的信息。其次，会计科目的合理设置是运用借贷记账法编写会计分录、设置会计账户与账簿、编制会计报表的前提条件。资产负债表、利润表上所列示的项目基本上是会计科目。

(二) 会计科目的分类

按照所属的会计要素类别，会计科目可以划分为资产类、负债类、所有者权益类、收入类、费用类和利润类。表 2-6 基本上采用了这种分类方法，将会计科目划分为资产类、负债类、所有者权益类、共同类、成本类和损益类。其中，共同类会计科目主要用来核算那些兼具资产与负债属性的金融工具；成本类科目则是费用类账户的一个子类，主要适用于制造业企业；损益类则包括了收入类账户和一部分费用类账户。

表 2-6 会计科目表

顺序号	编号	会计科目名称	
		一、资产类	
1	1001	库存现金	
2	1002	银行存款	
3	1003	存放中央银行款项	银行专用
4	1011	存放同业	银行专用
5	1015	其他货币资金	
6	1021	结算备付金	证券专用
7	1031	存出保证金	金融共用
8	1051	拆出资金	金融共用
9	1101	交易性金融资产	
10	1111	买入返售金融资产	金融共用
11	1121	应收票据	
12	1122	应收账款	
13	1123	预付账款	
14	1131	应收股利	
15	1132	应收利息	
16	1211	应收保户储金	保险专用
17	1221	应收代位追偿款	保险专用
18	1222	应收分保账款	保险专用
19	1223	应收分保未到期责任准备金	保险专用
20	1224	应收分保保险责任准备金	保险专用
21	1231	其他应收款	
22	1241	坏账准备	

续表

顺序号	编号	会计科目名称	
23	1251	贴现资产	银行专用
24	1301	贷款	银行和保险共用
25	1302	贷款损失准备	银行和保险共用
26	1311	代理兑付证券	银行和证券共用
27	1321	代理业务资产	
28	1401	材料采购	
29	1402	在途物资	
30	1403	原材料	
31	1404	材料成本差异	
32	1406	库存商品	
33	1407	发出商品	
34	1410	商品进销差价	
35	1411	委托加工物资	
36	1412	包装物及低值易耗品	
37	1421	消耗性生物资产	农业专用
38	1431	周转材料	建造承包商专用
39	1441	贵金属	金融共用
40	1442	抵债资产	金融共用
41	1451	损余物资	保险专用
42	1461	存货跌价准备	
43	1471	融资租赁资产	租赁专用
44	1501	持有至到期投资	
45	1502	持有至到期投资减值准备	
46	1503	可供出售金融资产	
47	1511	长期股权投资	
48	1512	长期股权投资减值准备	
49	1521	投资性房地产	
50	1531	长期应收款	
51	1541	未实现融资收益	
52	1551	存出资本保证金	保险专用
53	1601	固定资产	

续表

顺序号	编号	会计科目名称	
54	1602	累计折旧	
55	1603	固定资产减值准备	
56	1604	在建工程	
57	1605	工程物资	
58	1606	固定资产清理	
59	1611	未担保余值	租赁专用
60	1621	生产性生物资产	农业专用
61	1622	生产性生物资产累计折旧	农业专用
62	1623	公益性生物资产	农业专用
63	1631	油气资产	石油天然气开采专用
64	1632	累计折耗	石油天然气开采专用
65	1701	无形资产	
66	1702	累计摊销	
67	1703	无形资产减值准备	
68	1711	商誉	
69	1801	长期待摊费用	
70	1811	递延所得税资产	
71	1821	独立账户资产	保险专用
72	1901	待处理财产损溢	
		二、负债类	
73	2001	短期借款	
74	2002	存入保证金	金融共用
75	2003	拆入资金	金融共用
76	2004	向中央银行借款	银行专用
77	2011	同业存放	银行专用
78	2012	吸收存款	银行专用
79	2021	贴现负债	银行专用
80	2101	交易性金融负债	
81	2111	卖出回购金融资产款	金融共用
82	2201	应付票据	
83	2202	应付账款	

续表

顺序号	编号	会计科目名称	
84	2205	预收账款	
85	2211	应付职工薪酬	
86	2221	应交税费	
87	2231	应付利息	
88	2232	应付股利	
89	2241	其他应付款	
90	2251	应付保单红利	保险专用
91	2261	应付分保账款	保险专用
92	2311	代理买卖证券款	证券专用
93	2312	代理承销证券款	证券和银行共用
94	2313	代理兑付证券款	证券和银行共用
95	2314	代理业务负债	
96	2401	递延收益	
97	2501	长期借款	
98	2502	应付债券	
99	2601	未到期责任准备金	保险专用
100	2602	保险责任准备金	保险专用
101	2611	保户储金	保险专用
102	2621	独立账户负债	保险专用
103	2701	长期应付款	
104	2702	未确认融资费用	
105	2711	专项应付款	
106	2801	预计负债	
107	2901	递延所得税负债	
		三、共同类	
108	3001	清算资金往来	银行专用
109	3002	外汇买卖	金融共用
110	3003	外汇结售	银行专用
111	3101	衍生工具	
112	3201	套期工具	
113	3202	被套期项目	

续表

顺序号	编号	会计科目名称	
		四、所有者权益类	
114	4001	实收资本	
115	4002	资本公积	
116	4101	盈余公积	
117	4102	一般风险准备	金融共用
118	4103	本年利润	
119	4104	利润分配	
120	4201	库存股	
		五、成本类	
121	5001	生产成本	
122	5101	制造费用	
123	5103	待摊进货费用	
124	5201	劳务成本	
125	5301	研发支出	
126	5401	工程施工	建造承包商专用
127	5402	工程结算	建造承包商专用
128	5403	机械作业	建造承包商专用
		六、损益类	
129	6001	主营业务收入	
130	6011	利息收入	金融共用
131	6021	手续费及佣金收入	金融共用
132	6031	原保费收入	保险专用
133	6032	分保费收入	保险专用
134	6041	租赁收入	租赁专用
135	6051	其他业务收入	
136	6061	汇兑损益	金融专用
137	6101	公允价值变动损益	
138	6111	投资损益	
139	6201	摊回保险责任准备金	保险专用
140	6202	摊回赔付支出	保险专用
141	6203	摊回分保费用	保险专用

续表

顺序号	编号	会计科目名称	
142	6301	营业外收入	
143	6401	主营业务成本	
144	6402	其他业务支出	
145	6403	营业税金及附加	
146	6411	利息支出	金融共用
147	6421	手续费及佣金支出	金融共用
148	6501	提取未到期责任准备金	保险专用
149	6502	提取保险责任准备金	保险专用
150	6511	赔付支出	保险专用
151	6521	保单红利支出	保险专用
152	6531	退保金	保险专用
153	6541	分出保费	保险专用
154	6542	分保费用	保险专用
155	6601	销售费用	
156	6602	管理费用	
157	6603	财务费用	
158	6604	勘探费用	
159	6701	资产减值损失	
160	6711	营业外支出	
161	6801	所得税费用	
162	6901	以前年度损益调整	

除了上述分类标准，会计科目按其提供核算指标的详简程度不同，分为总分类科目和明细分类科目。总分类科目也称总账科目或一级科目，是对会计要素具体内容进行的总括分类，提供总括的会计信息，如"库存现金"、"无形资产"、"短期借款"等都属于总分类科目。明细分类科目也称明细账科目或明细科目，是对总分类科目的进一步分类，提供更详细和具体的会计信息。在会计实务中，除少数总分类科目不必设置明细科目外，大多数要设置明细分类科目。例如，在"应付账款"总分类科目下按照债权人单位或姓名设置明细科目，以反映应付账款的具体对象；在"固定资产"总分类科目下按照固定资产的类别设置"房屋建筑物"、"机器设备"、"运输车辆"等明细科目，以反映固定资产的具体内容。如果某一个总分类科目包含的明细科目较多，可以在总分类科目和明细分类科目之间增设二级科目，形成总分类科目、二级科目、明细科目三个层次。例如，原材料种类、规格繁多的企业，在"原材料"总分类科目之下，可以按照原材料的种类分别设置

"原料及主要材料"、"辅助材料"、"燃料"等二级科目；在二级科目以下，还可根据材料的具体名称设置明细分类科目；通过为原材料设置三个层次的会计科目并展开分类核算，企业就可以随时掌握各类原材料的具体数量和金额，从而加强对原材料的管理。

在国外，企业所使用的会计科目一般是由企业自行设置的，科目的名称及其内涵、外延通常都是约定俗成的，政府并不为所有企业都规定统一的会计科目体系。在我国，财政部制定并颁布的会计准则对企业所使用的会计科目做出了统一规定，企业需要遵照执行。但《企业会计准则》（2006）应用指南中同时规定企业在不违反会计准则确认、计量规定的前提下，可根据本企业的实际情况自行增设、分拆、合并会计科目。对于不存在的交易事项，可不设置相关科目。至于二级科目和明细科目，则由企业自定。表2-6列出了《企业会计准则》（2006）应用指南中给出的会计科目表。

三、借贷记账法

（一）借贷记账法的概念

借贷记账法是当今世界各国通用的记账方法。所谓借贷记账法，就是以"借"（debit）、"贷"（credit）为记账符号，以"有借必有贷，借贷必相等"为记账规则，记录各会计要素具体内容（即各会计科目）增减变动情况的一种复式记账方法。

记账方法经历了从单式记账法到复式记账法的演进。所谓复式记账法，是指将每笔经济业务，以相等的金额，同时用两个或两个以上相互联系的会计科目进行记录的方法。例如，企业以银行存款购进原材料的业务，就要以相等的金额同时记录"原材料"的增加和"银行存款"的减少。与单式记账法相比较，复式记账法能全面反映经济业务的来龙去脉。

（二）借贷记账法的特点

1. 以"借"和"贷"为记账符号

借贷记账法的记账符号是"借"和"贷"。"借"、"贷"符号在其发展初期具有直接含义，"借"表示"应该给我的"，"贷"表示"我应给的"[①]。目前"借"、"贷"二字已同本来的字义脱节，演变成一对单纯的记账符号，有其专门的含义。"借"、"贷"的含义因会计科目性质不同而刚好相反。对于资产类科目，"借"表示增加，"贷"表示减少；对于负债和所有者权益类科目，"借"表示减少，"贷"表示增加；对于收入类科目，"借"表示减少，"贷"表示增加；对于成本费用类科目，"借"表示增加，"贷"表示减少，如表2-7所示。

表2-7　　　　　　　　　　记账符号的含义

记账符号	资产	负债	所有者权益	收入	费用
借	增加	减少	减少	减少	增加
贷	减少	增加	增加	增加	减少

[①] 阎德玉．会计学原理（第二版）．湖北科学技术出版社，1995：66.

2. 以"有借必有贷,借贷必相等"为记账规则

根据复式记账原理,对每笔经济业务都要以相等的金额,同时用两个或两个以上相互联系的会计科目予以记录。因此,采用借贷记账法进行记录时,对每笔经济业务必须以相等的金额,一方面记入一个或几个有关科目的借方,另一方面记入一个或几个有关科目的贷方,记入借方科目的金额与记入贷方科目的金额必须相等。以上即为借贷记账法的记账规则:有借必有贷,借贷必相等。

(三) 编制会计分录

根据企业日常发生的经济业务(原始凭证提供),按照设置的会计科目,采用借贷记账法,就可以进行会计分录的编写了,以下通过实例说明:

假设新时代公司2016年8月份收到的所有原始凭证所反映的经济业务如下:

(1) 8月1日,投资人向该公司投资修建厂房一幢交付使用,总价值为300 000元。

该笔业务涉及的会计科目为固定资产和实收资本,固定资产为资产类科目,增加记"借",金额为300 000元;实收资本为所有者权益类科目,增加记"贷",金额同样为300 000元。

(2) 8月3日,从工商银行取得短期借款140 000元,存入银行存款账户。

该笔业务涉及的会计科目为银行存款和短期借款,银行存款为资产类科目,增加记"借",金额为140 000元;短期借款为负债类科目,增加记"贷",金额同样为140 000元。

(3) 8月4日,用现金700元购买办公用品。

该笔业务涉及的会计科目为库存现金和管理费用,库存现金为资产类科目,减少记"贷",金额为700元;管理费用为费用类科目,增加记"借",金额同样为700元。

(4) 8月4日,从通宇公司购入原材料65 000元,已验收入库。增值税税率为17%,货款和税款尚未支付。

该笔业务涉及的会计科目为原材料、应付账款和应交税费,原材料为资产类科目,增加记"借",金额为65 000元;应交税费为负债类科目,减少记"借",金额为11 050 (65 000×17%),应付账款为负债类科目,增加记"贷",金额为76 050元 (65 000+11 050)。

(5) 8月9日,以银行存款25 000元偿还银行短期借款。

该笔业务涉及的会计科目为银行存款和短期借款,银行存款为资产类科目,减少记"贷",金额为25 000元;短期借款为负债类科目,减少记"借",金额同样为25 000元。

(6) 8月12日,开出转账支票,偿还7月份所欠大地公司的货款30 000元。

该笔业务涉及的会计科目为银行存款和应付账款,银行存款为资产类科目,减少记"贷",金额为30 000元;应付账款为负债类科目,减少记"借",金额同样为30 000元。

(7) 8月14日,接到银行收款通知,收到万达公司支付的上月所欠货款35 000元。

该笔业务涉及的会计科目为银行存款和应收账款,银行存款为资产类科目,增加记"借",金额35 000元;应收账款为资产类科目,减少记"贷",金额同样为35 000元。

(8) 8月17日,开出现金支票,从银行提取现金2 000元备用。

该笔业务涉及的会计科目为库存现金和银行存款,库存现金为资产类科目,增加记"借",金额2 000元;银行存款为资产类科目,减少记"贷",金额同样为2 000元。

(9) 8月19日,员工李勇预借出差费用800元,以现金支付。

该笔业务涉及的会计科目为库存现金和其他应收款,其他应收款为资产类科目,增加记"借",金额800元;库存现金为资产类科目,减少记"贷",金额同样为800元。

(10) 8月22日,向银行借入短期贷款6 000元,全部用于偿还东方公司的欠款。

该笔业务涉及的会计科目为短期借款和应付账款,短期借款为负债类科目,增加记"贷",金额为6 000元;应付账款为负债类科目,减少记"借",金额同样为6 000元。

(11) 8月24日,开出转账支票32 000元,交纳所欠税金。

该笔业务涉及的会计科目为银行存款和应交税费,银行存款为资产类科目,减少记"贷",金额32 000元;应交税费为负债类科目,减少记"借",金额同样为32 000元。

(12) 8月26日,销售给航海公司价值60 000元产品,产品成本为45 000元,增值税税率为17%,货款和税款尚未收到。

该笔业务应做两笔会计记录:第一笔记录反映收入的增加,涉及的会计科目为主营业务收入、应收账款和应交税费,主营业务收入为收入类科目,增加记"贷",金额为60 000元;应交税费为负债类科目,增加记"贷",金额为10 200(60 000×17%),应收账款为资产类科目,增加记"借",金额为70 200元(60 000+10 200)。第二笔记录反映库存商品的减少,涉及的会计科目为主营业务成本和库存商品,主营业务成本为费用类科目,增加记"借",金额为45 000元,库存商品为资产类科目,减少记"贷",金额同样为45 000元。

(13) 8月28日,仓库转来本月发出材料登记表,本月生产车间共领用材料50 000元;

该笔业务涉及的会计科目为生产成本和原材料,原材料为资产类科目,减少记"贷",金额为50 000元;生产成本为费用类科目,增加记"借",金额同样为50 000元。

(14) 8月30日,李勇出差回来,报销差旅费600元,余款交回。

该笔业务涉及的会计科目为库存现金、管理费用和其他应收款,其他应收款为资产类科目,减少记"贷",金额800元;管理费用为费用类科目,增加记"借",金额为600元,库存现金为资产类科目,增加记"借",交回金额为200元。

(15) 8月30日,将现金300元送存银行。

该笔业务涉及的会计科目为库存现金和银行存款,银行存款为资产类科目,增加记

"借",金额为300元,库存现金为资产类科目,减少记"贷",金额同样为300元。

为了便于教材的编写、教学、做练习和考试,会计分录通常采用"上借下贷,借贷平衡;左借右贷,借贷错开"的格式列示。上述经济业务的会计分录为:

(1) 借:固定资产　　　　　　　　　　　　　　　　300 000
　　　贷:实收资本　　　　　　　　　　　　　　　　　　300 000
(2) 借:银行存款　　　　　　　　　　　　　　　　140 000
　　　贷:短期借款　　　　　　　　　　　　　　　　　　140 000
(3) 借:管理费用　　　　　　　　　　　　　　　　　　700
　　　贷:库存现金　　　　　　　　　　　　　　　　　　　　700
(4) 借:原材料　　　　　　　　　　　　　　　　　65 000
　　　应交税费——应交增值税(进项税额)　　　　　11 050
　　　贷:应付账款　　　　　　　　　　　　　　　　　　76 050
(5) 借:短期借款　　　　　　　　　　　　　　　　25 000
　　　贷:银行存款　　　　　　　　　　　　　　　　　　25 000
(6) 借:应付账款　　　　　　　　　　　　　　　　30 000
　　　贷:银行存款　　　　　　　　　　　　　　　　　　30 000
(7) 借:银行存款　　　　　　　　　　　　　　　　35 000
　　　贷:应收账款　　　　　　　　　　　　　　　　　　35 000
(8) 借:库存现金　　　　　　　　　　　　　　　　　2 000
　　　贷:银行存款　　　　　　　　　　　　　　　　　　 2 000
(9) 借:其他应收款——李勇　　　　　　　　　　　　　800
　　　贷:库存现金　　　　　　　　　　　　　　　　　　　　800
(10) 借:应付账款　　　　　　　　　　　　　　　　 6 000
　　　 贷:短期借款　　　　　　　　　　　　　　　　　　 6 000
(11) 借:应交税费　　　　　　　　　　　　　　　　32 000
　　　 贷:银行存款　　　　　　　　　　　　　　　　　　32 000
(12) 借:应收账款　　　　　　　　　　　　　　　　70 200
　　　 贷:主营业务收入　　　　　　　　　　　　　　　　60 000
　　　　　应交税费——应交增值税(销项税额)　　　　10 200
　　　 借:主营业务成本　　　　　　　　　　　　　　45 000
　　　 贷:库存商品　　　　　　　　　　　　　　　　　　45 000
(13) 借:生产成本　　　　　　　　　　　　　　　　50 000
　　　 贷:原材料　　　　　　　　　　　　　　　　　　 50 000
(14) 借:管理费用　　　　　　　　　　　　　　　　　 600
　　　　库存现金　　　　　　　　　　　　　　　　　　　 200
　　　 贷:其他应收款——李勇　　　　　　　　　　　　　　800

(15) 借：银行存款　　　　　　　　　　　　　　　　　　　　　　　300
　　　贷：库存现金　　　　　　　　　　　　　　　　　　　　　　　　　300

四、记账凭证

在我国的会计实务中，会计分录一般列示在专门的记账凭证中。

（一）记账凭证的概念及分类

记账凭证又称记账凭单，是由会计人员根据审核无误的原始凭证，按照设置的会计科目，运用借贷记账法填制的，用于确定会计分录，作为登记账簿直接依据的一种会计凭证。

记账凭证按其用途不同，可分为专用记账凭证和通用记账凭证。

（1）专用记账凭证。它是专门用于记录某一类经济业务的记账凭证，换而言之，即记录不同性质的经济业务，要采用不同格式的记账凭证。专用记账凭证按其反映经济业务内容的不同，又可以分为收款凭证、付款凭证和转账凭证三种。这种划分方法是基于记账凭证所反映的经济业务是否与现金、银行存款的收付有关。而在实际工作中，为了便于识别，避免差错，提高工作效率，各种专用记账凭证通常采用不同颜色的纸张印刷。

收款凭证（见表 2-8）是用来记录现金与银行存款收入业务的记账凭证，是根据现金和银行存款收入业务的原始凭证编制的。如以现金收到罚款，以银行存款收到买方商品款。

表 2-8　　　　　　　　　　　　**收 款 凭 证**

　　　　　　　　　　　　　　　20××年　月　日　　　　　　　总字第　　号
　　　　　　　　　　　　　　　　　　　　　　　　　　　　　　　现收字第　号
借方账户：库存现金　　　　　　　　　　　　　　　　　　　　　　附　件　张

摘　要	贷 方 账 户		金额	记账
	一级账户	明细账户		
合　计				

会计主管：　　　　记账：　　　　出纳：　　　　审核：　　　　制证：

付款凭证（见表 2-9）是专门用来记录货币资金付出业务的凭证，根据现金和银行存款付出业务的原始凭证填制而成。如用现金支付职工差旅费，以银行存款支付材料费用等。

表 2-9 **付 款 凭 证**

　　　　　　　　　　　　　　　　　　　　　　　总 字 第　　号
　　　　　　　　　　　　　20××年　月　日　　银付字第　　号
贷方账户：银行存款　　　　　　　　　　　　　　附 件　　张

摘　要	借 方 账 户		金额	记账
	一级账户	明细账户		
合　　计				

会计主管：　　　记账：　　　出纳：　　　审核：　　　制证：

需要强调的是，虽然收款凭证和付款凭证是根据现金、银行存款收付业务的原始凭证编制的，但出纳人员不能依据现金、银行存款收付业务的原始凭证进行收付款项，而必须根据会计主管人员或指定人员审核批准的收款凭证和付款凭证收付款项，以加强对货币资金的管理，有效地监督货币资金的使用情况。

转账凭证（见表 2-10）是用来反映非货币资金业务的凭证，是根据转账业务，即不涉及现金和银行存款收付业务的原始凭证填制的专用凭证。如仓库领料、分配费用等。

表 2-10 **转 账 凭 证**

　　　　　　　　　　　　　　　　　　　　　　　总 字 第　　号
　　　　　　　　　　　　　20××年　月　日　　转字第　　号
　　　　　　　　　　　　　　　　　　　　　　　附 件　　张

摘　要	一级账户	明细账户	借方金额	贷方金额	记账
合　　计					

会计主管：　　　记账：　　　出纳：　　　审核：　　　制证：

特别注意的是，如果某项经济业务只涉及现金与银行存款之间的相互划转，如将现金存入银行或从银行提取现金的业务，惯例上统一按减少方编制付款凭证，不编制收款凭证，以避免重复记账。

（2）通用记账凭证（见表 2-11）。通用记账凭证可以是不分收款、付款、转账业务，而是全部业务采用通用的一种记账凭证，采用顺序连续编号。通用记账凭证的格式与专用记账凭证中的转账凭证相同，收款、付款和转账业务都使用着一种凭证。对于规模比较小的会计主体，由于其经济业务比较少，会计人员的数量也比较少，对于记账凭证不需要按专用凭证那样划分，而只使用单一的记账凭证即可。

表 2-11

<u>记 账 凭 证</u>

总字第　　号
转字第　　号
附　件　　张

20××年　月　日

摘　要	一级账户	明细账户	借方金额	贷方金额	记账
合　计					

会计主管：　　　　记账：　　　　出纳：　　　　审核：　　　　制证：

（二）记账凭证的基本内容

无论哪种记账凭证都需具备以下基本内容，也称为基本要素：

（1）填制单位的名称和记账凭证的名称。

（2）凭证的填制日期。

（3）记账凭证的编号。

（4）经济业务的内容摘要。

（5）应借、应贷账户的名称、记账方向和金额（包括一级账户、二级或明细账户），即会计分录。

（6）所附原始凭证的张数。

（7）会计主管、复核、记账、制证人员的签名或盖章，收、付款凭证还要有出纳人员的签名或盖章。

（三）记账凭证的填制

记账凭证是登记账簿的直接依据。记账凭证在填制时就发生错误，那么必然导致账簿记录错误，进而导致报表编制的错误。因此，在填制时必须遵守如下要求：

（1）填制记账凭证的依据，必须是审核无误的原始凭证。例如从银行提取现金业务，所填制的付款凭证需有现金支票存根（俗称"支票头"）为依据。而且记账凭证上应注明所附的原始凭证张数，以便查核。记账凭证可以根据每一张原始凭证填制，或者根据若干张同类原始凭证汇总填制，也可以根据原始凭证汇总表填制。但不得将不同内容和类别的原始凭证汇总填制在一张记账凭证上。如果根据同一原始凭证填制数张记账凭证，则应在未附原始凭证的记账凭证上注明"附件××张，见第××号记账凭证"，如果原始凭证需要另行保管时，则应在附件栏目内加以注明。

（2）填制的内容必须完备。包括填制凭证的日期、凭证编号、经济业务摘要、会计科目、金额、所附原始凭证张数、填制凭证人员、稽核人员、记账人员、会计机构负责人、会计主管人员签名或盖章。收款和付款记账凭证还应当由出纳人员签名或者盖章。

(3) 选择、确定记账凭证的种类。如果一个单位的经济业务繁杂且收、付款业务较多时,可采用专用记账凭证;如果一个单位的经济业务较简单,或规模较小,或收、付款业务较少时,可采用通用记账凭证。

(4) 机制记账凭证的要求。实行会计信息化的单位,对于机制记账凭证除符合以上记账凭证的一般要求,打印出来的机制记账凭证要加盖制单人员、审核人员、记账人员及会计机构负责人、会计主管人员的签章,以加强审核,明确责任。

(四) 记账凭证的审核

只有审核无误的记账凭证才能作为登记账簿的依据。为了保证账簿记录的准确性,提供全面可靠的会计信息,监督经济业务,为了使记账凭证核算的内容符合客观实际,除了编制记账凭证的人员在平时编制记账凭证时要认真负责、正确填制、加强自审外,会计部门还应当建立相互复核或专人审核的制度,对记账凭证进行严格的审核。审核的内容主要包括以下几个方面:

(1) 审核所附原始凭证的真实性。审核记账凭证是否附有原始凭证,所附原始凭证是否齐全,是否审核无误,原始凭证所反映经济业务的发生日期和内容是否与记账凭证填制的日期和摘要的内容一致。

(2) 审核记账凭证的正确性。审核记账凭证上所列应借、应贷的会计科目及明细科目是否恰当,使用的会计科目及其核算的内容是否符合会计准则的规定,账户对应关系是否清晰,借、贷双方的金额是否计算准确。

(3) 审核记账凭证的完整性。审核记账凭证的各项内容是否按规定的要求填写完整,摘要是否填写清楚,日期、凭证编号、附件张数及各类有关人员的签章是否齐全等。

(4) 审核记账凭证的合法性与合理性。审核记账凭证所反映的经济业务是否合法、合理,有无违法乱纪、弄虚作假的情况。

(五) 记账凭证填制实例

根据上述新时代公司在 2016 年 8 月发生的业务,应填制的记账凭证如下(第一笔业务至第四笔业务如表 2-12 至表 2-15 所示):

表 2-12　业务 1

转　账　凭　证

2016 年 8 月 1 日

总　字　第　　　号
转　字　第　1　号
附　件　2　张

摘　　要	一级账户	明细账户	借方金额	贷方金额	记账
投资人出资建厂房投入使用	固定资产		300 000		
	实收资本			300 000	
合　　计			300 000	300 000	

会计主管:　　　　　记账:　　　　　出纳:　　　　　审核:　　　　　制证:王岚

表 2-13 业务 2

收 款 凭 证

2016 年 8 月 3 日

总字第　　号
银收字第　1　号
附　件　3　张

借方账户：银行存款

摘　要	贷方账户		金额	记账
	一级账户	明细账户		
取得短期贷款存入开户行	短期借款		140 000	
合　　计			140 000	

会计主管：　　　　记账：　　　　出纳：张丽　　　　审核：　　　　制证：王岚

表 2-14 业务 3

付 款 凭 证

2016 年 8 月 4 日

总字第　　号
现附字第　1　号
附　件　2　张

贷方账户：库存现金

摘　要	借方账户		金额	记账
	一级账户	明细账户		
现金购办公用品	管理费用		700	
合　　计			700	

会计主管：　　　　记账：　　　　出纳：张丽　　　　审核：　　　　制证：王岚

表 2-15 业务 4

转 账 凭 证

2016 年 8 月 4 日

总字第　　号
转字第　2　号
附　件　3　张

摘　要	一级账户	明细账户	借方金额	贷方金额	记账
购料款未付	原材料		65 000		
	应交税费	增值税	11 050		
	应付账款			76 050	
合　　计					

会计主管：　　　　记账：　　　　出纳：　　　　审核：　　　　制证：王岚

根据记账凭证填制原理,第(5)、(6)、(9)、(11)笔业务应填制付款凭证;第(7)笔业务应填制收款凭证;第(10)、(12)、(13)笔业务应填制转账凭证。读者可依据上述例题自行填制。第(8)和(15)笔业务涉及现金与银行存款之间的相互划转,如上所述,应填制付款凭证,如表2-16、表2-17所示。

表2-16 业务8

付 款 凭 证

2016年8月17日

总字第　　号
银付字第 × 号
附　件　2　张

贷方账户:银行存款

摘　要	借　方　账　户		金额	记账
	一级账户	明细账户		
提现备用	库存现金		2 000	
合　　计			2 000	

会计主管:　　　　记账:　　　　出纳:张丽　　　　审核:　　　　制证:王岚

表2-17 业务15

付 款 凭 证

2016年8月30日

总字第　　号
现付字第 × 号
附　件　2　张

贷方账户:库存现金

摘　要	借　方　账　户		金额	记账
	一级账户	明细账户		
现金送存银行	银行存款		300	
合　　计			300	

会计主管:　　　　记账:　　　　出纳:张丽　　　　审核:　　　　制证:王岚

第(14)笔业务比较特殊,既涉及库存现金的增加,还涉及转账业务,应填制两张凭证,如表2-18、表2-19所示。

表2-18 业务14第一张凭证

收 款 凭 证

2016年8月30日

借方账户：库存现金

总字第　　号
现收字第 × 号
附 件 3 张

摘　　要	贷　方　账　户		金额	记账
	一级账户	明细账户		
李勇报销差旅费，交回现金	其他应收款		200	
合　　计			200	

会计主管：　　　　记账：　　　　出纳：张丽　　　　审核：　　　　制证：王岚

表2-19 业务14第二张凭证

转　账　凭　证

2016年8月30日

总字第　　号
转字第 × 号
附 件 2 张

摘　　要	一级账户	明细账户	借方金额	贷方金额	记账
李勇报销差旅费	管理费用		600		
	其他应收款			600	
合　　计			600	600	

会计主管：　　　　记账：　　　　出纳：　　　　审核：　　　　制证：王岚

第三节　账簿的设置与登记

本节讲解会计循环的第二个关键步骤：登记账簿。登记账簿，简称登账，通俗地讲就是把编制好的会计分录往账簿上抄录的一个过程。西方会计实务称"过账"。

一、账簿与账户

（一）账簿和账户的概念

会计账簿，简称账簿，是以会计凭证为依据，对全部经济业务进行全面、系统、连续、分类的记录和核算的簿籍,由专门格式并以一定形式联结在一起的账页所组成。只有通过账簿的登记,才能把分散在会计凭证上的大量核算资料,加以集中和归类整理,从而形成一系列综合反映经济活动情况的财务指标,以便为经济管理提供系统的核算资料。

账簿与账户有着十分密切的联系。账户是根据会计科目开设的,并存在于账簿之中,账簿中的每一账页就是账户的存在形式和载体,没有账簿,账户就无法存在;然而,账簿只是一个外在形式,账户才是它的内容。账簿序时、分类地记载经济业务,是在个别账户中完成的,因此也可以说,账簿是由若干账页组成的一个整体,而开设于账页上的账户则是这个整体中的个别部分,所以,账簿与账户的关系,是形式和内容的关系。

(二)账簿的分类

账簿按用途不同可以分为分类账和日记账。

分类账是按照账户对经济业务进行分类核算和监督的账簿。分类账按照反映内容的详细程度不同,可分为总分类账和明细分类账两种。总分类账,简称总账,是根据总分类科目(如表2-6"会计科目名称和编号"中的科目)开设的账簿,用以分类反映和监督各项资产、负债、所有者权益、费用、成本和收入等总括性核算资料。明细分类账,简称明细账,是根据某一总账科目所属的二级或二级以下科目开始的账簿,用来提供某个总分类科目的详细资料。通过设置分类账,可以分门别类地反映会计要素具体项目的变动情况,为编制会计报表提供依据。分类账通常由会计人员根据记账凭证分门别类地登记。

日记账,也称为时序账,是按照经济业务发生或完成时间的先后顺序逐日逐笔进行登记的账簿。早期的日记账往往表现为把每天发生的经济业务所编制的会计分录全部按照时间顺序逐笔登记,这种日记账称普通日记账,也称为分录簿。由于登记普通日记账要花费大量的时间和精力,而且查阅也不方便,后来逐渐被各种特种日记账所代替。所谓特种日记账,就是仅将性质相同、发生频率高、易发生舞弊行为而需要经常查核的经济业务,按照时间顺序逐笔登记的日记账。我国企业目前主要设置的现金日记账、银行日记账和转账日记账就是基于这一原理而在实际工作中普遍使用的特种日记账,其主要的作用在于加强对货币资金的监督和控制。

二、账簿的格式和登记方法

(一)分类账的格式和登记方法

1. 总分类账的格式和登记方法

总分类账是根据总分类科目开设的,用以分类记录全部经济业务总括核算资料的分类账簿。因为总分类账能分类、连续、全面、总括地反映企业经济活动的情况,并为编制会计报表提供资料,所以每一个企业必须设置总分类账簿。总分类账的设置应按照会计科目的编号顺序,为每个一级会计科目开设账户。总分类账一般采用三栏式订本账簿,设有"借方"、"贷方"、"余额"三个栏目。其格式如表2-20所示。

表 2-20　　　　　　　　　　　　　　　总 分 类 账

账户名称　　　　　　　　　　　　　　　　　　　　　　　　　　　　　　　　　第　页

20××年		凭证		摘要	借方	贷方	借/贷	余额
月	日	种类	号数					
				〜〜〜〜〜	〜〜〜	〜〜〜	〜〜〜	〜〜〜
				合计				

总分类账的登记方法比较灵活，可以直接根据各种记账凭证登记，也可以先按一定方式将记账凭证汇总，而后登记。具体方法取决于各单位所采用的账务处理程序。采用的账务处理程序不同，登记总账的方法和依据也就有所不同。

2. 明细分类账的格式和登记方法

明细分类账，也称明细账。它是根据经营管理需要，按照某些一级会计科目下的二级或明细科目设置的，用来分类连续地记录和反映经济活动详细情况的账簿。明细分类账是总账的必要补充，也是编制会计报表的重要依据。明细分类账是出于管理需要而设置的，不同的管理对明细账所需要记录和反映的内容也不一样，因而明细分类账簿的格式也多种多样。最常见的明细分类账格式包括三栏式明细分类账、数量金额式明细分类账和多栏式明细分类账三种。

（1）三栏式明细分类账。三栏式明细账的格式与总分类账的格式基本相同，账页内只设有"借方"、"贷方"和"余额"三个栏目，这种格式只适用于那些只要求核算金额，不用进行数量核算的明细账，如"应收账款"、"应付账款"、"其他应收款"、"其他应付款"等明细账的核算。其格式如表 2-21 所示。

表 2-21　　　　　　　　　　　　应收账款明细分类账

明细科目：

20××年		凭证		摘要	借方	贷方	借/贷	余额
月	日	种类	号数					
				〜〜〜〜〜	〜〜〜	〜〜〜	〜〜〜	〜〜〜
				合计				

(2) 数量金额式明细分类账。数量金额式明细账设有收入、发出和结存三大栏，每一栏下又分别设置数量、单价和金额三小栏，主要适用于既要进行金额核算，又要进行数量核算的各种实物资产的账户，如："原材料"、"产成品"等账户的明细核算。其格式如表 2-22 所示。

表 2-22　　　　　　　　　　　库存商品明细分类账

类　　别：　　　　计划单价：　　　最高储量：　　　存放地点：　　　　第　　页
品名规格：　　　　材料代码：　　　最低储量：　　　编　　号：　　　　计量单位：

20××年		凭证		摘要	收入			发出			结存		
月	日	种类	号数		数量	单价	金额	数量	单价	金额	数量	单价	金额
				合计									

(3) 多栏式明细分类账。多栏式明细分类账，是根据经济业务的特点和经营管理的需要，在一张账页内按有关明细科目或明细项目分设若干专栏，用以在同一张账页上集中反映各有关明细科目或明细项目的核算资料。这种格式适用于成本费用类科目的明细分类核算，如"生产成本"、"制造费用"等科目。其格式如表 2-23 所示。

表 2-23　　　　　　　　　　　制造费用明细账

　　　　　　　　　　　　　　　　　　　　　　　　　　　　　　　　　　第　　页

20××年		凭证号数	摘要	应借账户								
月	日			工资薪酬	福利费	差旅费	折旧费	修路费	办公费	水电费	其他	合计

明细分类账的登记，根据经济业务的繁简程度和管理上的实际需要，可以直接根据记账凭证或带有借贷科目的原始凭证逐笔登记，也可以将这些凭证定期汇总后登记。一般而言，固定资产、债权债务明细分类账应当逐笔登记；存货明细分类账既可以逐笔登记，也可以逐日汇总登记；收入、费用明细分类账既可以逐笔登记，也可以逐日或定期汇总登记。

(二)日记账的格式和登记方法

企业一般只设置"现金日记账"和"银行日记账"。日记账一般采用三栏式订本账，设"收入"、"支出"和"结余"三个金额栏。其格式如表2-24所示。

表2-24　　　　　　　　　　现金（或银行存款）日记账

第　页

20××年		凭证号码		摘要	对方科目	收入	支出	结余
月	日	种类	编号					

现金日记账由出纳人员根据现金收款凭证、现金付款凭证，以及从银行提取现金业务的银行存款付款凭证，逐日逐笔顺序登记。每日登记完毕后，应当计算出当日收入、支出的合计数，结出账面余额，并将账面余额与库存现金实存数核对，做到账实相符。

银行存款日记账由出纳人员根据银行存款收款凭证、银行存款付款凭证，以及将现金存入银行业务的现金付款凭证，逐日逐笔顺序登记。每日登记完毕后，应当计算出当日收入、支出的合计数，结出账面余额，并定期与银行对账单逐笔核对。

三、登记账簿的规则

(一)账簿的启用规则

启用新账时，应在账簿扉页上填写"账簿启用与经管人员一览表"，详细填写所启用账簿的名称、编号、册书、共计页数和启用日期等，并加盖单位公章，由会计主管和记账人员签章。更换记账人员时，应办理交接手续，在账簿扉页上填写交接日期和接管人员姓名，并由交接人员和会计主管签章。

(二)账簿的记录规则

登记账簿是会计核算的重要基础工作和中心环节，账簿登记是否正确、是否完整，关系到企业整个会计核算的质量。为了向经营管理者提供正确可靠的会计资料，必须认真负责地做好记账工作，为此，在登记账簿时，必须按照记账规则的要求登记账簿。

(1)由于账簿是一种长期保存的经济档案，为了保证账簿记录的清晰，便于日后查阅，记账要用蓝黑或黑色墨水书写，不能用圆珠笔（银行的复写账簿除外）或铅笔。红墨水仅限于在账簿中画线、更正、冲账和登记负数时使用。

(2)为了保证账簿记录的正确性，记账必须以审核无误的会计凭证为依据。记账时，应将记账凭证的日期、种类、编号、业务的内容摘要和金额等逐项记入账簿内，并做到数字准确、登记及时。记账后，要在记账凭证上签名或盖章，同时注明所记载账簿的页数，或画"√"号，表示已登记入账，以避免重记、漏记和错记。

(3)在总分类账和明细分类账中，应在账页上注明账户的名称，账户的名称不能任意简化，账页应按页次编号，并按顺序逐行逐页填写，不能跳行、隔页填写。如果发生隔页或跳行时，不得随意涂改，应将空页、空行用红线对角画掉，在对角线交叉处填写"作废"字样，并由记账人员盖章。

（4）记账的文字、数字必须书写整齐，清晰准确。账簿的数字记录，应靠紧底线书写，占全行 2/3 左右的位置，以预留改错的空间；数字排列要均匀，阿拉伯数字的书写要规范。

（三）错账的更正规则

记账过程中如果发生错误，不能任意涂改，应当根据错误的具体情况，采用规定的会计方法更正。常用的更正方法有下列几种：

1. 画线更正法

在结账前，如果发现账簿记录中数字或文字错误，过账笔误或数字计算错误，可用画线更正法进行更正。更正时，先在错误的数字或文字上画一条红线，表示注销。然后在画线的上面写上正确的数字或文字，并在画线处加盖记账员图章，以示负责。但应注意，错数要整笔画掉，不能只画去其中一个或几个记错的数字，并保持画去的字迹仍可清晰辨认。例如把 8 675 元误记为 8 765 元，不能只画去其中"76"改为"67"，而是要把"8 765"全部用红线画去，并在其上方写"8 675"。

2. 红字更正法

红字更正法，又称红字冲销。这种方法在会计上以红字记录表明对原记录的冲减。红字更正法一般适用于下列两种情况：

（1）记账以后，发现记账凭证中应借应贷符号、科目或记账方向有错误，且记账凭证同账簿记录的情况相吻合，应采用红字更正法更正。更正的方法是：先用红字金额填制一张与原错误记账凭证内容完全相同的记账凭证，并据以用红字登记入账，冲销原有错误的账簿记录；然后，再用蓝字或黑字填制一张正确的记账凭证，据以用蓝字或黑字登记入账。采用红字更正法更正错账时应注意：若在错误的记账凭证采用复式记账凭证的情况下，一个科目运用发生错误，也必须根据复式记账原理，将原有错误记账凭证全部冲销，以反映更正原错误凭证的内容，不得只用红字填制更正错误的会计科目的单式记账凭证。

（2）在记账以后，如发现记账凭证中应借、应贷会计科目和方向都没有错，只是金额发生错误，而且记入账簿的金额大于应记的正确金额，也可用红字更正法进行更正。更正的方法是：将多记的金额用红字填制一张与原错误记账凭证所记载的借贷方向，应借、应贷会计科目相同的记账凭证，在"金额"栏中填列多计的数额，在"摘要"栏内注明"冲转第×号凭证多计数"，并据以登记入账，以冲销原多记金额，求得正确金额。

3. 补充登记法

补充登记，又称蓝字补记。记账以后，如果发现记账凭证上应借、应贷的会计科目和记账方向并无错误，只是所填的金额小于应填的金额，致使账簿记录也发生同样的差错，则可采用补充登记法。更正的方法是：采用补充登记法时，将少填的金额（即正确金额与错误金额之间的差额）用蓝字或黑字填制一张记账凭证，在"摘要"栏内注明"补记第×号凭证少计数"，并据以登记入账。这样便将少记的金额补充登记入账簿。

四、登账过程实例

编制的会计分录,经审核无误后,就可以登账了。在实际工作中,登账之前,账户中若上月末有余额,即为本月月初余额,应先予以登记,然后再根据会计分录在账簿中按账户进行登记。

假设新时代公司 2016 年 8 月初有关账户余额如表 2-25 所示。

表 2-25　　　　　　　　新时代公司 2016 年 8 月初有关账户余额

账户名称	借方余额	贷方余额
库存现金	1 500	
银行存款	9 000	
应收账款	40 000	
其他应收款	5 000	
原材料	15 000	
库存商品	60 000	
固定资产	45 000	
短期借款		14 000
应付账款		10 500
应交税费		19 000
生产成本	48 000	
实收资本		180 000
合　　计	223 500	223 500

结合新时代公司 2016 年 8 月初的有关账户余额表,现将前面所编制的会计分录登记总分类账如下(见表 2-26 至表 2-40):

表 2-26　　　　　　　　　　　总 分 类 账

账户名称:库存现金

2016 年		凭证		摘要	借方	贷方	借/贷	余额
月	日	字	号					
8	1			期初余额			借	1 500
	4	记		购买办公用品		700	借	800

续表

2016年		凭证		摘要	借方	贷方	借/贷	余额
月	日	字	号					
	17	记		提取备用金	2 000		借	2 800
	19	记		预借差旅费		800	借	2 000
	30	记		报销差旅费	200		借	2 200
	30	记		现金送存银行		300	借	1 900
8	30	记		本期发生额及余额	2 200	1 800	借	1 900

表 2-27
账户名称：银行存款

2016年		凭证		摘要	借方	贷方	借/贷	余额
月	日	字	号					
8	1			期初余额			借	9 000
	3	记		从银行借款	140 000		借	149 000
	9	记		偿还银行借款		25 000	借	124 000
	12	记		偿还欠大地公司货款		30 000	借	94 000
	14	记		收到万达公司货款	35 000		借	129 000
	17	记		从银行提取现金备用		2 000	借	127 000
	24	记		交纳所欠税金		32 000	借	95 000
	30	记		现金送存银行	300		借	95 300
8	30	记		本期发生额及余额	175 300	89 000	借	95 300

表 2-28
账户名称：应收账款

2016年		凭证		摘要	借方	贷方	借/贷	余额
月	日	字	号					
8	1			期初余额			借	40 000
	14	记		收回万达公司货款		35 000	借	5 000
	26	记		销售给航海公司产品	70 200		借	75 200
8	30	记		本期发生额及余额	70 200	35 000	借	75 200

表 2-29
账户名称：其他应收款

2016年		凭证		摘要	借方	贷方	借/贷	余额
月	日	字	号					
8	1			期初余额			借	5 000
	19	记		李勇预借差旅费	800		借	5 800
	30	记		李勇报销差旅费		800	借	5 000
8	30	记		本期发生额及余额	800	800	借	5 000

表 2-30
账户名称：原材料

2016年		凭证		摘要	借方	贷方	借/贷	余额
月	日	字	号					
8	1			期初余额			借	15 000
	4	记		从通宇公司购入原材料	65 000		借	80 000
	28	记		生产领用原材料		50 000	借	30 000
8	30	记		本期发生额及余额	65 000	50 000	借	30 000

表 2-31
账户名称：库存商品

2016年		凭证		摘要	借方	贷方	借/贷	余额
月	日	字	号					
8	1			期初余额			借	60 000
	26	记		销售给航海公司产品		45 000	借	15 000
8	30	记		本期发生额及余额	0	45 000	借	15 000

表 2-32
账户名称：固定资产

2016年		凭证		摘要	借方	贷方	借/贷	余额
月	日	字	号					
8	1			期初余额			借	45 000
	1	记		投资人投资兴建厂房	300 000		借	345 000
8	30	记		本期发生额及余额	300 000	0	借	345 000

表 2-33
账户名称：短期借款

2016年		凭证		摘要	借方	贷方	借/贷	余额
月	日	字	号					
8	1			期初余额			贷	14 000
	3	记		从银行取得借款		140 000	贷	154 000
	9	记		偿还银行借款	25 000		贷	129 000
	22	记		向银行借款		6 000	贷	135 000
8	30	记		本期发生额及余额	25 000	146 000	贷	135 000

表 2-34
账户名称：应付账款

2016年		凭证		摘要	借方	贷方	借/贷	余额
月	日	字	号					
8	1			期初余额			贷	10 500
	4	记		从天龙公司购原材料		76 050	贷	86 550
	12	记		偿还大帝公司欠款	30 000		贷	56 550
	22	记		偿还东方公司欠款	6 000		贷	50 550
8	30	记		本期发生额及余额	36 000	76 050	贷	50 550

表 2-35
账户名称：应交税费

2016年		凭证		摘要	借方	贷方	借/贷	余额
月	日	字	号					
8	1			期初余额			贷	19 000
	4	记		从通宇公司购入原材料，货款和税款尚未支付	11 050		贷	7 950
	24	记		用转账支票交纳所欠税金	32 000		借	24 050
	26	记		销售给航海公司产品货款和税款尚未收到		10 200	借	13 850
8	30	记		本期发生额及余额	43 050	10 200	借	13 850

表 2-36
账户名称：生产成本

2016年		凭证		摘要	借方	贷方	借/贷	余额
月	日	字	号					
8	1			期初余额			借	48 000
	28	记		生产车间领用材料	50 000		借	98 000
8	30	记		本期发生额及余额	50 000	0	借	98 000

表 2-37
账户名称：实收资本

2016年		凭证		摘要	借方	贷方	借/贷	余额
月	日	字	号					
8	1			期初余额			贷	180 000
	1	记		投资人投资兴建厂房		300 000	贷	480 000
8	30	记		本期发生额及余额	0	300 000	贷	480 000

表 2-38
账户名称：主营业务收入

2016年		凭证		摘要	借方	贷方	借/贷	余额
月	日	字	号					
8	26	记		销售给航海公司产品		60 000	贷	60 000
8	30	记		本期发生额及余额	0	60 000	贷	60 000

表 2-39
账户名称：主营业务成本

2016年		凭证		摘要	借方	贷方	借/贷	余额
月	日	字	号					
8	26	记		销售给航海公司产品	45 000		借	45 000
8	30	记		本期发生额及余额	45 000	0	借	45 000

表 2-40

账户名称：管理费用

2016年		凭证		摘要	借方	贷方	借/贷	余额
月	日	字	号					
8	4	记		用现金购买办公用品	700		借	700
	30	记		李勇报销差旅费	600		借	1 300
	—							
	—							
	—							

说明：此账户要等到账项调整后才能结账。

第四节 编制会计报表

编制会计报表主要涉及两个方面的问题：一是编制会计报表前的准备工作；二是主要的会计报表及其编制方法。

一、编制会计报表前的准备工作

根据本章第一节所述会计循环步骤，在登记账簿以后就需要编制会计报表。但在登账过程中难免会发生错误，这就需要特定的方法检查和验证账簿记录的正确性。所谓试算平衡，就是在会计期末当全部会计分录都已经登记到总分类账和明细分类账后，利用借贷平衡原理，通过汇总、计算和比较来检查账户记录的正确性与完整性。在会计实务中，这一工作是通过编制试算平衡表来进行的。就一个完整的会计循环来看，至少要进行两次试算：第一次是在对本期（日常）所发生的全部经济业务做出分录并据以入账后进行，即调整前试算平衡；所谓调整前试算平衡，就是在期末账项调整之前所进行的试算。而账项调整就是要把那些影响两个或两个以上会计期间的经济业务在会计期末进行调整。第二次是在期末编制调整分录并过入有关账户后进行的，即调整后试算平衡。因此，编制会计报表前的准备工作包括：调整前试算平衡、账项调整、调整后试算平衡、结账。

（一）调整前试算平衡

期末账项调整之前，要进行第一次试算，即调整前试算。

通过试算平衡，如果发现借方合计数与贷方合计数不相等，则说明肯定发生了差错，应及时找出原因并加以更正。通常可以从以下几个方面着手查找差错：（1）检查试算平衡表本身有无差错，容易出现的差错是在数字"加总"时错漏了金额，应将各栏的金额加以核对并再次加总计算；（2）检查总分类账上的有关账户的金额是否都已试算平衡。容易发生差错的是漏抄了个别账户的金额，因此要逐一进行核对；（3）检查所有账户的发生额和余额在转抄入试算平衡表时是否抄错。（4）检查并重复计算每一个账户的发生额合计数和期末余额。

通过试算平衡，如果借方、贷方两栏的发生额和余额合计数相等，则说明账户的记录基本正确，但并不能保证其绝对正确。由于试算平衡表的局限性，有些记账差错并不能通过试算平衡予以发现。这种差错主要包括如下几类：（1）某个会计分录被整个漏记；（2）某个会计分录被整个重记；（3）在编制会计分录或登记账户时颠倒了记账方向或用错了账户名称；（4）借贷双方发生差错的金额刚好相等。

因此，除了进行试算平衡，还要对一切会计记录定期或不定期地及时进行复核，以保证会计数据的正确性。

新时代公司2016年8月账项调整前的试算平衡见表2-41。

表2-41　　　　　　　　　　　　　　**试算平衡表**

会计科目	期初余额		本期发生额		期末余额	
	借方	贷方	借方	贷方	借方	贷方
库存现金	1 500		2 200	1 800	1 900	
银行存款	9 000		175 300	89 000	95 300	
应收账款	40 000		70 200	35 000	75 200	
其他应收款	5 000		800	800	5 000	
原材料	15 000		65 000	50 000	30 000	
库存商品	60 000			45 000	15 000	
固定资产	45 000		300 000		345 000	
短期借款		14 000	25 000	146 000		135 000
应付账款		10 500	36 000	76 050		50 550
应交税费		19 000	43 050	10 200		13 850
生产成本	48 000		50 000		98 000	
实收资本		180 000		300 000		480 000
主营业务收入				60 000		60 000
主营业务成本			45 000		45 000	
管理费用			1 300		1 300	
合计	223 500	223 500	813 850	813 850	725 550	725 550

（二）账项调整

为了全面、充分地反映本期的收入和费用状况，企业在期末结账之前，必须对某些账项进行必要的调整。企业在会计期末进行的账项调整是通过编制调整分录（对账户的日常记录进行补充或校对而编制的会计分录）来进行的，其目的是为了正确的计算本期的利润或亏损。

期末结账前需要调整的有关总分类账户，主要有下面五种类型：

1. 预付费用的调整

企业在某会计期间付出的费用，往往是跨期受益的。如预付的财产保险费、预付的经营性租赁的固定资产租金等。对于这些费用，在支出时，一般借记"预付账款"账户，贷记"银行存款"账户处理；然后在会计期末，将本期已受益或已耗用的部分转入有关费用账户。例如，某企业在本年一月份预付某项固定资产租金 120 000 元，支付时借记"预付账款"，贷记"银行存款"。由于该项费用支出的受益期限是 12 个月，因此，在每个月的月末都要进行调整，该笔分录为：

借：管理费用　　　　　　　　　　　　　　　　　　　　10 000
　　贷：预付账款　　　　　　　　　　　　　　　　　　　　10 000

如果会计期末不作上述调整就编制会计报表，那么每个月就会因为漏记了这笔费用而虚增了当期利润 10 000 元。

2. 预收收入的调整

企业在某一会计期间确认的收入，往往是按照惯例在提供产品或劳务之前预收对方的款项，如预收的货款等。对于这些收入，在收到款项时，一般作借记"银行存款"账户，贷记有关资金来源账户处理，然后在会计期末，将本期已提供的部分转入有关收入账户。例如，某公司收到客户预付的某固定资产一年的修理费 7 200 元，收到款项时借记"银行存款"，贷记"预收账款"。假定一月份提供的修理业务是全年的 1/12，则在一月末要进行调整，该笔分录为：

借：预收账款　　　　　　　　　　　　　　　　　　　　　600
　　贷：主营业务收入　　　　　　　　　　　　　　　　　　　600

如果会计期末不作上述调整就编制会计报表，那么，对于一月份来说就会因为漏记了这笔收入而虚减本月利润 600 元。

3. 应计费用的调整

企业在某一会计期间，有些费用已经发生，但尚未支付。如流动资金借款利息、租入固定资产的大修理支出等。对于这些费用，由于是受益在先，支付在后，因此，在发生时一般作借记有关费用账户，贷记有关资金来源账户处理，即在支出前的受益期间的期末作出会计调整，计入相应的费用。例如，某企业第三季度流动资金借款利息假定为 30 万元。那么，在七月、八月两个月，应分别预提计入各当月产品成本 10 万元，该笔分录为：

借：财务费用　　　　　　　　　　　　　　　　　　　　100 000
　　贷：应付利息　　　　　　　　　　　　　　　　　　　100 000

如果会计期末不作上述调整就编制会计报表，那么八月份就会因为漏记了这笔费用而虚增当期利润 10 万元。

4. 应计收入的调整

企业在某一会计期间，有些收入已经赚取，但尚未收到，也尚未在账簿中反映。按照收入确认的原则，应该在会计期末对这些收入作出会计调整。例如，某企业按季度收取其对外租赁的写字楼的租金 30 000 元，第四季度的收款时间是季度末，十月份该企业应收取的租金为 10 000 元，但实际尚未收到。在十月份这是一笔应计收入，该笔分录为：

借：其他应收款　　　　　　　　　　　　　　　　　　　　　　　　　10 000
　　贷：其他业务收入——经营租赁收入　　　　　　　　　　　　　　　　10 000

如果会计期末不作上述调整就编制会计报表，对于十月份来说，就会因为漏记了这笔业务而虚减利润 10 000 元。

5. 折旧的调整

折旧是固定资产因损耗而转移的价值。按照划分收益性支出与资本性支出的原则，购买固定资产的支出是一项资本性支出，但也是一项支付在先、受益在后的预付费用。在其使用过程中，因资产价值随着固定资产的磨损而逐渐转移，形成折旧费用。每一个会计期末均应正确计算并提取折旧，将应归属于本期的折旧费用调整入账，所以折旧实际上也是预付费用的分期摊转。

为了在账上完整、清晰地反映资产的原始成本、每期折旧、累计折旧及资产账面价值，调整时应借记"管理费用"，贷记"累计折旧"账户。例如，某企业7月份所有固定资产应计提的折旧为 18 000 元，则该笔分录为：

借：管理费用　　　　　　　　　　　　　　　　　　　　　　　　　　18 000
　　贷：累计折旧　　　　　　　　　　　　　　　　　　　　　　　　　　18 000

如果在会计期末不作上述调整就编制会计报表，对于7月份来说，就会因为漏记了这笔业务而虚增利润 18 000 元。

综上所述，做好期末的账项调整工作是非常重要的。调整时，利用工作底稿的"调整"栏，分别做出各项调整分录，可以不直接在账簿中进行。

在此，假设新时代公司涉及以下两项需要在本期期末进行调整的业务：

（1）新时代公司本月预计应付短期借款利息 400 元。在我国，短期借款利息一般在季末一次结算并支付，故在每季度的前两个月，此项费用虽尚未支付，但理应由本期负担。本月末，企业应将本期已经发生的这笔利息费用调整入账，调整分录为：

借：财务费用　　　　　　　　　　　　　　　　　　　　　　　　　　　400
　　贷：应付利息　　　　　　　　　　　　　　　　　　　　　　　　　　　400

（2）新时代公司本月应计提折旧 1 000 元，调整分录为：

借：管理费用　　　　　　　　　　　　　　　　　　　　　　　　　　1 000
　　贷：累计折旧　　　　　　　　　　　　　　　　　　　　　　　　　　1 000

期末编制上述调整分录时，两个显著的特点是：每一笔调整分录都包括收入或费用的确认；以应计制会计概念为理论基础。

（三）调整后试算平衡

在期末账项调整后，还要进行第二次试算，即调整后试算。实务工作中，会计人员在进行调整前试算、账项调整和调整后试算等工作时，工作量比较大，而且涉及的科目多，数据分散，容易出现错误，特别是两次试算工作，一旦试算不平，必须找出错误并改正，这种改正不但工作量大，而且还影响记录和账表的整洁。因此，在实际工作中，许多会计人员喜欢把两次试算、账项调整和编表等工作先集中在一张表上进行，以节省工作量和简化账务处理，而这张表就是工作底稿。常用的五组十栏式工作底稿的格式如表 2-42 所示。

表 2-42　　　　　　　　　　　　　新时代公司工作底稿
2016 年 8 月 31 日

会计科目	调整前试算表 借方	调整前试算表 贷方	调整 借方	调整 贷方	调整后试算表 借方	调整后试算表 贷方	利润表 借方	利润表 贷方	资产负债表 借方	资产负债表 贷方
现金	1 900				1 900				1 900	
银行存款	95 300				95 300				95 300	
应收账款	75 200				75 200				75 200	
其他应收款	5 000				5 000				5 000	
原材料	30 000				30 000				30 000	
库存商品	15 000				15 000				15 000	
固定资产	345 000				345 000				345 000	
累计折旧				1 000		1 000				1 000
短期借款		135 000				135 000				135 000
应付账款		50 550				50 550				50 550
应交税费		13 850				13 850				13 850
应计利息				400		400				400
生产成本	98 000				98 000				98 000	
实收资本		480 000				480 000				480 000
主营业务收入		60 000				60 000		60 000		
主营业务成本	45 000				45 000		45 000			
管理费用	1 300		1 000		2 300		2 300			
财务费用			400		400		400			
合计	725 550	725 550	1 400	1 400	726 950	726 950				
本期利润							12 300*			12 300
合计							60 000	60 000	679 250	679 250

注：* 表示在试算平衡表中为了使借贷方平衡的利润调整数。

工作底稿虽然不是正式的会计记录文件，不能替代正式的会计记录，但在会计核算工作中却具有非常重要的意义。通过工作底稿的编制，不仅能给期末编制各种会计报表提供正确的数据资料，减少错账，保持账表整洁，而且还可供人们在同一表格中了解企业在一定会计期间的财务状况和生产经营情况。

（四）结账

结账是在会计期末将各账户余额结清或结转下期，使各个账户的记录暂时告一段落的过程。结账又包括虚账户的结清和实账户的结转。

1. 虚账户的结清

虚账户又称临时性账户，是指仅仅反映一个时期的经济活动，期末没有余额，每个会计期间都从"零"开始的账户。利润表账户都是虚账户，在会计期末进行结账，各个账户余额复归为零，下期便可从头开始归集收入和费用，这不仅可以正确计算当期损益，还可以使下一会计期间的使用更加方便。

结清虚账户的程序如下：

第一，计算出各个虚账户的余额。一般来讲，凡收入账户，其贷方总额大于借方总额，正常余额在贷方；凡是费用账户，其借方总额大于贷方总额，正常余额在借方。

第二，编制结账分录。为了结清虚账户，应该设置"本年利润"账户，以归集当期收入、费用账户的余额。收入账户为贷方余额，结账时应该借记各项收入账户，贷记"本年利润"账户；费用账户为借方余额，结账时应该借记"本年利润"账户，贷记各类费用账户。将此结账分录登记到"本年利润"账户后，借贷双方金额抵减，差额就是净利润或净亏损。年终，再将利润转入"利润分配——未分配利润"账户中，西方会计中称为留存收益。分录为：借记"本年利润"账户，贷记"利润分配——未分配利润"账户。

现将前例新时代公司所登记的总分类账中有关的虚账户结清：

(1) 结清收入类账户：

借：主营业务收入　　　　　　　　　　　　　　　60 000
　　贷：本年利润　　　　　　　　　　　　　　　　　　　60 000

(2) 结清费用类账户：

借：本年利润　　　　　　　　　　　　　　　　　47 700
　　贷：主营业务成本　　　　　　　　　　　　　　　　　45 000
　　　　管理费用　　　　　　　　　　　　　　　　　　　 2 300
　　　　财务费用　　　　　　　　　　　　　　　　　　　　 400

(3) 年终，将净利润结转到"利润分配——未分配利润"账户。本例中为2016年8月份实现的利润，暂不结转。年终结转的分录为：

借：本年利润　　　　　　　　　　　　　　　　　××××
　　贷：利润分配——未分配利润　　　　　　　　　　　　××××

最后，根据上述结账分录记入有关总分类账后，所有收入、费用账户借贷金额持平，余额均为零，画线结平虚账户。下一会计年度开始，重新开设收入、费用等账户，记录新的会计年度的经营成果。

2. 实账户的结转

实账户又称为永久性账户，是指会计期末一般有余额并应随着经营活动的延续而递延到下一个会计期间的账户。资产负债表账户都是实账户。

实账户的结转是计算出各账户的本期发生额及期末余额,并加以画线结束,将期末余额结转到下一会计期间。新时代公司实账户结账的结果如表 2-26 至表 2-35 所示。

二、会计报表及其编制方法

会计的基本目标是向相关的信息使用者提供决策有用的信息,这一目标在实际工作中是通过编制会计报表来实现的。

(一) 资产负债表

资产负债表是反映企业在会计期末资产、负债和所有者权益情况的会计报表,根据"资产=负债+所有者权益"的会计基本等式设计。资产负债表分为左右两方,左边是资产,右边是负债和所有者权益,左右两边是相等的关系。资产负债表一般应根据资产、负债和所有者权益类账户的期末余额填列(也可以根据编好的工作底稿直接编制)。新时代公司的资产负债表如表 2-43 所示。

表 2-43　　　　　　　　　　　　资产负债表
2016 年 8 月 31 日

资产	金额	负债及所有者权益	金额
库存现金	1 900	负债	
银行存款	95 300	短期借款	135 000
应收账款	75 200	应付账款	50 550
其他应收款	5 000	应交税费	(13 850)
存货	143 000	应计利息	400
固定资产	345 000	负债合计	17 210
累计折旧	1 000	所有者权益	
固定资产净额	344 000	实收资本	480 000
		未分配利润	12 300
资产合计	664 400	负债及所有者权益合计	664 400

(二) 利润表

利润表是反映企业在一定会计期间内所实现的利润(或发生的亏损)的会计报表,根据"收入-费用=利润"的会计等式设计。由于企业会计对收入和费用的确认基础是权责发生制,因此利润表中的收入和费用都是按照权责发生制原则计算的。利润表一般应根据收入、费用类账户的发生额分析填列(也可以根据编好的工作底稿直接编制)。新时代公司的利润表如表 2-44 所示。

表 2-44　　　　　　　　　　利　润　表
2016 年 8 月

主营业务收入	60 000	
其他业务收入		
收入合计		60 000
主营业务成本	45 000	
销售费用		
管理费用	2 300	
财务费用	400	
费用合计		47 700
本期利润		12 300

（三）现金流量表

现金流量表是反映企业在一定时期内现金流入和流出情况的会计报表，与前两张报表不同，现金流量表的编制基础是收付实现制。通过现金流量表，可以了解企业现金的来源渠道和支出方式，有助于企业合理调配和使用资金。现金流量表一般应根据收付款凭证分析填列。新时代公司的现金流量表如表 2-45 所示。

表 2-45　　　　　　　　　　现金流量表
2016 年 8 月

项　目	金　额
一、经营活动产生的现金流量	
销售商品、提供劳务收到的现金	35 000
收到的税费返还	
收到的其他与经营活动有关的现金	200
现金流入小计	35 200
购买商品、接受劳务支付的现金	36 000
支付给职工以及为职工支付的现金	
支付的各项税费	32 000
支付的其他与经营活动有关的现金	1 500
现金流出小计	69 500
经营活动产生的现金流量净额	-34 300
二、投资活动产生的现金流量	
投资活动产生的现金流量净额	

续表

项　目	金　额
三、筹资活动产生的现金流量	
吸收投资所收到的现金	
借款所收到的现金	146 000
收到的其他与筹资活动有关的现金	
现金流入小计	146 000
归还债务所支付的现金	25 000
分配股利、利润或偿付利息所支付的现金	
支付的其他与筹资活动有关的现金	
现金流出小计	25 000
筹资活动产生的现金流量净额	121 000
四、汇率变动对现金的影响	
五、现金及现金等价物净增加额	86 700

【练习题】

夏飞准备夏季（6—9月）在东湖边开设一个游泳用品服务部，并于6月1日正式开业。夏飞以每个月3 000元的价格从东湖公园管理处租了两间房子，提供的服务包括销售各种游泳用品和快餐等。以下是夏飞记录的6月份发生的经济业务：

（1）6月1日，夏飞从其个人的银行存款账户中提取现金7 000元，用于经营该服务部；

（2）6月1日，用2 000元支付公园管理处的房租；

（3）6月2日，用1 200元现金购买游泳用品；

（4）6月4日，从某商店赊购用品4 000元；

（5）6月7日，从银行取出现金800元，用于购买汽油等物料；

（6）6月10日，收到销售商品的收入3 000元，存入银行；

（7）6月14日，收到顾客的赊款借据2 600元；

（8）6月20日，用现金支付服务部的电话费用700元；

（9）6月25日，用现金支付服务部的零星费用500元；

（10）6月30日，收到6月份下半个月的收入5 000元现金；

（11）6月30日，用800元现金支付临时雇员的工资。

在会计记账方面，夏飞没有受过专门的训练。假设现在夏飞请你帮他记账，并提供有关的财务信息：

（1）夏飞的服务部需要用到哪些账户？

（2）编制6月份所有上述业务的会计分录。

(3) 将会计分录的内容汇总到"T"形账户中,并运用"T"形账户的记录编制服务部6月份的试算平衡表。

(4) 编制该服务部6月末的资产负债表及6月份的利润表。

【资料链接】

1. 出纳在会计循环中的地位和作用

企业的财务活动是连接市场和企业的桥梁和纽带,其不仅仅是简单的资金收付活动,而是包括资金筹措、投资决策与日常管理等在内的十分复杂的活动。出纳工作在会计循环中的地位和作用,反映在收支凭证真实、传递循序渐进、货币计量准确、信息反馈及时等方面。在实际工作中,每一笔现金业务的发生,或者说现金与票据、票据与票据交换手段的实现,都是由出纳工作完成的。因此,做好出纳工作对整顿会计工作秩序,规范会计基础工作具有极其重要的现实意义。

出纳工作是会计循环中的一个重要环节。在任何单位和经济组织中,出纳工作必须是一个独立的岗位,领导不得兼任,会计不得替代。《会计基础工作规范》对出纳工作的岗位、职责有限制性规定,如单位领导人的直系亲属不得担任本单位会计机构负责人、会计主管人员。会计机构负责人、会计主管人员的直系亲属不得在本单位会计机构中担任出纳工作。内部牵制制度也规定了机构分离、职务分离、钱账分离、账物分离的原则。因此在会计机构中分设出纳工作岗位具有制度上的合法性、工作上的适应性、行为上的规范性、管理上的科学性。出纳工作在会计工作中和会计循环中的地位是特殊的,不可缺少的。

出纳工作是会计工作的一部分,也就是说出纳工作岗位可以按管理要求设置,出纳工作必须完全置于会计循环中。出纳人员在管好货币资金的同时,还应当发挥如下几个方面的作用:认真贯彻执行党和国家的财经政策和财经方针,认真审核每一张单据,处理每一笔经济业务;及时反馈经济信息,按照我国《会计法》的要求及时向单位领导和会计主管人员报告工作;对支出性质进行审查,对违反开支规定的支出拒绝付款;保卫资金安全,保护国家资财安全,这一点在目前现金流量大、假币多、卡式管理不规范的情况下,对防止诈骗,减少损失和失误极为重要。

出纳工作在会计循环中的地位和作用是两个方面的,一方面单位领导和会计主管人员要注意运用法律法规建立出纳员的工作条件和约束机制。另一方面,出纳员要加强学习,提高技能,加强职业道德修养,自觉维护尊严。出纳工作是会计工作纪律的执行者。财务大检查,物价、税收大检查,是查果询因。收款、付款是出纳工作的基本职能,其一举一动都在执行着财经纪律和会计纪律。执行财经纪律是经济工作的基本要求和准则,维护和执行财经纪律则是经济工作微观要求的基础。出纳员在执行公务过程中,也有自己的准则,无论是传递、循环还是流水作业,资金的进入和退出,出纳工作都是源头。出纳工作贯穿于会计工作的全过程,因此出纳员被称为财会工作纪律的执行者。事实也证明,一个强有力的出纳员,必定会为本单位的财会工作带来生机与活力,尤其是在企业债务重组的情况下。

出纳员是会计工作规范的实施者,担负着资金收付、票据管理、现金日记账、银行存款日记账登记等工作。会计工作规范化的要求是,健全内部各项会计管理制度,建立良好的会计工作秩序,使记账、算账、报账符合会计制度的要求,逐步实现会计基础工作规范化、制度化、科学化,不断提高会计工作水平,进一步发挥会计在经济管理中的作用。记账凭证分为外来原始凭证和自制原始凭证,其中外来原始凭证几乎都是通过出纳员的操作完成。每一张发票、每一个数据、每一项内容,出纳员都必须熟知,即使会计人员审核过的凭证,出纳员也要复核,然后再实施收付。由此可见,对于会计工作规范化,出纳员担负着极其重要的责任。因此,会计规范一是从原始凭证抓起,如发票是否合法,发票的出具人是否为发票的合法使用者,有无转借、变造、涂改等,持票人是否与业务内容有关。二是票据的整理,出纳员应当本着负责的态度,认真整理每一张单据。三是账簿登记要日清、月结;要管好现金和票据。出纳员应当从本职工作做起,把好政策、法规、纪律关;把好书写、整洁规范关,为全面实现会计工作规范化而努力。

2. 从安然事件看管理者的职业道德

总部设在美国德克萨斯州休斯敦的安然公司(Enron)曾被《财富》杂志评为美国最具创新精神的公司,该公司2001年的股价最高达每股90美元,市值约700亿美元。但在安然公司前任财务主管因涉嫌做假账,受到证券交易委员会(SEC)调查的消息公布后,公司的盈利大幅下调,股价急剧下跌至26美分。2001年12月2日,安然公司被迫根据美国《破产法》第十一章的规定,向纽约破产法院申请破产保护,以资产总额498亿美元创下了美国历史上最大宗的公司破产案纪录。安然破产不仅使数百万持股人损失惨重,而且造成该公司大批员工投资在本公司股票上的退休金血本无归。事实上,该公司29名高级主管在股价崩跌之前已出售173万股股票,获得11亿美元巨额利润。而该公司的2万名员工却被禁止出售大幅贬值的股票,使他们投资于该公司股票的退休储蓄金全部泡汤,损失高达数十亿美元。

2006年10月休斯敦地区法院宣判,安然公司前首席执行官(CEO)杰弗里·斯基林将入狱24年零4个月。在此之前,安然公司已有多人被判刑,时年52岁的斯基林是本案被判刑的最后一名前安然公司高管。

第三章　内部控制与会计系统

【学习目标】
1. 掌握内部控制的定义和分类；
2. 掌握内部控制五要素的内容；
3. 了解内部控制的局限性；
4. 掌握内部会计控制的内容和方法；
5. 掌握企业基本经济业务的内部会计控制。

第一节　内部控制概述

一、内部控制的产生及发展

内部控制作为一种管理思想和实践活动，在古埃及、古罗马的国库管理和中国西周时代的预算管理中就已存在，早期表现为内部牵制，其基本内容为：（1）业务授权；（2）职责分工；（3）书面记录；（4）定期核对；（5）内部稽核。到目前为止，内部控制的发展主要经历了内部牵制、内部控制制度、内部控制结构、内部控制整体框架和全面风险管理框架几个发展阶段。

（一）内部牵制

从原始的组织诞生开始，直至 20 世纪 40 年代，内部控制的发展基本停留在内部牵制阶段。1912 年，蒙哥马利在其《审计——理论与实践》一书中指出，所谓内部牵制是指一个人不能完全支配账户，另一个人也不能独立地加以控制的制度。这一阶段的内部控制主要注重职责的分工和业务流程及其记录上的交叉控制。内部牵制主要通过人员配备和职责划分、业务流程、簿记系统等来完成。其目的主要是防止组织内部的错误和舞弊，通过保护组织财产的安全来保障组织运转的有效性。

（二）内部控制制度

20 世纪 40—70 年代，内部控制的发展进入了内部控制制度阶段。这一阶段将内部控制明确区分为内部会计控制和内部管理控制，主要通过形成和推行一整套内部控制制度来实施控制。内部控制的目标除了保护组织财产的安全之外，还包括要增进会计信息的可靠性。

（三）内部控制结构

20 世纪 80 年代至 90 年代初，内部控制的发展进入内部控制结构阶段。1988 年 4 月，美国注册会计师协会发布《审计准则公告第55号》，首次采用"内部控制结构"一词取代原有的"内部控制"一词。将内部控制结构定义为："为合理保证企业特定目标的实现而建立的各种政策和程序"，并且明确了内部控制结构的内容包括三部分：即控制环境、会计制度和控制程序。

内部控制结构概念的提出，实现了内部控制由零散到系统的转变，适应了当时经济形势发展和企业经营管理的需要，得到了会计界和审计界的认可。

（四）内部控制整体框架

20世纪90年代，内部控制的发展进入内部控制整体框架阶段。1992年，美国反对虚假财务报告委员会的发起组织委员会（COSO委员会）发布专题报告《内部控制整体框架》，认为内部控制整体框架主要由控制环境、风险评估、控制活动、信息与沟通、监督五项要素构成。内部控制整体框架五要素的提出，在一定程度上突破了以往内部控制仅仅从会计、审计角度研究的狭隘性，明确了企业对内部控制的责任，强调了内部控制的对象是企业运行过程中的所有要素。内部控制的好坏取决于制定并执行政策和程序的人的素质与观念，内部控制本身不是目的，是实现组织目标的一种手段和工具。

（五）全面风险管理框架

自1992年美国COSO委员会发布《内部控制整体框架》以来，该内部控制框架已经被世界上许多企业所采用，但理论界和实务界纷纷对内部控制框架提出一些改进建议，强调内部控制框架的建立应与企业的风险管理相结合。2004年，COSO委员会在广泛听取各方意见后，发布了《企业风险管理总体框架》。全面风险管理框架拓展了内部控制框架的内容和范围，在内部控制框架五要素的基础上，增加了"目标制定"、"事项识别"和"风险反应"三个要素，更广泛地关注了企业风险管理这一领域。

二、内部控制的定义

最早界定内部控制的是美国注册会计师协会，他们将内部控制定义为："所谓内部控制，是指企业为了保证财产的安全完整，检查会计资料的准确性和可靠性，提高企业的经营效率以及促进企业贯彻既定的经营方针，所涉及的总体规划及所采用的与总体规划相适应的一切方法和措施。"1994年，美国COSO委员会在《内部控制整体框架》专题报告中提出了新的内部控制概念，将内部控制定义为"内部控制是受企业董事会、管理层和其他人员影响，旨在为实现财务报告的可靠性、提高经营的效率和效果和遵循相关的法规等目标而提供合理保证的过程"。我国《企业内部控制基本规范》指出："内部控制是由企业董事会、监事会、经理层和全体员工实施的、旨在实现控制目标的过程。内部控制的目标是合理保证企业经营管理合法合规、资产安全、财务报告及相关信息真实完整，提高经营效率和效果，促进企业实现发展战略。"

综合以上对内部控制定义的描述，可以从以下几方面来理解内部控制：

第一，内部控制是一个"过程"，而且是一个动态的过程。企业的经营活动是永不停止的，企业的内部控制过程也因此不会停止，它是一个发现问题、解决问题、发现新问题、解决新问题的循环往复的过程。内部控制应该与企业的经营管理过程相结合，而不是凌驾于企业的基本活动之上，它促使经营达到预期的效果，并监督企业经营过程的持续有效进行。

第二，内部控制受到"人"的因素的影响，它并不仅仅是政策手册和表格，不仅仅是管理人员或董事会，而是组织中的每一个人，每一个人都对内部控制负有责任并受到内部控制的影响；是"人"建立企业的目标，并将控制机制赋予实施。确立这种观念有利于企业的所有员工明确自己的责任和权限，主动地维护及改善企业的内部控制。

第三，内部控制无论设计和运行得多么完善，也只能为企业的管理层和董事会提供合理的保证，而不是绝对保证，因为内部控制本身具有局限性。

第四，从内部控制目标的实现来看，实现内部控制目标的手段是设计和执行控制政策和程序。

三、内部控制的分类

（一）按照内部控制的主要内容分类

按照内部控制的主要内容分类，内部控制可以分为内部会计控制和内部管理控制。

1. 内部会计控制

内部会计控制是指与保护财产物资的安全性、会计信息的真实性和完整性以及财务活动的合法性和有效性有关的控制。内部会计控制由一系列具体的控制环节和控制措施组成，一般来说包括授权和批准控制、分工控制、会计系统控制、对资产的实物控制等，其目的主要在于保护资产的安全、完整和会计信息的真实、可靠。例如，由无权经管现金和签发支票的员工每月编制银行存款调节表，就是一种内部会计控制，通过这种控制，可提高现金交易的会计业务、会计记录和会计报表的可靠性。

2. 内部管理控制

内部管理控制是指那些对会计业务、会计记录和会计报表的可靠性没有直接影响的内部控制。例如，企业单位的内部人事管理、技术管理等，就属于内部管理控制。内部管理控制范围涉及企业生产、技术、经营、管理的各部门、各层次、各环节，其目的是提高企业管理水平，确保企业经营目标和有关方针、政策的贯彻执行。

内部管理控制一般包括统计分析、工时和操作的研究、业绩报告、雇员的培训计划和质量控制等控制手段。

（二）按照内部控制的功能分类

按照内部控制的功能分类，内部控制可以分为预防性控制、检查性控制、纠正性控制和指导性控制。

1. 预防性控制

预防性控制是指为了防止错误和舞弊的发生而采取的控制，因而是一种事前控制。例如，对客户的信用进行评估以减少坏账的发生、采用招标方式来选择理想的供应商等。预防性控制能够在事前预防损失的发生，降低风险，但是由于受风险识别、成本等因素的制约，全面地采用预防性控制是相当困难的，因此还必须采用其他手段进行控制。

2. 检查性控制

检查性控制是指将已经发生或存在的错误检查出来，它是一种事中控制。例如，编制银行存款余额调节表来核对有关银行存款的记录、对完工产品进行质量检验等。在缺乏完善的、可行的预防性控制措施的情况下，检查性控制是一种很有效的监督工具。而且，由于交易的可验证性，检查性控制的成本有可能低于预防性控制的成本。

3. 纠正性控制

纠正性控制是对那些由检查性控制查出来的问题实施的控制。例如，向计算机输入购货业务单据时，计算机中的检查修改程序不仅可以自动检查出输入有误的供应商代码，还能够读出与该代码相应的供应商名称，并从供应商的主文件中取出与该名称相匹配的正确代码，用这一正确代码替代原有输入有误的代码。一般而言，纠正性控制是与检查性控制紧密联系在一起的，它可以及时改正已发现的问题。

4. 指导性控制

与前三种控制类型不同，指导性控制不是为了预防、检查和纠正不利的结果，而是为了实现有利的结果而采取的控制。例如，公司总经理指导公司各个区域经理雇佣当地的劳动力从事生产经营活动，这不仅融洽了公司和当地的关系，还有利于树立公司良好的形象。

第二节 内部控制的要素和原则

一、内部控制的要素

内部控制主要包括内部环境、风险评估、控制活动、信息与沟通、内部监督五个要素。

（一）内部环境

内部环境是指内部控制所处的环境，一般包括治理结构、机构设置及权责分配、内部审计、人力资源政策、企业文化等。内部环境决定了整个公司的内部控制基调和氛围，直接影响企业员工的控制意识，良好的内部环境是实施有效内部控制的基础。例如，企业要求员工不允许从供应商那里获得超过一定金额的礼品，超过部分都必须报告和退回，同时要求企业高管人员身体力行，起带头表率作用，这实际上是企业对诚信和道德价值观念的营造，会在企业形成诚实守信、合乎道德的文化。

内部环境案例：美国世界通信公司曾是美国排名第 25 的大公司，更是通信业的第二大巨头，却利用会计造假虚构了近 110 亿美元的利润，创造了美国资本市场有史以来规模最大的财务舞弊事件。2003 年，世界通信公司宣告破产。世界通信公司治理机制的不完善，内部控制受到极大的忽视，是造成世界通信公司财务舞弊的最主要原因。从内部环境来看，世界通信公司倡导的是激进主义主导的管理风格和企业文化。世界通信公司董事长埃柏斯一手创造了公司的辉煌，是公司顶级元老。公司董事会虽然对公司业绩和大规模的并购决策比较关心，但是这些董事一方面出于对埃伯斯能力的信任，另一方面董事会成员在世界通信公司中收益颇为丰厚，因此他们基本都听命于埃柏斯，绝少怀疑其决策；而公司的普通职员没有机会了解埃柏斯为公司所做的具体事情和他管理公司事务的方式，但是他们相信世界通信公司在不断成长，相信他为此付出的努力。这样，一方面，可能是鉴于埃伯斯的个人能力和人格魅力；另一方面，也鉴于人们对其能力的无限认可与信任，在世界通信的董事会和各级管理部门中，无形中产生了一个以其个人处事方式为基础、受其意志支配的管理风格，以及相应的企业文化。

在这种企业文化的影响下，经过 20 世纪 90 年代中期世界通信公司董事会及下属各委员会的"放权"以及埃伯斯和苏利文（世界通信公司的财务总监，埃伯斯的得力助手）的"集权"，世界通信公司以人为中心的管理方式逐渐占据了优势地位，而包括董事会在内的权力部门对公司并购和财务报告等重大事务的知情权和实质控制权被悄悄地转移到了集权者手中。

世界通信公司以激进主义为主导的管理风格和企业文化的形成，无情地摧毁了公司的内部环境，动摇了公司财务报告的诚信原则。埃伯斯渴望由他领航的世界通信公司早日坐上美国电信业的头把交椅，而苏利文坚信通过"各式会计手法进行必要的数据变造"是完成这一目标的捷径。世界通信公司这两位呼风唤雨的灵魂人物共同的职业理想和苏利文对"会计手法＝魔术行为"的执著信奉，交织成了世界通信公司财务舞弊文化的根源，也注定了世界通信公司将不可避免地卷入一场财务报告欺诈的浩劫之中。

（二）风险评估

风险评估是指企业及时识别、系统分析经营活动中与实现内部控制目标相关的风险，合理确定风险应对策略。每个企业都面临着诸多来自内部和外部的风险，例如监管及经营环境的变化、业务的快速发展、新技术的运用、新员工的加入、海外经营等。很多风险并不为企业所控制，因此必须设立一个机制来识别、分析和管理影响企业目标实现的相关风险，并适时加以管理。

企业应当开展风险评估，识别与控制目标相关的内部风险和外部风险，确定企业风险承受能力。企业应当采用定性与定量相结合的方法，按照风险发生的可能性及其影响程度，对识别的风险进行分析和排序，确定关注重点和优先控制的风险。企业还应组成风险分析团队，对风险进行分析，结合风险承受能力，权衡风险和收益，确定风险应对策略。

（三）信息与沟通

信息与沟通是企业及时、准确地收集、处理、传递与内部控制相关的信息，确保信息在企业内部、企业与外部之间进行有效沟通。企业获取的信息不仅包括企业内部产生的信息，还包括与企业经营决策和对外报告相关的外部信息。企业可以通过财务会计资料、经营管理资料、调研报告、专项信息、内部刊物、办公网络等渠道，获取内部信息；通过行业协会组织、社会中介机构、业务往来单位、市场调查、来信来访、网络媒体以及有关监管部门等渠道，获取外部信息。畅通的沟通渠道和机制使企业的员工能及时取得他们在执行、管理和控制企业经营过程中所需的信息，并交换这些信息，有效地履行其职责。

（四）控制活动

控制活动是指有助于确保管理层的指令得以执行的控制政策和程序，一般包括不相容职务分离控制、授权审批控制、会计系统控制、财产保护控制、预算控制、运营分析控制和绩效考评控制等。

（五）内部监督

内部监督是企业对内部控制建立与实施情况进行监督检查，评价内部控制的有效性，发现内部控制缺陷，及时加以改进。在企业内部设立审计委员会、内部审计部门是加强内部监督的有效管理方法。

内部监督分为日常监督和专项监督。日常监督是指企业对建立与实施内部控制的情况进行常规、持续的监督检查；专项监督是指在企业发展战略、组织结构、业务流程、关键岗位员工等发生较大调整或变化的情况下，对内部控制的某一方面或者某些方面进行有针对性的监督检查。

内部控制五要素之间的关系我们可以理解为：企业的核心是人，人的诚信、道德价值观和胜任能力构成了企业内部环境的重要组成部分，这是企业发展的基础。每个企业都有自己的发展目标，为了目标的实现，必须分析影响因素，即进行风险评估。针对风险评估的结果需要采取相应的控制活动来控制和减少风险。同时与内部环境、风险评估和内控活动相关的信息应及时被获取、加工整理，并在企业内部传递，这就是信息与沟通，信息与沟通系统围绕在内控活动周围，反映企业各项管理活动的运转情况。为了保证内控体系的正常运转，还需要对整个内控过程进行监督。

内部控制五要素之间的配合和联系，组成了一个完整的系统，可以灵活地随条件变化而变化。但各要素之间并不是一项要素影响下一项要素的顺序过程，任一要素都可以影响其他要素，例如对风险的评估不仅仅影响控制活动，还可能影响信息和沟通、监督行为等。

二、内部控制的局限性

无论内部控制设计和执行得多好，它也只能提供合理的保证，这是因为内部控制具有固有的局限性。内部控制的局限性具体表现在：

（一）判断失误

内部控制的设计和修改是由人做出的，人在做出判断的时候难以避免主观性，有可能存在失误甚至错误。任何"完美"的内部控制系统，都会因设计人经验和知识水平的限制而带有缺陷。

（二）执行偏差

内部控制执行人员的粗心大意、精力分散、判断失误以及对指令的误解等，也可能使内部控制系统陷于瘫痪。例如，发货时没有索要提货单，对方发票上的总金额计算错误而未被发现，签发支票时未审查其用途等，都会使内部控制系统失效。

（三）管理层的越权

内控制度是企业最重要的管理工具，但任何内部控制最终都是靠人来执行的。单位或部门的经理、高层管理人员等会出于各种目的不遵守既定的制度，凌驾于内部控制之上。

（四）合伙同谋

两个人或更多人的合伙同谋行为，会使不同职务相互制约的作用丧失，从而导致内部控制的失效。

三、内部控制的基本原则

企业建立与实施内部控制，应当遵循下列原则：

(一) 全面性原则

内部控制应当贯穿于决策、执行和监督的全过程，覆盖企业各种业务和事项。实现全过程、全员性控制，不存在内部控制空白点。

(二) 重要性原则

内部控制应当在全面控制的基础上，关注重要业务事项和高风险领域，并采取更为严格的控制措施，确保不存在重大缺陷。重要性原则的运用需要一定的职业判断，企业应当根据所处行业特点和经营特点，从业务事项的性质和涉及金额两方面来考虑是否及如何实行重点控制。

(三) 制衡性原则

内部控制应当在治理结构、机构设置及权责分配、业务流程等方面形成相互制约、相互监督，同时兼顾运营效率。制衡性原则要求企业完成某项工作必须经过互不隶属的两个或两个以上的岗位和环节；同时，还要求履行内部控制监督职责的机构或人员具有良好的独立性。

(四) 适应性原则

内部控制应当与企业经营规模、业务范围、竞争状况和风险水平等相适应，并随着情况的变化及时加以调整。适应性原则要求企业建立与实施内部控制应当具有前瞻性，适时地对内部控制系统进行评估，发现可能存在的问题，并及时采取措施予以补救。

(五) 成本效益原则

内部控制应当权衡实施成本与预期效益，以适当的成本实现有效控制。成本效益原则要求企业内部控制建设必须统筹考虑投入成本和产出效益之比。对成本效益原则的判断需要从企业整体利益出发，尽管某些控制会影响工作效率，但可能会避免整个企业面临更大损失，此时仍应实施相应控制。

第三节 内部会计控制的内容和方法

内部会计控制是内部控制在财产保护和会计信息质量方面的具体化，其根本目的是保证会计信息的可靠性和企业资产的安全性和合法性。

一、内部会计控制的内容

内部会计控制的内容不仅涉及企业的各个岗位、员工，而且覆盖了企业的主要业务流程。内部会计控制的内容主要包括：货币资金控制、实物资产控制、采购与付款控制、销售与收款控制、筹资控制、投资控制、成本费用控制、工程项目控制、担保控制等方面。

(一) 货币资金内部会计控制

企业的货币资金包括现金、银行存款和其他货币资金。货币资金具有很强的流动性和变现能力，是企业风险比较大的资产。货币资金会计控制，包括对货币资金收支和保管业务建立严格的授权批准制度，办理货币资金业务的不相容岗位应当分离，相关机构和人员应当互相制约，确保货币资金安全、完整等控制内容。

（二）实物资产内部会计控制

实物资产主要包括原材料、产品、厂房、设备等有形资产，是企业经营活动顺利开展的重要物资。实物资产控制，主要包括建立实物资产管理的岗位责任制度，对实物资产运输、验收入库、领用、发出、盘点、保管及处置等环节进行控制，防止实物资产被盗窃、毁损和流失。

（三）采购与付款内部会计控制

采购与付款内部会计控制，主要包括设置合理的采购与付款业务的岗位和授权原则，对请购与审批、采购与验收、付款与审核、会计记录报告进行系统控制，及时发现采购与付款业务活动中的差错与舞弊行为。

（四）销售与收款内部会计控制

销售与收款内部会计控制，主要包括制定商品或劳务的定价原则，制定科学合理的信用政策、信用条件，加强账款的回收，减少坏账发生的可能性，实现款项的及时收回。

（五）筹资活动内部会计控制

筹资活动内部会计控制，主要包括合理确定筹资规模和筹资结构，选择适当的筹资方式，降低资金成本，防范和控制财务风险，确保资金筹措合理与有效使用等控制。

（六）投资活动内部会计控制

投资活动内部会计控制，主要包括建立规范的投资决策机制和程序，通过实行重大投资决策集体审议、联签等责任制度，加强投资项目立项、评估、决策、实施及投资处置等环节的控制，严格控制投资风险等控制内容。

（七）成本费用内部会计控制

成本费用内部会计控制，主要包括建立费用控制系统，制定成本费用标准，分解成本费用指标，控制成本费用差异，考核成本费用指标的完成情况，落实奖惩措施，降低成本费用，提高经济效益等内容。

（八）工程项目内部会计控制

工程项目内部会计控制，主要包括建立规范的工程项目决策程序、明确相关机构和人员的职责权限，建立工程项目投资决策责任制度，加强工程项目预算、招投标及质量管理等环节的控制，防范决策失误，以及工程发包、承包、施工、验收等过程中的舞弊行为等控制内容。

（九）担保内部会计控制

担保内部会计控制，包括严格控制担保行为，建立担保决策程序和责任制度，明确担保原则、标准和条件及担保责任等内容，加强对担保合同订立的管理，及时了解和掌握被担保人的经营和财务决策，防范潜在风险，避免或减少可能发生的损失等控制内容。

二、内部会计控制的方法

内部会计控制的方法是针对其内容设计的措施、程序和方法。内部会计控制方法多种多样，针对不同的经济业务和不同的控制内容，可以采用不同的控制方法。内部会计控制的方法主要有：不相容职务分离控制、授权批准控制、会计系统控制、预算控制、财产安全控制、风险控制、内部报告控制、信息技术控制等。

(一) 不相容职务分离控制

不相容职务是指那些如果由一个人担任，既可能发生错误和舞弊行为，又可能掩盖其错误和弊端行为的职务。也就是说，同一个人不能兼任两项或以上的工作，同一个岗位不能执行两项或以上的职责。不相容职务分离的核心是"内部牵制"，它要求每项经济业务都要经过两个或两个以上的部门或人员的处理，单个人或部门的工作必须与其他人或部门的工作相一致或相联系，并受其监督和制约。不相容职务分离控制要求单位按照不相容职务相分离的原则，合理设置会计及相关工作岗位，明确职责权限，形成相互制衡机制。

不相容职务分离主要包括：（1）业务执行与授权审批职务相分离；（2）业务执行与会计记录职务相分离；（3）业务执行与财产保管职务相分离；（4）会计记录与财产保管职务相分离；（5）业务经办与审核监督职务相分离。

保证不相容职务分离作用的发挥，需要各个职务分离的人员各司其职。如果担任不相容职务的人员之间相互串通勾结，则不相容职务分离的作用将会消失殆尽。因此，对不相容职务分离的再控制也是企业需要加以考虑的。

(二) 授权批准控制

授权批准控制要求企业所有经济活动都应该按照一定的审批程序进行，企业管理层必须在授权范围内行使职权和承担责任，经办人员也必须在授权范围内办理业务。授权分为一般授权和特别授权。一般授权针对的是企业经常发生、涉及范围较广的日常经营活动，例如，管理层授权仓库部门在现有材料到达再订购点时，可以直接提出采购申请，就属于一般授权。特别授权针对的是企业中发生频率较低、较为重要的非常规活动，例如，对于重大设备的采购，公司规定需要经过董事会会议审批，就属于特别授权。

一般授权通常在单位的规章制度中予以明确，授权的实效较长；特别授权往往针对例外经济业务，一般难以预料，授权的实效一般较短。

(三) 会计系统控制

会计系统控制要求单位依据我国《会计法》和国家统一的会计制度，制定适合本单位的会计制度，明确会计凭证、会计账簿和财务会计报告的处理程序，建立和完善会计档案保管和会计工作交接办法，实行会计人员岗位责任制，充分发挥会计的监督职能。

会计系统控制的主要内容包括：会计凭证控制、会计账簿控制、财务报告控制、会计分析控制、会计复核控制。

(四) 预算控制

预算控制要求单位加强预算编制、执行、差异分析、责任考核等环节的管理，明确预算项目，建立预算标准，规范预算的编制、审定、下达和执行程序，及时分析和控制预算差异，采取改进措施，确保预算的执行。

具体来说，首先要确定预算控制的对象和范围。企业应对那些有必要控制，并且具有可控性的项目才进行预算控制。其次，要建立预算标准体系。预算标准体系是进行预算控制的前提，也是进行预算调整和预算执行考核的主要依据。预算标准的制定应该以财务信息为基础，结合趋势分析方法，对经营预算、财务预算和资本支出预算分别制定标准。再次，要明确预算编制方法和执行程序。以销售收入为出发点进行预算编制是常用的方法，同时还要设计预算执行的合理程序，防止实际情况过度偏离预算。最后，对预算进行调整和考核。对于实际和预算之间的差异要查找原因并进行调整，还要设计出具有竞争性的预算考核体系，提高预算控制的效果。

此外，对预算资金要实行严格的审批制度。预算内资金实行责任人限额审批，限额以上资金实行集体审批。严格控制无预算的资金支出。

（五）财产安全控制

财产安全控制是为了保证企业资产的安全和完整而进行的控制活动。财产安全控制要求单位限制未经授权的人员对财产的直接接触，采取定期盘点、财产记录、账实核对、财产保险等措施，确保各种财产的安全完整。

财产安全控制的主要内容包括：接触控制、定期盘点、记录保护、财产保险、财产记录监控、信誉考评制度及定期对账制度、应收账款催收制度。

（六）风险控制

风险控制要求单位树立风险意识，针对各个风险控制点，建立有效的风险管理系统，通过风险预警、风险识别、风险评估、风险分析、风险报告等措施，对财务风险和经营风险进行全面防范和控制。

（七）内部报告控制

内部报告控制要求单位建立和完善内部报告制度，全面反映经济活动情况，及时提供业务活动中的重要信息，增强内部管理的时效性和针对性。内部报告应该形成制度化，作为企业的强制措施，保证所有的重要信息能够及时、准确地传递给各层管理者。

企业常用的内部报告主要有：资金分析报告，包括资金日报、借款还款进度表、贷款担保抵押表、资金调度表等；经营分析报告；费用分析报告；资产分析报告、投资分析报告及财务分析报告等。

（八）信息技术控制

随着信息技术的发展，计算机被普遍运用于企业经营管理中，尤其是会计电算化和电子商务的发展对信息的安全性提出了严格的要求。信息技术控制要求运用信息技术手段建立内部会计控制系统，减少和消除人为操纵因素，确保内部会计控制的有效实施；同时要加强对财务会计信息系统开发与维护、数据输入与输出、文件储存与保管、网络安全等方面的控制。

第四节　企业基本业务的内部会计控制

一、货币资金内部会计控制

货币资金是企业在生产经营过程中以货币形态存在的资产，包括现金、银行存款和其他货币资金。企业的一切生产经营活动和交易活动都离不开货币资金这种支付和交换手段，企业货币资金的内部会计控制是企业整个内部控制系统关键的组成部分。货币资金的内部会计控制制度主要有：

（一）不相容职务分离制度

企业应当建立货币资金岗位责任制，明确相关部门和岗位的职责权限，确保不相容岗位相互分离、制约和监督。工作中,出纳与会计的职务要分离。出纳主要负责现金的收付和现金日记账、银行存款日记账的记录,不得兼任稽核、会计档案保管、总分类账及收入、费用、债权、债务等明细分类账的登记工作,不得同时从事银行对账单的获取、银行存款余额调节表的编制等工作。会计主要负责原始凭证的复核、记账凭证的编制、分类账登记、账目稽核、会计档案的临时保管等工作,但不得以任何方式接触企业的资金。会计(出纳)不得兼任出纳(会计)的工作。

除了出纳和会计的职务要分离外,货币资金业务需要分离的不相容职务还有:货币资金支付的审批与执行分离;货币资金的保管与盘点清查分离;货币资金的会计记录与评审监督分离;票据管理人和使用人分离;印章管理人和使用人分离等。

货币资金不相容职务案例:曾在国家某科研基金管理机构工作的会计人员卞某涉嫌贪污挪用公款2亿元,被法院判处死缓,这是北京市自新中国成立以来涉案金额最高的一起职务侵占案件。

卞某在案发前的8年时间里,利用掌管该科研基金的专项资金下拨权,采用谎称支票报废、偷盖印鉴、削减拨款金额、伪造银行进账单和银行对账单等手段贪污挪用公款人民币2亿余元。卞某担负着资金收付的出纳功能,同时所有的银行单据和银行对账单也都由他一手经办,使得他得以作案长达8年,却一直没有被察觉。

案发当年的春节刚过,该科研基金管理机构的另一名会计人员上班伊始便到定点银行去拿银行对账单,以往这一工作一直由卞某负责。对账单上一笔2 090万元的支出引起了该会计的注意,在他的印象中没有听说过此项开支。于是他将对账单拿去问卞某,卞某无奈之下只好道出实情,这桩涉案2亿元的大案也因此浮出水面。

据办案人员介绍,作为入账凭证,每一笔资金的流向都体现在银行的对账单上,而在该基金机构,卞某既管记账又管拨款,身份是会计却又掌握出纳的职能,这样就给他实施贪污挪用提供了职务上的便利。卞某从银行拿回对账单后,按照对账单的格式打印出空白对账单并对其进行伪造。对账单还必须要加盖银行印章,卞某长期和银行打交道,与银行工作人员非常熟悉,有时候银行直接就把印章给他,让他自己盖,这时候卞某就可以一次盖很多,伪造的对账单也就成了"真实"对账单。在长达8年的时间里,卞某一直利用伪造的银行对账单掩盖其贪污挪用的公款,这也在一定程度上导致审计部门虽然对该基金管理机构进行过多次审计,但一直没有发现卞某挪用资金的问题。

从不相容职务分离来说,由出纳来领取银行对账单是项大忌,因为出纳本身负责货币资金保管和收支,如果再由出纳来负责领取银行对账单、编制银行存款余额调节表,出纳就有可能挪用或侵占企业货币资金,并通过伪造对账单或在余额调节表上做手脚来掩盖自己的舞弊行为。

(二)授权批准制度

企业应当对货币资金建立严格的授权批准制度,明确审批人员对企业货币资金业务审批授权的方式、程序、权限、责任和相关的控制措施,规定经办人员办理货币资金业务的职责范围和工作要求。

审批人员应当根据货币资金授权批准制度的规定,在授权范围内进行审批,不得超越其应有的权限范围;经办人员在办理货币业务时,要严格按照申请、审批、复核、支付的程序，及时准确的入账。对于审批人员超越授权范围审批的货币资金业务，经办人员有权拒绝办理，并及时向审批人员的上级授权部门报告。严禁未经授权的部门和人员办理货币资金业务或直接接触货币资金。

（三）货币资金支付制度

对于支付业务，企业应当建立相应的货币资金授权制度和审批制度，严格按照规定的程序和权限办理支付业务。

货币资金支付业务的流程一般包括：（1）支付申请。在企业部门或者个人需要用款时，应当向审批人提出申请，注明所需金额、用途和支付方式等相关内容，并且要附有原始单据或者相关证明。（2）支付审批。审批人根据规定中其职责和授权权限以及相应的程序对支付申请进行审批。对于不符合规定的申请应当坚决拒绝，企业对于重要货币资金支付业务应当实行集体决策和审批，并建立责任追究制度，防范贪污、侵占及挪用货币资金等行为。（3）支付复核。根据规定，财务部门应当指定专人对于已经批准的申请进行复核，复核的内容包括权限、范围、审核的程序和手续，以及相关票据，金额的准确性以及资金使用方式的合法性等。在复核准确无误后，交给出纳办理支付。（4）办理支付。由出纳员根据复核无误的申请办理相应支付手续，同时登记现金日记账或者银行存款日记账。

（四）货币资金使用制度

对于现金，企业应当重点加强对现金限额的管理，对于超过库存限额部分的现金应当及时存入银行。企业需要明确现金的使用范围，要严格按照国家现金管理制度和结算制度的规定进行现金的使用与保管；对于不属于现金结算范围内的支付业务一律通过银行存款办理转账结算。企业现金收入应当及时存入银行，不得用于直接支付企业自身的支出。因特殊情况需要坐支现金的，应当事先报经开户银行审批。企业借出款项必须执行授权批准程序，严禁擅自挪用、借出货币资金。企业应当定期和不定期地对现金进行盘点，将盘点结果与会计记录进行比较，确定其是否相符。如果不符，应当查明原因及时处理，查清责任。

对于银行存款，企业应当按照《支付结算办法》的有关规定，开立账户，办理存款、取款和结算业务。企业应该严格遵守银行关于结算的法律法规，禁止签发没有资金保证的远期支票或者其他票据，套取银行信用；禁止签发、取得或者转让没有真实交易和债权债务的票据，套取银行和他人资金；禁止没有任何理由的拒绝付款，随意占用他人资金；不准违反规定开立和使用银行账户。企业应当每个月都指定出纳以外的人员对银行存款账户进行核对，编制银行存款余额调节表，确定实际余额与银行对账单是否符合。如调节不符，应当查明原因及时处理。如果企业使用网上银行等电子支付手段，更要求加强监督检查，执行网上支付操作人员的不相容职务分离，防止因支付方式的改变而改变支付业务的严格流程。

（五）票据及印章管理制度

企业应当加强对票据各个环节的管理，明确各种票据的购买、保管、领用、背书转让及注销等环节的职责权限和程序。为了防止空白票据的被盗或者丢失，应当专设登记簿进行记录。

按照规定需要由企业有关负责人盖章或者签字的经济业务，要严格履行盖章或签字手续。财务章应该由专人保管，个人名章应当由本人或其授权人员专人保管，不能由同一人保管各种印章。

二、采购与付款业务内部会计控制

采购是企业为了满足生产经营活动所需材料、固定资产及办公用品等物品或提供劳务服务所需物品进行的采购业务活动。付款是由于采购等活动产生的款项支付行为。采购与付款业务主要包括：生产或管理等部门根据采购预算或计划提出采购申请；对采购申请做出审批；实施采购；验收商品或劳务；支付款项；进行账务处理；对采购工作检查分析与评价。采购与付款业务内部会计控制制度主要有：

（一）不相容职务分离制度

企业应当根据物资采购的要求，建立采购与付款业务的岗位责任制，明确相关部门和岗位的职责权限，确保办理采购与付款业务的不相容职务相互分离、制约和监督。任何企业不得由同一部门或人员办理采购与付款业务的全部过程。采购与付款业务需要分离的不相容职务主要有：

（1）申购与审批人员的职务相分离。
（2）询价与确定供应商岗位人员的职务相分离。
（3）采购合同的订立与审计岗位人员的职务相分离。
（4）采购与验收岗位人员的职务相分离。
（5）采购、验收与相关会计记录岗位人员的职务相分离。
（6）付款审批与付款执行岗位人员的职务相分离。

（二）授权批准制度

企业应当对采购与付款业务建立严格的授权批准制度，明确审批人员对采购与付款业务的授权批准方式、权限、程序、责任和相关的控制措施，规定经办人员的职责范围和工作要求。

审批人员应当根据采购与付款业务授权批准制度的规定，在授权范围内进行审批，不得超越其应有的权限范围；经办人员应当在职责范围内按照制度规定办理采购与付款业务。对于重要的采购与付款业务应当组织专家进行可行性论证，由企业领导集体决策和审批，防止出现重大决策失误，造成严重损失。严禁未经授权的部门和人员办理采购与付款业务。

材料采购授权批准案例：某国有企业材料采购审批制度要求企业材料采购由供应部经理负责审批、专门采购员负责实施采购。某日采购员王杰在外地采购时发现另一家公司的A产品正在开展促销活动，当地主要媒体正在对A产品进行宣传，称其为高科技产品，可以替代本企业主要原料并能够节约成本30%，促销时间仅仅两天。王杰认为时间过于紧张，来不及请示供应部经理，因此直接电告企业总经理，总经理决定采购10吨，价税合计100万元。王洁当即采购A产品并由仓库验收入库。后来生产车间反映，该批材料不适应生产要求，只能折价处理，造成损失30万元。总经理指示调整成本预算，将30万元损失计入正常材料耗费。

在该案例中，原材料采购中授权批准制度没有严格实施。供应部经理拥有采购相关材料的批准权限，但采购员直接向总经理请示，总经理越权批示，导致采购失误。另外，对于重大的非常采购业务，应该通过集体决策以尽可能减少决策不当的损失，总经理贸然决定采购"高科技"产品，没有经过咨询、集体决策等程序，也违背了决策方面的要求。

（三）采购申请制度

企业应当建立采购申请制度，明确相关部门或人员的职责权限及相应的申购程序。一般性物资由使用部门发出申购单，经过审批由采购部门采购后，由使用部门直接领用或由仓储部门保管代领；属于常备物资或存量控制的物资由仓储部门按照物资需求计划直接提出申购；对于临时需要的物资，由使用人根据实际需要直接提出，由使用部门主管审批，并经财务部门资金预算授权人签字后，交由采购部门办理采购；对于重要物资的采购应当经过决策论证和特殊的审批程序；对于紧急需求的特殊请购制定特殊审批程序。

（四）采购与验收制度

企业应当建立采购与验收环节的管理制度，对采购方式的确定、供应商选择及验收程序等做出明确规定，确保采购过程的透明化。

企业应当根据物资的性质及供应情况确定采购方式。一般物资采购应当采用订单采购或合同订货等方式，小额零星物资采购可以采用直接购买等方式。对于例外紧急需求的物资应制定特殊采购处理程序。

企业应当充分了解和掌握供应商的信誉、供货能力等情况，采取由采购、使用等部门共同参与比质比价的程序，并按照规定的授权批准程序确定供应商。小额零星采购也应当由经过授权的部门事先对价格等有关内容进行审查。

企业应当根据规定的验收制度和经过批准的订单、购销合同等采购文件，由独立的验收部门或指定专人对所购物资进行验收，出具验收证明。对于已经检验合格的物资由保管人员进行实物清点，并与发票、合同等进行核对，核对无误后填写按顺序编号的入库单。

（五）货款支付制度

付款这一环节表示采购业务的结束。货款支付控制措施主要包括：

由会计部门根据审核后的合同、发票、验收单、入库单以及其他有关凭证与合同规定的付款条件和发货情况进行核对，核对无误后经企业授权人审批后向供应商办理结算。

对于现金支付的交易，会计部门在收到发票等原始凭证后，先由部门授权人审核批准，再由会计人员根据其编制付款凭证，交由出纳员由其根据付款凭证列出的金额支付现金，并登记现金日记账，然后将付款凭证退交会计部门，以便登记总账和明细账。

对于应付账款，应由专人按照约定的付款日期、折扣条件等管理。已经到期的应付账款必须经过有关人员授权审批后方可办理结算与支付。

企业应当建立退货管理制度，对退货条件、退货手续、货物出库及退货货款回收等做出明确规定，及时收回退货货款。企业应当定期与供应商核对货款。如有不符，应当查明原因及时处理。

三、实物资产内部会计控制

实物资产是企业拥有或控制的有形资产，主要包括存货和固定资产。实物资产在企业资产总额中的比重较大,是企业进行经营活动的基础。实物资产种类繁多、形态各异,具有存放分散的特点,增加了企业管理的难度和损失风险。

(一) 存货内部会计控制

存货是指企业在日常活动中持有以备出售的产成品或商品、处在生产过程中的在产品、在生产过程或提供劳务过程中耗用的材料、物料等,主要包括各类材料、在产品、半成品、产成品、商品等。存货业务的内部会计控制制度主要有:

1. 不相容职务分离制度

企业应当建立存货业务的岗位责任制,明确相关部门和岗位的职责权限,确保办理存货业务的不相容岗位相互分离、制约和监督。

存货业务涉及众多的部门和环节,需要分离的不相容职务一般包括:

(1) 存货的请购与审批相分离。
(2) 存货的审批与执行相分离。
(3) 存货的采购、验收与付款相分离。
(4) 存货的销售与收款相分离。
(5) 存货的保管与清查相分离。
(6) 存货处置的审批与执行相分离。
(7) 存货业务的审批、执行与相关会计记录相分离。

2. 授权批准制度

企业应当对存货建立严格的授权批准制度,明确审批人员对存货业务审批授权的方式、程序、权限、责任和相关控制措施,规定经办人员办理存货业务的职责范围和工作要求。

审批人员应当根据存货授权批准制度的规定,在授权范围内进行审批,不得超越其应有的权限范围;经办人员在职责范围内按照审批人员的批准意见办理存货业务。对于审批人员超越授权范围审批的存货业务,经办人员有权拒绝办理,并及时向审批人员的上级授权部门报告。对于重大战略性采购,经董事会决议后由董事长审批。严禁未经授权的部门和人员办理存货业务。

3. 存货请购和采购制度

企业应制订采购计划,对存货的采购实行预算管理,合理确定材料、在产品、产成品等存货的比例。存货采购的请购单要被批准后才能由采购部门负责采购。外购存货的请购审批程序,按照前述采购与付款的有关规定执行。

4. 存货验收和保管制度

存货到达企业后,验收部门应对存货购进日期、品名、规格、供货单位、质量及数量进行检验。验收部门检验货物后,应当填制包括供应商名称、收货日期、货物名称、数量和质量的收货报告单,经过部门主管签字后,交给购货和会计部门,以便支付货款及进行相应的账务处理。

存货管理部门应当对入库的存货建立存货明细账,详细登记存货类别、编号、名称、规格型号、数量、计量单位等内容,并定期进行清点,与财会部门进行核对,做到账实相符。存货保管人员应随时检查存储的存货有无发生过期变质、残损、积压、短缺等情况,如有发现应及时报告主管人员进行处理。

  5. 存货领用和发出制度

  企业应当建立严格的存货领用和发出制度。存货领用需经部门负责人审批签字，超出存货领料限额的以及大批商品、贵重商品或危险品的发出应当经过特别授权。仓库审核无误后发货，同时在领料单上签章以明确责任，并注销实物保管卡片。月末将生产部门或其他部门未用完的存货及时盘点退库，生产部门或其他部门及会计部门分别签字以明确责任。

  （二）固定资产内部会计控制

  固定资产是指为生产商品、提供劳务、出租或经营管理而持有的，使用寿命超过一个会计年度的资产，主要包括房屋及建筑物、机器设备、运输设备等。固定资产业务的内部会计控制制度主要有：

  1. 不相容职务分离制度

  企业应当建立固定资产业务的岗位责任制，明确相关部门和岗位的职责权限，确保办理固定资产业务的不相容岗位相互分离、制约和监督。

  固定资产业务不相容职务一般包括：

  （1）资产需要与资产采购职务相分离。

  （2）资产申购或建造审批与申购或建造提出人员的职务相分离。

  （3）资本预算的复合审批与资本预算编制人员的职务相分离。

  （4）固定资产验收与采购人员的职务相分离。

  （5）资产使用或保管与资产记录人员的职务相分离。

  2. 授权批准制度

  企业应当对固定资产建立严格的授权批准制度，明确审批人员对固定资产业务审批授权的方式、程序、权限、责任和相关控制措施，规定经办人员办理固定资产业务的职责范围和工作要求。

  审批人员应当根据固定资产业务授权批准制度的规定，在授权范围内进行审批，不得超越其应有的权限范围；经办人员在职责范围内按照审批人员的批准意见办理存货业务。对于审批人员超越授权范围审批的固定资产业务，经办人员有权拒绝办理，并及时向审批人员的上级授权部门报告。

  3. 固定资产预算制度

  预算制度是固定资产控制中最重要的部分。企业应根据固定资产使用情况、生产经营发展目标等因素拟定固定资产投资项目，编制固定资产投资预算，并按规定程序审批。对于重大的固定资产投资项目，可组织独立的第三方进行可行性研究与评价，应由企业实行集体决策和审批。

  对于预算内固定资产投资项目，应严格按照预算执行进度办理相关手续；对于超预算或预算外固定资产投资项目，应由固定资产相关责任部门提出申请，进行审批后再办理相关手续。

  4. 固定资产请购与审批制度

  对于外购的固定资产应当建立请购与审批制度，明确请购部门和审批部门的职责权限及相应的请购与审批程序。外购固定资产的请购审批程序,按照前述采购与付款的有关规定执行。

5. 固定资产使用与维护、保养制度

企业应确定固定资产分类标准和管理要求,制定和实施固定资产目录制度。使用过程中应做好固定资产计提折旧、维修保养等明细情况的登记。要建立固定资产定期盘点制度。

固定资产使用部门负责固定资产日常维修、保养,定期检查,及时消除风险。固定资产大修理应由固定资产使用部门提出申请,按规定程序报批后安排修理。固定资产技术改造应组织相关部门进行可行性论证,审批通过后予以实施。

6. 固定资产报废制度

企业应定期对固定资产进行检查,确定报废的固定资产。对确定报废的固定资产,由固定资产管理部门填写财产报废单,交给企业报废鉴定部门和分管固定资产的负责人进行审批。在审批通过后,固定资产管理部门会同财务部门共同进行固定资产报废事宜,固定资产管理部门依照财产报废单办理报废手续,经固定资产转入清理,财务部门在固定资产清理完毕后对报废的固定资产进行清理核算。

四、销售与收款业务内部会计控制

销售与收款业务主要指商品销售和劳务供应及款项收取业务。销售与收款业务主要包括:企业根据市场需求和自身生产能力制订销售计划;接受客户订单和签订销货合同;制订合理的信用政策;根据销售订单和销售通知单发货;进行货款结算;进行账务处理。销售与收款业务内部会计控制制度主要有:

(一) 不相容职务分离制度

企业应当建立销售与收款业务的岗位责任制,明确相关部门和岗位的职责权限,确保办理销售与收款业务的不相容职务相互分离、制约和监督。企业应当将办理销售、发货、收款三项业务的部门分别设立。销售部门主要负责处理订单、签订合同、执行销售、催收货款。信用部门主要负责制订信用政策,包括就不同客户制订信用额度、回款期限、折扣标准等,并监督各部门信用政策执行情况。发货部门主要负责审核销售发货单据是否齐全,并办理发货具体事宜。财会部门主要负责销售款项的结算和记录、监督管理货款回收。销售与收款业务需要分离的不相容职务主要有:

(1) 接受客户订单的职务和负责赊销信用核准的职务相分离。
(2) 填制发票的职务和发票的复核职务相分离。
(3) 销售通知单的编制和商品付款、提取及托运职务相分离。
(4) 办理销货退回时的实物验收职务与退货记录职务相分离。
(5) 应收账款的记录职务与收款职务相分离。
(6) 商品保管与装运职务相分离。
(7) 开单销售职务与收款职务相分离。

销售与收款业务不相容职务案例:某公司办理销售、发货和收款三项业务的部门分别设立,同时考虑到销售部门比较熟悉客户情况,也便于销售部门进行业务谈判,确认销售部门兼任信用管理机构。对大额销售业务，销售部门可自主定价，签订销售合同。为避免银行对公司资金流动的监控，企业在销售业务中尽可能利用各种机会由业务员向客户收取现金，然后交给财务部门存放在专门的账户上。某月销售业务员甲联系到一个大客户，办理了300万元的销售业务，并将款项交财务部入账。次月，该业务员谎称对方要求退货，并自行从其他企业低价购入同类商品要求仓储部门验收入库，仓储部门发现商品商标丢失，但未进行进一步查验，直接办理了各项手续（但没有出具质检报告），财务部将退货款项转入业务员提供的银行账号。

在本案例中，销售部兼任信用管理机构违背了不相容岗位相分离的要求，销售部和信用管理部门应该分开设立。销售部自行决定大宗商品售价的做法属于授权不当，容易导致销售部门截留销售收入、中饱私囊、私设小金库等问题。应该根据销售数量情况确定价格浮动范围，对产品销售价格进行有效控制。销售人员直接收取货款的方式违背了不相容岗位相分离的要求，容易导致各种错弊。本案中销售人员假借销售退回之名，相当于利用公司销售的名义，为自己销售，牟取私利，就是利用了不相容岗位未分离的漏洞。仓储部门办理验收入库手续、财务部门办理退款手续均存在失职现象；退回的货物应由质检部门检验和仓储部门清点后方可入库。质检部门应检验并出具检验证明；仓储部门应在清点货物、注明退回货物的品种和数量后填制退货接收报告、财会部门应对检验证明、退货接收报告以及退货方出具的退货凭证等进行审核后办理相应的退款事宜。两部门都没有按照规定要求操作，因此为销售人员作弊提供了条件。

（二）授权批准制度

企业应当对销售与收款业务建立严格的授权批准制度，明确审批人员对销售与收款业务的授权批准方式、权限、程序、责任和相关的控制措施，规定经办人员的职责范围和工作要求。

审批人员应当根据销售与收款业务授权批准制度的规定，在授权范围内进行审批，不得超越其应有的权限范围；经办人员应当在职责范围内按照制度规定办理销售与收款业务。对于超过企业既定销售政策和信用政策规定范围的特殊销售业务，企业应当进行集体决策和审批，防止出现重大决策失误，造成严重损失。严禁未经授权的部门和人员办理销售与收款业务。

（三）销售合同控制制度

企业在销售过程中必须签订规范的销售合同，严格按照销售合同进行生产和销售。销售合同订立前，应当指定专门人员就销售价格、信用政策、发货及收款方式等具体事项与客户进行谈判。谈判人员至少应有两人以上，并与订立合同的人员相分离。

（四）销售发货制度

销售部门应当按照经过批准的销售合同编制销售计划，向发货部门下达销售通知单，同时编制销售发票通知单，并经过审批后下达给财会部门，由财会部门根据销售发票通知单，向客户开出销售发票。发货部门应当严格按照销售通知单所列的发货品种和规格、发货数量、发货时间及发货方式组织发货，并建立货物出库、发运等环节的岗位责任制，确保货物安全发运。

（五）销售收款制度

财会部门应将销售部门、仓库、运输部门转来的销售发票、合同副本、发运凭证等核对无误后，编制收款通知单书，并按合同规定向客户收款。

企业应加强对赊销业务的管理，坚持核准赊销、取得保证、限期回收货款的原则。企业应当建立应收账款的账龄分析和逾期应收账款的催收制度。销售部门应该负责应收账款的催收工作，财会部门应督促销售部门加紧催收。对于可能成为坏账的应收账款应当报告有关机构。发生的坏账应当查明原因，明确责任，并在履行规定的审批程序后做出会计处理。已注销的坏账又收回时，应当及时入账，防止形成账外款。企业应当定期与往来客户通过函证等方式核对应收账款。如有不符，应当查明原因，及时处理。

（六）销货退回制度

企业应当建立销货退回管理制度。销货退回必须经过销售主管审批后方可执行。销售退回的货物，应当经过质检部门检验和仓储部门清点后方可入库。质检部门应当对客户退回的货物进行检验并出具检验证明；仓储部门应当在清点货物、注明退回货物品种和数量后，填制退货接受报告。财会部门应当对检验证明、退货接受报告以及退货方出具的退货凭证等进行审核后，办理相应的退款事宜。

五、筹资活动内部会计控制

筹资是指企业为了满足生存和发展需要，通过改变企业资本、债务规模和构成而筹集资金的活动，包括负债性筹资和权益性筹资。筹资活动的特点是交易事项的频率较少，但每笔交易的金额较大。筹资活动业务内部会计控制制度主要有：

（一）不相容职务分离制度

企业应当建立筹资业务的岗位责任制，明确相关部门和岗位的职责权限，确保办理筹资业务的不相容职务相互分离、制约和监督。筹资业务需要分离的不相容职务主要有：

（1）筹资计划编制与审批人员的职务相分离。

（2）筹资方式的执行人员（如办理债券或股票发行人员）应与会计记录人员的职务相分离，通常要求由独立的机构来代理发行股票或债券。

（3）筹资方式的执行人员（如办理债券或股票发行人员）应与筹集所得资金的保管人员以及会计记录人员的职务相分离。

（4）负责利息或股利计算及会计记录同支付利息或股利人员的职务相分离。

（二）授权批准制度

筹资业务发生之前应当进行严格的审批，由董事会授权高级管理人员管理筹资业务，明确权责范围。筹资管理人员应当定期进行企业经营活动的分析，根据资金预测编制筹资计划。筹资计划应当经过董事会的审批，董事会会同法律和财务顾问审核筹资计划的合理性和可行性。筹资计划一经批准，董事会应当授权财务经理筹划具体的筹资事项。具体筹资事项拟定后，董事会应当逐项审核和确认，并将审核结果做出书面记录。

（三）筹资决策控制制度

企业之所以会发生债务危机甚至因债务危机而导致企业破产，在很大程度上是筹资决策失误所致。筹资决策失误又主要是因为没有严格筹资决策的程序管理，例如对企业未来现金流量判断估计有误,决策随意化。

企业首先应根据投资需要,制订筹资计划,分析寻找筹资渠道,明确可筹资金的来源并计算各个筹资渠道的筹资成本费用。企业还应分析现有负债结构和未来现金流量,明确企业未来还债能力。在权衡还债风险和筹资成本的基础上,拟订筹资方案,评估筹资风险,选择筹资方案。在筹资风险可控限度内,企业应尽可能选择筹资成本低的筹资渠道以取得资金。

(四)筹资执行控制制度

筹资方案通过后,企业应根据筹资方案与相关部门或企业订立筹资合同或协议,签订正式的承销、包销合同或协议,按照筹资合同或协议的约定及时足额取得相关资产,核算筹资成本和费用,按规定的用途使用筹集的资金。

(五)筹资偿付控制制度

企业应对偿还本金、利息、股利等做出计划和预算安排,并正确计算、核对各项款项偿付符合筹资合同或协议的规定。

企业支付筹资本金、利息、股息时,应当履行审批手续,经授权人员批准后方可支付。企业委托代理机构对外支付债券利息、股利,应清点、核对代理机构的利息、股利支付清单,并及时取得有关凭证。企业应当按照利润分配方案发放股利,利润分配方案应当按照企业章程或有关规定,按权限审批。企业以非货币性资产偿付本金、利息、股利时,应当由相关机构或人员合理确定其价值,并报授权批准部门批准,必要时可委托具有相应资质的机构进行评估。

六、投资活动内部会计控制

投资是指企业为获取收益而向一定对象投放资金的经济行为,例如企业购买特定投资对象发行的股票、债券、基金等。投资活动业务内部会计控制制度主要有:

(一)不相容职务分离制度

企业应当建立投资业务的岗位责任制,明确相关部门和岗位的职责权限,确保办理投资业务的不相容职务相互分离、制约和监督。投资业务需要分离的不相容职务主要有:

(1)投资计划编制与审批人员的职务相分离。
(2)负责证券购入及出售业务应与会计记录人员的职务相分离。
(3)证券保管与负责投资交易账务处理人员的职务相分离。
(4)参与投资交易活动与负责有价证券盘点人员的职务相分离。

(二)授权批准制度

对外投资业务授权批准制度应明确授权批准方式、程序和相关的控制措施,规定审批人的权限、责任以及经办人员的职责范围和工作要求。

审批人员应当根据对外投资授权批准制度的规定,在授权范围内进行审批,不得超越其应有的权限范围;建立严格的投资决策做出、投资计划的编制、投资合同的签订及投资资产处置的审批手续,对重大投资必须建立集体审批和联签制度,严禁由个人单独做出投资决策;明确经办人员的职责范围,使其在职责范围内办理对外投资业务;投资计划的执行、投资业务的记录、有价证券的保管等必须在授权范围内进行,严禁任何未经授权的机构和人员办理投资业务。

（三）投资取得控制制度

投资取得的控制制度主要包括：投资审核人授权投资项目执行人，并对其发出投资指令。投资执行人根据投资计划进行投资洽谈，并在洽谈过程中将执行情况反馈给投资审批人。投资洽谈完毕，投资审批人最终签订投资协议书。执行人根据投资协议交割资产并根据核对结果填制资产记录，交由投资审批人审核。

（四）投资资产保管制度

投资资产保管的控制制度主要包括：购入的投资资产经过核对无误登记后，移交保管部门，保管部门负责保管投资资产。在投资资产发生变动时进行控制，保管部门还要经常性地对资产变动情况及相应会计记录进行审核，如有差错，应当对保管和变动过程进行检查。企业应当授权相关部门定期或不定期地进行投资资产的盘存管理。

（五）投资收益及处置制度

对外投资收益及资产处置环节控制制度主要包括：对于投资业务日常收益的收回，由会计人员进行记录并复核。对于投资业务的处置，投资业务相关部门应根据投资计划书提出处置申请或根据企业决定临时处置，投资资产处置申请应当由相应投资业务审批人进行审批，获得批准后方可执行处置。处置结果应当与投资计划书比较进行差异分析，并报送董事会和财务经理。

七、成本费用内部会计控制

成本费用通常是指企业在日常生产经营活动中发生的耗费，例如发生的销售费用、管理费用、财务费用。从长期来看，企业加强成本费用的控制，合理降低成本费用，是企业获得有力竞争地位的条件之一。成本费用业务内部会计控制制度主要有：

（一）不相容职务分离制度

企业应当建立成本费用业务的岗位责任制，明确相关部门和岗位的职责权限，确保办理成本费用业务的不相容职务相互分离、制约和监督。成本费用业务需要分离的不相容职务主要有：

（1）成本费用预算编制与审批人员的职务相分离。

（2）成本费用支出审批与执行人员的职务相分离。

（3）成本费用支出执行与相关会计记录人员的职务相分离。

（二）授权批准制度

企业应当建立成本费用严格的授权批准制度，明确审批人员对成本费用业务的授权批准方式、权限、程序、责任和相关的控制措施，规定经办人员的职责范围和工作要求。

审批人员应当根据成本费用业务授权批准制度的规定，在授权范围内进行审批，不得超越其应有的权限范围；经办人员应当在职责范围内按照制度规定办理成本费用业务。对于审批人员超越授权范围审批的成本费用业务，经办人员有权拒绝办理，并及时向审批人员的上级授权部门报告。

（三）成本费用预算控制制度

成本费用预算是一项综合性预算，其核心是成本费用的预测。成本费用预测是指根据企业的经营总目标和预测期可能发生的各个影响因素，采用定性和定量的分析方法，对未来企业成本费用水平及其发展趋势进行科学预测。

成本费用预测工作主要包括：根据企业生产、销售发展情况和生产消耗水平的变化，在测定目标利润的前提下，测算目标成本和费用；根据计划年度各项技术经济措施的实施情况，测算计划年度可比产品成本降低指标；根据产量与成本的关系，测算产品成本发展趋势。

成本费用预测环节的主要控制点包括：制定的目标成本和费用水平要合理；成本费用预测资料数据真实完整；成本费用预测方案合理、模型科学、预测结果恰当。

（四）成本费用发生控制制度

企业的成本费用有些发生在产品生产制造过程，有些发生在采购、销售及行政管理等环节。对于发生在不同环节的成本费用要采取不同的控制方式。

生产过程中发生的成本费用主要包括材料、燃料及动力费用、人工费用和制造费用，其业务流程主要包括：（1）单位技术部门会同生产成本发生部门制订材料、动力等费用的消耗定额与开支标准，作为对各项生产成本控制的依据。计划和会计部门根据消耗定额及其开支标准，编制生产成本计划，并将费用指标分解落实到生产成本具体发生部门。（2）用料部门根据生产计划和消耗定额填制领料单，经主管部门人员审核签字后据以领料；各个部门考核人员做出考勤和产量记录，经部门负责人审核签字后，作为计算工资、提取福利费及分配工资费用的依据；车间核算人员记录动力消耗情况，经主管人员审核签字后作为分配动力消耗费用的依据。（3）会计部门根据各部门审核签字后的各项费用开支凭证，结合各部门费用限额办理各项费用的核算业务，同时汇集各项生产成本的原始记录进行审核汇总计入有关账簿。

生产过程中发生的成本费用应采取的控制制度主要包括：（1）单位各车间和职能部门需要开支的各项费用，要经过车间或部门负责人员进行审核批准；对于超出限额或预算的费用开支要由上级主管人员审查批准。（2）单位仓库保管人员检查经过批准的领料单领料数量是否超过限额、手续是否齐全后，在领料单上签章，并据以发放材料；劳资部门检查车间和其他职能部门转来的考勤记录、产量记录等原始记录后，签发由会计部门提供的工资结算单；会计部门检查各种以货币资金形式支付的各种综合性费用支出是否超过限额或预算、手续是否齐全后，办理货币资金结算。（3）记账前，稽核人员负责审核材料发出汇总表、工资结算汇总表、固定资产折旧计算表及其他费用支出原始凭证基本内容的完整性和正确性，并签字盖章以示稽核。（4）单位生产成本明细账会计应根据原始凭证或记账凭证，及时登记生产成本明细账；生产成本总账会计根据记账凭证登记生产成本总账；生产成本明细账会计和生产成本总账会计应定期核对生产成本明细账和生产成本总账的发生额和余额，并相互取得对方签证以示对账。

发生在采购、销售及行政管理等环节的成本费用主要包括销售费用、管理费用和财务费用。采用的控制方法主要有预算控制法、定额控制法、归口分级管理法等。预算控制法是通过编制费用支出的预算来控制日常费用开支。定额控制法是事先对需要消耗的费用确定一个额度，作为费用开支的标准。归口分级法是指按照管理权限和管理责任相结合的原则，将费用先归口于各个部门，各部门再根据费用的具体情况，将费用控制责任层层分解,层层落实,让归口管理部门的所属单位和个人都对相关费用控制和管理负有责任,从而加强对费用的控制。

(五)成本费用监督检查控制制度

企业应建立成本费用的监督检查制度,明确监督检查人员的职责权限,定期和不定期地进行检查。

成本费用监督检查的内容主要包括:成本费用业务相关岗位及人员设置情况;成本费用业务授权批准制度执行情况;成本费用预算执行情况;成本费用核算制度执行情况。

对于在监督检查过程中发现的成本费用内部控制中的薄弱环节,企业应当采取措施及时加以纠正和完善。

【案例讨论】

1. 资料:某国有集团公司内部审计部门在对集团公司所属的15家子公司内部控制制度的健全性和有效性进行检查时,发现了以下情况:

(1)甲公司为一家物流企业,注册资本6 000万元。随着业务规模的扩大,日常事务非常繁忙。为提高工作效率和防范出现重大风险,公司管理层决定,公司重大对外投资事项由经办人员直接对董事长汇报,由董事长亲自审批。

(2)乙公司为一家物业管理公司,财务部共有二人,分为会计与出纳岗位。出纳岗位负责货币资金的收付和现金、银行存款账簿以及应收、应付等债权债务账簿的登记工作;会计岗位负责其他会计事项。由于会计人员少,在一方有特殊情况不能上班的情况下,只能由另一方代替其工作。比如,在出纳休假时,为了保证公司的正常运转,由会计负责各种款项的收付,并负责登记账簿和编制财务报表。

(3)丙公司为一家生产电器产品的企业,注册资本2亿元。由于电器产品的竞争非常激烈,丙公司被迫采取激进的销售政策,对大部分产品实行赊销,并且信用期很长,造成了应收账款大幅度增加,而且坏账率上升。为了改变这种不利局面,丙公司最近做出决定,对每一销售商由专一业务员全面负责,即某一业务员一旦与某销售商签订了供货合同,应当由该业务员负责发货、收款、对账,出现问题,由专管业务员负完全责任。

要求:从企业内部会计控制的角度,分析、评价上述事项是否存在缺陷?并简要说明理由。

2. 资料:某大型集团公司召开了由集团领导班子成员参加的内部控制高层会议,讨论通过了关于集团内部控制建设和实施的决议。有关人员的发言要点如下:

总经理王某:(1)加强内部控制建设十分重要,可以杜绝财务欺诈、串通舞弊、违法违纪等现象的发生,这是关系到集团可持续发展的重要举措。(2)集团公司内部控制建设应当抓住重点,尤其要注重加强对控制环境、风险评估、控制活动等内控要素方面的建设,企业文化方面对内部控制影响较小,可不必投入太多人力、物力。

常务副总经理李某:企业生产经营过程中面临着各种各样的风险,这些风险能否被准确识别并得以有效控制,是衡量内控质量和效果的重要标准。建议重点关注集团内部各种风险的识别,找出风险控制点,据此设计相应的控制措施,来自集团外部的风险不是内部控制所要解决的问题,可不必过多关注。在内控建设与实施过程中,对于那些可能给企业带来重大经济损失的风险事项,应采取一切措施予以回避。

总会计师张某:由于集团公司是基于行政划转的原因而组建的,母、子公司内部连接纽带脆弱,子公司各行其是的现象比较严重。建议集团公司加强对子公司重大决策权的控制,包括筹资权、对外投资权、对外担保权、重大资本性支出决策权等,对子公司重大决策应当实行集团公司总经理审批制。

协管人事的副总经理丁某:集团公司可以从完善人事选聘和培训政策入手,健全内部控制。(1)建议子公司的总经理和总会计师由集团统一任命,直接对集团公司董事会负责。(2)注重加强内控知识的教育培训。中层以上干部每年必须完成一定学时的内控培训任务;其他基层员工仍应以岗位技能培训为主,没有必要专门组织内控培训。

董事长吴某:以上各位的发言我都赞同,最后提三点意见:(1)思想要统一。对集团公司而言,追求的是利润最大化。一切制度安排都要将利润最大化作为唯一目标,包括内部控制。(2)组织要严密。建议由总会计师张某全权负责建立健全和有效实施集团内部控制,我和总经理全力支持和配合。(3)监督要到位。应当成立履行内部控制监督检查职能的专门机构,直接对集团公司总经理负责,定期或不定期对内部控制执行情况进行检查评价,不断完善集团公司内部控制。

要求:从企业内部会计控制角度,指出总经理王某、常务副总经理李某、总会计师张某、协管人事的副总经理丁某以及董事长吴某在会议发言中的观点有何不当之处?并分别简要说明理由。

【资料链接】

云南省绿大地生物科技股份有限公司①(以下简称绿大地)始建于1996年,以绿化工程和苗木销售为主营业务,是云南省最大的特色苗木生产企业。2007年12月21日,该公司在深圳证券交易所上市,成为国内绿化行业首家上市公司,号称园林行业上市第一股,与随后上市的东方园林和棕榈园林并称"园林三剑客"。2011年3月17日,绿大地董事长因涉嫌欺诈发行股票罪被云南省公安局执行逮捕。4月28日,由中准会计师事务所出具的内部控制鉴证报告指出,绿大地内部控制制度在实施过程中存在重大缺陷,未能在所有重大方面与财务报表保持相关。

为什么曾经风光无限的绿大地落到了今天这般田地?从内部控制五要素即内部环境、风险评估、控制活动、信息与沟通、内部监督的角度来看,绿大地事实上存在着不少的问题。

---

① 本案例资料选自《财务与会计》2011年第9期《绿大地内部控制方面存在的问题及完善》,有改动。

一、绿大地内部控制方面存在的问题

(一) 内部环境

内部环境主要包括治理结构、机构设置及权责分配、企业文化、人力资源政策、内部审计等，是内部控制的基础。绿大地在公司治理结构和权责分配、管理者素质和人力资源政策等方面都存在着不同程度的问题。

股东会、董事会、监事会和经理层应分别履行其权力机构职能、决策职能、监督职能和执行董事会决策的经营职能，形成权责分明、协调运转、有效制衡的治理机构。但绿大地自上市以来，董事会成员除被羁押的董事长之外，如今仅剩下两个；监事会的换血显得更为彻底，如今已全是新面孔。从权力制衡的情况来看，2009年之前，公司一直未实现董事长和总经理的职务分离；从2010年4月起，董事会秘书一直由董事长兼任；公司的实际控制人——董事长在董事会中处于绝对的主导地位。新上任的董事长表明，在担任公司独立董事期间，他曾多次提出过有关内部控制方面的建议，但受限于公司的决策程序等因素，未能起到作用。

更令人担心的是，公司新聘用的高管有的曾在问题公司当过管理者，有的是理论多于实践经验。不仅高管的素质和稳定性难以保证，公司里中专及以下学历的员工占了62.35%，现有员工的专业教育背景、专业资质和专业结构也难以支撑公司的长远发展。

(二) 风险评估

任何经济组织在经营活动中都会面临各种风险，管理层如果能及时识别风险并采取相应的措施则有利于企业的持续经营和竞争力的增强。2010年绿大地的业务结构发生了较重大的变化，公司的业务重心由原来以绿化苗木生产为主、绿化工程设计和施工为辅，调整为在稳定现有苗木生产经营的基础上，大力拓展绿化工程业务。这一经营理念的转变是基于公司对农业行业风险性的评估，因为苗木生产一般会受到自然灾害的影响。但这一经营理念的转变似乎来得太迟，对绿大地而言，旱灾于2008年7月就开始了，12月明显加重；严重干旱天气又从2009年下半年持续至2010年一季度，对公司的绿化苗木业务产生了不利影响。虽然公司的绿化工程业务发展较为迅速，在一定程度上抵御了异常天气给公司生产经营带来的不利影响，但绿化工程项目在执行过程中，主要依靠资金来推动订单的增长。由于需要公司大量垫付资金，而客户拖延支付货款或付款能力又欠佳，导致应收账款发生坏账损失的风险加大。

(三) 控制活动

控制活动是指有助于确保管理层的指令得以执行的政策和程序。以典型的实物控制活动为例，绿大地确定的内部控制重点是采购与存货管理。可事件爆发的原因正是由于公司存货的增加导致流动资金短缺。绿大地的有关资料显示，2004年至2006年存货金额逐年增加，截至2007年6月底，存货金额占流动资金总额的比例达67.74%。存货积压造成了资金流的短缺，加上农产品自身的质量容易受到天气的影响，需要合理计提减值准备，因此公司在2009年亏损达1.51亿元，说明公司没能对存货进行有效的管理和控制。

(四) 信息与沟通

企业在生产经营过程中,需要按照一定的方式收集和传达信息,使员工能够准确履行其职责。由于绿大地所处行业的特殊性,实施办公自动化系统管理尚存在一定的难度,造成各管理层、各部门以及员工与管理层之间信息传递不对称,日常数据的汇总统计分析也不够及时和规范,如:绿化工程的变更签证不及时,随意性强;一些涉及特殊原因造成的工程设计变更、市场变化、气候变化、政策因素等影响工程建设;一些零星工程、隐蔽工程,既无设计变更,也不办理现场签证,而是事后补签,或者不办理签证,或是签证之后不及时将相关信息传递到公司财务部,造成工程量难以准确核实,影响了财务结算的准确性。

此外,绿大地上市后三番五次的业绩错报,也让人对其信息与沟通的真实性和有效性产生质疑。2009年10月至2010年4月,绿大地披露的业绩预告和快报曾几度反复,由预告增长过亿元变更为最后亏损1.51亿元,成为"业绩变脸王"。一个连自己的真实业绩究竟是多少都不能确定的公司,很难想象其在实际工作中是如何进行信息沟通的。

(五) 内部监督

绿大地在2010年年度报告中,详细阐述了公司在内部控制方面存在的问题,并提出了诸多整改措施和办法。但综观绿大地2008年和2009年的年度报告发现,无论是董事会、监事会还是管理层对内部控制的自我评价虽不是100%满意,但大多感觉良好,改进的建议也泛泛而谈,并没有具体指出问题所在或提出实质性的改进建议。由于内部控制制度一经设立,在一定时期内就有一定的持续性和稳定性,可见绿大地在内部控制方面的问题早就存在,只是内部控制的自我评估监督作用甚微。

二、完善内部控制的建议

针对绿大地在内部控制方面存在的问题,可以提出以下完善的建议:

(一) 提高员工素质,改善内部控制环境

归根结底,内部控制是"人"的问题,因为它既是靠人去设计的,也是靠人去执行的。针对控股股东的不当行为、人员变更和基础管理薄弱的问题,绿大地应加强基础管理,规范会计账务处理和信息披露,并在发展战略、企业文化以及团队建设等方面,做出相应的调整。必须承认,重要职位上的频繁变动,势必会影响公司制度执行的连贯性和有效性,也说明公司没能建立良好的人才储备机制。因此,绿大地的当务之急是建立并完善人力资源储备机制,稳定管理团队与员工队伍,加强企业的向心力和凝聚力,完善培训机制和考核机制,提高经营团队和员工的综合素质,以保障日常生产经营的正常开展。

(二) 配合转型,加强风险应对与控制

为抵御异常天气给公司生产经营带来的不利影响,减少经营风险,同时适应绿化工程市场的发展需要,分享绿化工程市场广阔的发展空间,绿大地对经营战略进行了调整,尽管有些滞后,但仍属于正确的应对之策。随着绿化工程业务的拓展,资金压力明显增加,但短期内通过资本市场直接融资的能力受到限制,因此,公司需要积极拓展融资渠道,通过自身努力盘活现有资产,解决应收账款问题,从内部挖潜解决流动资金不足的问题,以满足工程业务快速发展的需要。

(三) 内外兼修,注重信息与沟通工作

绿大地应以重视内部控制的新董事长上任为契机,积极改变"业绩变脸王"的不利形象,加强审计委员会领导下的内部审计监督,使内部控制的自我评估落到实处,以确保信息与沟通的准确性与有效性。与此同时,为获取当地政府与相关监管部门的帮助和支持,绿大地需要与当地政府及相关监管部门建立顺畅的沟通渠道,如通过二十四小时热线,随时与相关部门保持沟通,争取省、市政府及金融部门等相关各方督促欠款单位依法按合同付款,并帮助解决可能面临的问题,以尽早恢复正常经营。

第四章 收入与货币性资产

【学习目标】
1. 了解收入的定义、分类和收入确认的条件；
2. 了解货币性资产包括的内容；
3. 掌握收入业务的会计核算；
4. 了解货币资金的管理制度和银行结算业务的方式；
5. 掌握货币资金的会计核算；
6. 掌握银行存款余额调节表的编制；
7. 掌握交易性金融资产的会计核算；
8. 掌握应收票据、应收账款及坏账的会计核算；
9. 掌握预付账款、其他应收款的会计核算。

第一节 收入与货币性资产概述

一、收入的定义和分类

（一）收入的定义

收入有广义和狭义之分，广义的收入是指那些能够导致企业经济利益增加的所有流入。广义的收入既包括来自于企业持续的、主要的或核心的经营活动，如销售商品或提供劳务取得的经营性收入；也包括来自于企业非持续经营的、偶然的非经营活动，如处置固定资产取得的收入、罚款收入等非经营性收入。狭义的收入仅仅包括来自企业经营活动的收入，其他不属于经营活动的偶然的所得则排除在外。我国企业会计准则对收入作了狭义的定义。

按照我国企业会计准则对收入的定义，收入是指企业在日常活动中形成的、会导致所有者权益增加的、与所有者投入资本无关的经济利益的总流入。

从收入的定义看，收入具有以下特征：

第一，收入是从企业的日常活动中产生的，而不是从偶然的交易和事项中产生的。日常活动是指企业为完成其经营目标所从事的经常性活动以及与之相关的其他活动。例如，企业销售商品或产品、出租包装物等都属于企业的日常活动，由此流入企业的经济利益就是收入。但是，若企业因其某项设备陈旧，将其进行处置（例如对外销售）而获得了一定的经济利益，该项活动虽然使企业获得了经济利益的流入，但是由于它属于偶发事件

(正常情况下没有企业会经常去处置生产设备),不是日常活动,该经济利益流入不属于收入。

第二,收入会导致所有者权益的增加。收入形成的经济利益的总流入,能够引起企业资产的增加、负债的减少或者两者兼而有之。根据"资产=负债+所有者权益"这一等式,收入引起企业资产的增加、负债的减少必然会导致所有者权益的增加。不会导致所有者权益增加的经济利益的流入不符合收入的定义,不应确认为收入。

第三,收入与所有者投入资本无关。企业经济利益的流入有时候是由所有者投入资本的增加导致的,所有者投入资本的主要目的是要享有企业资产的剩余权益,不应当确认为收入,应当将其直接确认为所有者权益。

(二)收入的分类

1. 按照企业从事经营活动的性质分类

(1)商品销售收入。

商品销售收入是指企业通过销售商品实现的收入。这里的商品包括企业为销售而生产的产品和为转售而购进的商品,如工业企业生产的产品、商业企业购进的商品等。企业销售的其他存货,如原材料、包装物等,也视同企业的商品。

(2)提供劳务收入。

提供劳务收入是指企业通过提供劳务实现的收入。例如企业通过提供旅游、运输、培训等劳务实现的收入。

(3)让渡资产使用权收入。

让渡资产使用权收入是指企业让渡资产使用权实现的收入,主要包括利息收入和使用费收入。利息收入主要是指金融企业对外贷款形成的利息收入,以及同业之间发生往来形成的利息收入等。使用费收入主要指企业转让无形资产(如商标权、专利权)等资产的使用权形成的使用费收入。

(4)建造合同收入。

建造合同收入是指企业承担建造合同所形成的收入,主要指建筑安装企业和生产飞机、船舶、大型机械设备等产品的企业所形成的收入。

2. 按照收入对企业的重要程度分类

(1)主营业务收入。

主营业务收入是指企业为完成其经营目标所从事的经常性活动实现的收入。主营业务收入在企业收入中所占的比重较大,是企业利润的主要来源。不同行业的主营业务收入有不同的内容,例如制造业企业的主营业务收入包括企业销售产成品、自制半成品、代制品等取得的收入以及提供工业性劳务等取得的收入;商品流通企业的主营业务收入主要是销售商品取得的收入;资产租赁公司的主营业务收入主要是让渡资产使用权收入。

(2)其他业务收入。

其他业务收入是指除主营业务收入以外的其他销售或其他业务的收入。一般情况下,其他业务收入发生频率不高,在收入中所占的比重不大,如材料销售收入、对外出租固定资产的租金收入等。

二、收入的确认和计量

（一）商品销售收入的确认和计量

1. 商品销售收入的确认

商品销售收入同时满足下列条件的，才能予以确认：

（1）企业已将商品所有权上的主要风险和报酬转移给购货方。

企业已将商品所有权上的主要风险和报酬转移给购货方，是指与商品所有权有关的主要风险和报酬同时转移给了购货方。其中，与商品所有权有关的风险，是指商品可能发生减值或毁损等形成的损失；与商品所有权有关的报酬，是指商品价值增值或通过使用商品等形成的经济利益。

判断企业是否已将商品所有权上的主要风险和报酬转移给购货方，应当关注交易的实质而非形式，并结合所有权凭证的转移或实物的交付进行判断。如果与商品所有权有关的任何损失都不需要销货方承担，与商品所有权有关的任何经济利益也不归销货方所有，就意味着商品所有权上的主要风险和报酬转移给了购货方。通常情况下，转移商品所有权凭证并交付实物后，商品所有权上的所有风险和报酬随之转移，例如大多数零售商品。某些情况下，转移商品所有权凭证或交付实物后，商品所有权上的主要风险和报酬随之转移，企业只保留了次要风险和报酬，例如交款提货方式销售商品。在这种情况下，应当视同商品所有权上的所有风险和报酬已经转移给购货方。还有些情况下，企业转移商品所有权凭证或已交付实物，但商品所有权上的主要风险和报酬未随之转移，例如采用支付手续费方式委托代销商品，虽然企业已经将商品交付给代销方，但是企业销售商品的收入能否取得，取决于代销方是否已将商品销售出去。

（2）企业既没有保留通常与所有权相联系的继续管理权，也没有对已售出的商品实施有效控制。

通常情况下，企业售出商品后不再保留与商品所有权相联系的继续管理权，也不再对售出商品实施有效控制，商品所有权上的主要风险和报酬已经转移给购货方，通常应在发出商品时确认收入。例如，软件开发企业按照合同规定对已售出的软件进行日常维护和管理，虽然该企业仍然拥有对软件的继续管理权，但这种管理权并不是源自于软件的所有权而是客户的委托合同，所以应当确认为收入。

如果企业在将商品出售后，还保留有与所有权相联系的继续管理权，或者还能对已售出的商品实施有效控制，则该项销售不能确认为收入。例如，企业将一批商品销售给某中间商，按照合同规定，企业随时有权要求中间商将该批商品退回，则认为企业还可以对该批商品实施有效控制，不能确认为收入。

（3）收入的金额能够可靠地计量。

收入的金额能够可靠地计量，是指收入的金额能够合理地估计。如果收入的金额不能合理地估计，则无法确认收入。通常情况下，企业在销售商品时，商品销售价格已经确定。但是由于销售商品过程中某些不确定因素的影响也有可能存在商品销售价格发生变动的情况，例如附有销售退回条件的商品销售。在这种情况下，如果企业不能合理地估计退货的可能性，就不能合理地估计收入的金额，就不应当在发出商品时确认收入，而应当在售出商品退货期满、销售商品收入金额能够可靠计量时确认收入。

(4) 相关的经济利益很可能流入企业。

相关的经济利益很可能流入企业，是指销售商品价款收回的可能性大于不能收回的可能性，即销售商品价款收回的可能性超过50%。企业在销售商品时，如果估计销售价款不是很可能收回，即使收入确认的其他条件均已满足，也不应当确认收入。

(5) 相关的已发生或将发生的成本能够可靠地计量。

通常情况下，销售商品相关的已发生或将发生的成本能够合理地估计，如库存商品的成本、商品运输费用等。如果销售商品相关的已发生或将发生的成本不能够合理地估计，此时企业不应确认收入，若已收到价款，应将已收到的价款确认为负债。

2. 商品销售收入的计量

企业销售商品满足收入确认条件时，应当按照从购货方已收或应收的合同或协议价款的公允价值确定商品销售收入金额。

(二) 提供劳务收入的确认与计量

1. 提供劳务收入的确认

在提供劳务的交易中，有的劳务一次就能完成，如饮食、理发等，有的劳务需要花费较长时间才能完成，如建筑安装、远洋运输等。企业提供劳务收入的确认原则因劳务完成时间的不同而不同。如果在同一会计年度内开始并完成的劳务，应当在完成劳务时确认收入。如果劳务的开始和完成分属不同的会计年度，在提供劳务交易的结果能可靠地估计的情况下，企业应当在资产负债表日按完工百分比法确认相关的劳务收入。

2. 提供劳务收入的计量

在完工百分比法下，企业应当在资产负债表日按照提供劳务收入总额乘以完工进度扣除以前会计期间累计已确认提供劳务收入后的金额，确认当期提供的劳务收入；同时，按照提供劳务估计总成本乘以完工进度扣除以前会计期间累计已确认提供劳务成本后的金额，结转当期劳务成本。

(三) 让渡资产使用权收入的确认与计量

1. 让渡资产使用权收入的确认

让渡资产使用权收入同时满足下列条件的，才能予以确认：一是相关的经济利益很可能流入企业。主要是指让渡资产使用权收入金额收回的可能性大于不能收回的可能性。企业应当根据对方企业的信誉和生产经营情况、双方就结算方式和期限等达成的合同或协议条款等因素，综合判断企业让渡资产使用权的收入能否收回。二是收入的金额能够可靠地计量。主要是指让渡资产使用权收入的金额能够合理地估计。如果让渡资产使用权收入的金额不能够合理地估计，则不应确认收入。

2. 让渡资产使用权收入的计量

对于利息收入，企业应当在资产负债表日，按照他人使用本企业货币资金的时间和实际利率计算确定利息收入金额。对于使用费收入，应当按照有关合同或协议约定的收费时间和方法计算确定。

三、货币性资产

货币性资产，是指持有的货币资金以及将以固定或可确定金额的货币收取的资产，包括货币资金、应收账款、应收票据以及其他应收款项等。这里的货币资金包括库存现金、银行存款和其他货币资金。

货币性资产是相对于非货币性资产而言的。二者区分的主要依据是资产在将来为企业带来的经济利益，即货币金额是否是固定的或可确定的。如果资产在将来为企业带来的经济利益，即货币金额是固定的或可确定的，则该资产是货币性资产；反之，如果资产在将来为企业带来的经济利益，即货币金额是不固定的或不可确定的，则该资产是非货币性资产。

一般来说，资产负债表所列示的项目中属于货币性资产的项目有：货币资金、应收票据、应收股利、应收利息、应收账款、其他应收款等。

第二节 收入的核算

一、商品销售收入的核算

商品销售收入的会计核算主要涉及一般商品销售业务、商业折扣、现金折扣、销售折让、销货退回等。对商品销售业务的核算，应设置"主营业务收入"、"其他业务收入"、"主营业务成本"、"其他业务成本"、"应交税费——应交增值税（销项税额）"等账户。

"主营业务收入"账户和"其他业务收入"账户分别核算企业确认的主营业务收入和其他业务收入。"主营业务成本"账户和"其他业务成本"分别核算企业确认主营业务收入和其他业务收入时应结转的成本。

（一）一般商品销售业务的核算

一般情况下，当企业销售商品符合收入确认原则后，就应当以合同或协议价款确认销售收入并结转相关销售成本。企业在确定商品销售收入金额时，不考虑各种预计的可能发生的现金折扣和销售折让，即商品销售收入金额只按发票金额（价目表上所列金额减去商业折扣后的差额）入账，现金折扣在实际发生时计入当期财务费用，销售折让在实际发生时冲减当期销售收入。确认商品销售收入时，按实际收到或应收的价款，借记"银行存款"、"应收账款"、"应收票据"等账户，按销售收入的金额，贷记"主营业务收入"、"其他业务收入"等账户，按专用发票上注明的增值税额，贷记"应交税费——应交增值税（销项税额）"账户。同时在资产负债表日，结转销售成本，借记"主营业务成本"、"其他业务成本"账户，贷记"库存商品"等账户。

例 4.1 甲公司向乙公司销售商品一批，开出的增值税发票上注明售价为 50 000 元，增值税额为 8 500 元，甲公司已发出商品，乙公司以转账支票付款。该商品实际成本为 38 000元。甲公司会计分录为：

（1）借：银行存款 58 500
　　　贷：主营业务收入 50 000

应交税费——应交增值税（销项税额）		8 500
（2）借：主营业务成本		38 000
贷：库存商品		38 000

例 4.2　A 公司将多余材料对外销售，专用发票上注明的价款为 7 000 元，增值税为 1 190 元，款项已收到，存入银行。该批材料实际成本为 5 500 元。A 公司会计分录为：

（1）借：银行存款　　　　　　　　　　　　　　　　　　　　　　　　　8 190
　　　　贷：其他业务收入　　　　　　　　　　　　　　　　　　　　　　7 000
　　　　　　应交税费——应交增值税（销项税额）　　　　　　　　　　　 1 190
（2）借：其他业务成本　　　　　　　　　　　　　　　　　　　　　　　　5 500
　　　　贷：原材料　　　　　　　　　　　　　　　　　　　　　　　　　5 500

（二）销售折扣的核算

销售折扣是企业销售货物时给予买方在价格上的优惠，具体可以分为商业折扣和现金折扣两种。

商业折扣是企业为了促进商品销售，鼓励客户多购商品，根据其购货数量的多少而在商品标价上给予的价格扣除，是企业采取的一种营销手段。商业折扣通常用百分数来表示，如给予 5%、10% 的折扣等。在存在商业折扣的情况下，企业应当按照扣除商业折扣后的金额确定商品销售收入金额。

现金折扣是销货方为了鼓励购货方在一定期限内及早偿还货款而给予的价格优惠。现金折扣通常用"2/10、1/20、N/30"等这样的符号来表示，含义是如果债务人在 10 天内付款，给予 2% 的折扣；20 天内付款，给予 1% 的折扣；超过 20 天以上全额付款，债务人最迟应在 30 天内付款。现金折扣发生在发票开出后，是销货方为了早日收回货款而给予购货方的一种优惠政策，可以看作销货方进行融资的一种手段，因而发生的现金折扣应当确认为财务费用予以反映。我国企业会计准则规定企业商品销售涉及现金折扣的，应当按照扣除现金折扣前的金额确定商品销售收入金额，现金折扣在实际发生时计入财务费用。

例 4.3　甲公司销售一批商品给乙公司，商品价目表上标明的价格是 300 000 元，但考虑到乙公司是批量采购，甲公司给予乙公司 10% 的商业折扣。甲公司已开出发票和发出商品，乙公司尚未支付货款。该商品适用的增值税率为 17%，该商品的成本为 220 000 元。甲公司会计分录为：

（1）借：应收账款　　　　　　　　　　　　　　315 900
　　　　贷：主营业务收入　　　　　　　　　　270 000　（300 000−300 000×10%）
　　　　　　应交税费——应交增值税（销项税额）　45 900
（2）借：主营业务成本　　　　　　　　　　　　220 000
　　　　贷：库存商品　　　　　　　　　　　　220 000

例 4.4　甲公司以赊销方式销售给乙公司一批价值为 300 000 元的货物。甲公司已经发出货物，并开出了一张标明"2/10、1/20、N/30"的发票。该产品适用的增值税率为 17%，假定计算折扣时不考虑增值税。

（1）甲公司赊销货物时会计分录为：

借：应收账款　　　　　　　　　　　　　　　　　　　　　　　　351 000
　　贷：主营业务收入　　　　　　　　　　　　　　　　　　　　　300 000
　　　　应交税费——应交增值税（销项税额）　　　　　　　　　　 51 000
（2）若乙公司在10天内付款，给予乙公司的现金折扣为6 000元（300 000×2%），甲公司实际收到的价款为345 000元（351 000-6 000）。甲公司会计分录为：
借：银行存款　　　　　　　　　　　　　　　　　　　　　　　　345 000
　　财务费用　　　　　　　　　　　　　　　　　　　　　　　　　 6 000
　　贷：应收账款　　　　　　　　　　　　　　　　　　　　　　　351 000
（3）若乙公司在第11至20天内付款，给予乙公司的现金折扣为3 000元（300 000×1%），甲公司实际收到的价款为348 000元（351 000-3 000）。甲公司会计分录为：
借：银行存款　　　　　　　　　　　　　　　　　　　　　　　　348 000
　　财务费用　　　　　　　　　　　　　　　　　　　　　　　　　 3 000
　　贷：应收账款　　　　　　　　　　　　　　　　　　　　　　　351 000
（4）若乙公司在20天后付款，不能享受现金折扣，需全额付款，甲公司会计分录为：
借：银行存款　　　　　　　　　　　　　　　　　　　　　　　　351 000
　　贷：应收账款　　　　　　　　　　　　　　　　　　　　　　　351 000

（三）销售折让与退回的核算

销售折让是企业由于售出商品的质量不合格等原因而在售价上给予的减让。销售退回是企业售出的商品由于质量、品种不符合要求等原因而发生的退货。销售折让与退回发生在商品售出后，因此应当在发生时冲减当期销售收入。如果销售折让与退回属于资产负债表日后事项的，按照资产负债表日后事项的相关规定进行处理。

例4.5　甲公司以赊销方式销售给乙公司一批价值为400 000元的商品，已经发出商品并开出发票。该商品的成本为320 000元。乙公司在收到该批商品后，发现部分商品有质量问题，要求甲公司给予20%的销售折让，甲公司答应了其要求。该商品适用的增值税率为17%。

（1）在销售商品时，甲公司按照商品实际的价格确认收入，会计分录为：
借：应收账款　　　　　　　　　　　　　　　　　　　　　　　　468 000
　　贷：主营业务收入　　　　　　　　　　　　　　　　　　　　　400 000
　　　　应交税费——应交增值税（销项税额）　　　　　　　　　　 68 000
借：主营业务成本　　　　　　　　　　　　　　　　　　　　　　320 000
　　贷：库存商品　　　　　　　　　　　　　　　　　　　　　　　320 000
（2）甲公司同意给予乙公司8 000元（400 000×20%）的销售折让，会计分录为：
借：主营业务收入　　　　　　　　　　　　　　　　　　　　　　 8 000
　　应交税费——应交增值税（销项税额）　　　　　　　　　　　　 1 360
　　贷：应收账款　　　　　　　　　　　　　　　　　　　　　　　 9 360

例4.6　接例4.5，若乙公司发现该批商品规格错误要求退货，甲公司答应了其要求，收到退回货物时，甲公司会计分录为：

(1) 借：主营业务收入　　　　　　　　　　　　　　　　　400 000
　　　应交税费——应交增值税（销项税额）　　　　　　　68 000
　　贷：应收账款　　　　　　　　　　　　　　　　　　　468 000
(2) 借：库存商品　　　　　　　　　　　　　　　　　　　320 000
　　贷：主营业务成本　　　　　　　　　　　　　　　　　320 000

二、提供劳务收入的核算

提供一项劳务取得的收入，一般按照企业与接受劳务方签订的合同或协议的金额确定。如果提供的劳务在同一会计年度内开始并完成，例如提供旅游、运输服务等劳务，在劳务完成时即确认收入。如果劳务的开始和完成分属不同的会计年度，例如长期工程，在提供劳务交易的结果能可靠地估计的情况下，按照完工百分比法确认相关的劳务收入并结转劳务成本，其计算公式如下：

$$\text{本期确认的收入} = \text{劳务总收入} \times \text{本期末止劳务的完工进度} - \text{以前期间已确认的收入}$$

$$\text{本期确认的费用} = \text{劳务总成本} \times \text{本期末止劳务的完工进度} - \text{以前期间已确认的费用}$$

在采用完工百分比法确认提供劳务收入的情况下，企业应按计算确定的提供劳务收入金额，借记"应收账款"、"银行存款"等账户，贷记"主营业务收入"账户。结转提供的劳务成本时，借记"主营业务成本"账户，贷记"劳务成本"账户。

例 4.7　2016 年 11 月 1 日，甲公司与乙公司签订一项设备安装劳务合同。根据合同约定，设备安装费总额为 300 000 元，乙公司预付 40% 的款项，其余 60% 待设备安装完成、验收合格后支付。2016 年 11 月 5 日，甲公司开始进行设备安装，并收到乙公司预付的安装费。至 2016 年 12 月 31 日，实际发生安装成本 140 000 元。甲公司按照已发生的劳务成本占估计劳务总成本的比例确定劳务的完成程度。据估计，至设备安装完成，还会发生安装成本 60 000 元。2017 年 4 月 5 日，设备安装完成，本年实际发生安装成本 63 000 元。设备经检验合格后，乙公司如约支付剩余安装费。

(1) 计算确定 2016 年和 2017 年的劳务收入。

$$\text{2016 年实际发生的成本占估计总成本的比例} = 140\,000 \div (140\,000 + 60\,000) = 70\%$$

$$\text{2016 年 12 月 31 日确认的劳务收入} = 300\,000 \times 70\% = 210\,000 \text{（元）}$$

2017 年 4 月 5 日确认的劳务收入 = 300 000 − 210 000 = 90 000（元）

(2) 2016 年 11 月 5 日，甲公司预收 40% 的款项，会计分录为：

借：银行存款　　　　　　　　　　　　　　　　　　　　　120 000
　　贷：预收账款　　　　　　　　　　　　　　　　　　　120 000

(3) 2016 年实际发生安装成本时的会计分录为：

借：劳务成本　　　　　　　　　　　　　　　　　　　　　140 000
　　贷：银行存款等　　　　　　　　　　　　　　　　　　140 000

(4) 2016 年 12 月 31 日，甲公司确认本年劳务收入并结转劳务成本的会计分录为：
借：预收账款　　　　　　　　　　　　　　　　　　　210 000
　　贷：主营业务收入　　　　　　　　　　　　　　　　　　210 000
借：主营业务成本　　　　　　　　　　　　　　　　　140 000
　　贷：劳务成本　　　　　　　　　　　　　　　　　　　　140 00

(5) 2017 年实际发生安装成本时的会计分录为：
借：劳务成本　　　　　　　　　　　　　　　　　　　63 000
　　贷：银行存款等　　　　　　　　　　　　　　　　　　　63 000

(6) 2017 年 4 月 5 日，甲公司确认本年剩余劳务收入并结转劳务成本的会计分录为：
借：预收账款　　　　　　　　　　　　　　　　　　　90 000
　　贷：主营业务收入　　　　　　　　　　　　　　　　　　90000
借：主营业务成本　　　　　　　　　　　　　　　　　63 000
　　贷：劳务成本　　　　　　　　　　　　　　　　　　　　63 000

(7) 甲公司收到乙公司支付的剩余劳务价款的会计分录为：
借：银行存款　　　　　　　　　　　　　　　　　　　180 000
　　贷：预收账款　　　　　　　　　　　　　　　　　　　　180 000

三、让渡资产使用权收入的核算

企业让渡资产使用权的使用费收入，一般作为其他业务收入处理。

例 4.8　　甲公司向乙公司转让某专利的使用权，协议约定转让期为 5 年，每年年末收取使用费 10 000 元。甲公司会计分录为：
借：银行存款（或应收账款）　　　　　　　　　　　　10 000
　　贷：其他业务收入　　　　　　　　　　　　　　　　　　10 000

四、营业收入的披露和分析

(一) 营业收入在会计报表中的披露

在利润表中，"营业收入"项目反映企业经营主要业务和其他业务所确认的收入总额。该项目根据"主营业务收入"和"其他业务收入"科目的发生额合计分析填列。此外，在会计报表附注中，还应详细披露营业收入的构成。

(二) 营业收入的分析

在对企业的营业收入进行分析时，可以从以下几个方面入手：

1. 营业收入的构成

分析企业营业收入的构成主要关注营业收入的品种构成、营业收入的地区构成以及与关联方交易的收入在总收入中的比重。对于从事多品种经营的企业来说，占总收入比重大的商品或劳务不仅代表企业过去业绩的主要增长点，同时通过对其未来发展趋势进行分析，还可以初步判断企业业绩的可持续性和未来发展走势。当企业为不同地区提供产品或劳务时，不同地区的消费者对不同品牌的商品具有不同的偏好，占总收入比重大的地区代表该地区的市场潜力很大。对于集团化经营的企业，当发生关联方交易时，要重点关注关联方交易产生的营业收入在交易价格、交易时间等方面的合理性，以防止企业利用关联方交易进行不正常交易。

2. 营业收入的现金含量

营业收入的现金含量可以用营业现金比率来衡量，营业现金比率＝销售商品、提供劳务收到的现金/营业收入，该指标反映了营业收入背后现金流量的支持程度。一般来说，该比率越高，说明当期营业收入的变现能力越强，营业活动的风险越小。反之，说明企业当期账面营业收入高，而实际现金收入低，有很大一部分形成了应收账款，此时会计信息使用者有必要关注其债权资产的质量。

3. 毛利率的大小及其走向

毛利率＝（营业收入－营业成本）/营业收入，营业收入是企业利润的初始源泉，只有营业收入扣除营业成本后有余额，才能进一步抵补企业的各项费用，最终形成净利润。企业的毛利率越高，意味着最终的利润空间越大。同时，如果公司的毛利率显著高于同行业平均水平，说明公司产品在市场上具有较强竞争力。如果公司的毛利率显著低于同行业平均水平，则意味着企业的生产经营状况明显比同行业其他企业要差。

第三节 货币资金的核算

货币资金是企业资金周转过程中以货币形式表现的流动资产，包括现金、银行存款和其他货币资金。企业持有货币资金的目的在于：第一，满足交易动机，即日常收支、购销业务和支付债务的需求；第二，满足投资动机，即保证企业闲置资金的盈利性。

一、现金的核算

现金有广义和狭义之分。广义的现金包括库存现金、银行存款以及其他可以普遍接受的流通手段，主要包括硬币、纸币、支票等。狭义的现金仅指库存现金，即由出纳经管的现金，它是流动性最强的一种货币性资产。我国会计实务中使用的现金概念是狭义的，而西方会计中所使用的则是广义的现金概念。

（一）现金的使用范围与库存现金限额

1. 现金的使用范围

按照国务院颁发的《现金管理暂行条例》及其《实施细则》的规定，企业可以在下列范围内使用现金：职工工资、津贴；个人劳务报酬；国家规定颁发给个人的科学技术、文化艺术、体育等各种奖金；各种劳保、福利费用以及国家规定的对个人的其他支出；向个人收购农副产品和其他物资的价款；出差人员必须随身携带的差旅费；结算起点以下的零星支出；开户银行确定需要支付现金的其他支出。

2. 库存现金的限额

库存现金限额是指为保证企业日常零星支出的需要，允许企业留存现金的最高数额。库存现金限额由开户银行和企业根据具体情况商定，一般按照企业3至5天的日常零星开支所需确定。边远地区和交通不便地区的企业，其库存现金限额的核定天数可以适当放宽，但最多不得超过15天的日常零星开支的需要量。库存限额一经核定，要求企业必须严格遵守,超过限额的现金应及时存入银行;企业如果需要增加或减少限额的,应当向开户银行提出申请,经批准后,方可进行调整,企业不得擅自超出核定限额增加库存现金。

(二) 现金的内部控制

现金的强流动性决定了现金内部控制的重要性。为加强库存现金管理,杜绝由于贪污、盗窃、挪用等不轨行为造成的现金短缺和损失,保证现金记录的完整和正确,对现金要进行严密的内部控制。

(1) 严格职责分工,实行交易分开。涉及库存现金的不相容职责应当分别由不同的人员担任,形成严密的内部牵制制度,以减少和降低库存现金管理上舞弊的可能性。通常来说,出纳专职负责货币资金的收支业务,除现金和银行存款日记账外,出纳不得兼记现金和银行存款总账和债权债务等明细账。此外,除了出纳外,其他任何人,包括会计人员、各种业务人员等都不得办理货币资金收付业务。

(2) 建立现金收支控制制度。现金收支应及时清理,做到日清月结,确保库存现金的账面余额与实际库存相符。企业的付款必须得到授权批准,不准坐支现金,不准白条抵库,不准私设小金库。

(3) 建立内部审计和稽核制度。企业除了由出纳人员负责库存现金日常支付外,内部审计人员还应对库存现金实施经常性和突击性检查,以确保库存现金记录的正确性和库存现金控制制度执行的有效性。

(4) 实施定期轮岗制度。将涉及库存现金管理和控制的业务人员定期轮换岗位。通过轮换岗位,减少库存现金管理和控制中产生舞弊的可能性,并及时发现有关人员的舞弊行为。

(三) 现金的核算

企业一般通过设置"现金日记账"和"现金总账"进行现金的明细核算和总分类核算。对于企业每天发生的现金业务,由出纳人员根据收付款凭证,按照业务发生时间的先后顺序逐笔登记到"现金日记账"中。每日终了,出纳应及时结算"现金日记账"上的收入合计数、支出合计数和结余数,并将结余数与实际库存数核对,做到账实相符。

企业应设置"库存现金"账户,以核算库存现金的收、付和结存情况。企业收到的现金记入"库存现金"账户的借方,支付的现金记入"库存现金"账户的贷方,"库存现金"账户借方期末余额代表企业实际持有的库存现金。

例4.9 甲公司行政管理部门职工王力因公出差预借现金3 000元,实际支出2 500元,经审核予以报销,剩余现金500元交回会计部门。

(1) 企业预借王力差旅费时,企业的库存现金减少,会计分录为:

借:其他应收款——王力   3 000
  贷:库存现金   3 000

(2) 王力出差回来后凭发票报销差旅费2 500元,企业的管理费用增加2 500元,交回余款,企业的库存现金增加500元,会计分录为:

借:管理费用   2 500
    库存现金   500
  贷:其他应收款——王力   3 000

（四）现金的清查

为了保证现金的安全完整，企业应建立库存现金的定期清查制度。现金清查的主要方法是清点库存现金并将实存数和现金日记账余额进行核对。如发现账实不符，应及时查明原因，进行处理。

对于现金清查中发现的现金溢余或短缺，应通过"待处理财产损溢——待处理流动资产损溢"账户进行核算。属于现金短缺的，按实际短缺的金额，借记"待处理财产损溢——待处理流动资产损溢"账户，贷记"库存现金"账户；属于现金溢余的，按实际溢余的金额，借记"库存现金"账户，贷记"待处理财产损溢——待处理流动资产损溢"账户。现金的短缺或溢余待查明原因后应按要求进行处理。

对于现金短缺，属于责任人或保险公司负责赔偿的部分，借记"其他应收款"账户，贷记"待处理财产损溢——待处理流动资产损溢"账户；属于无法查明的其他原因，根据管理权限，经批准后借记"管理费用"账户，贷记"待处理财产损溢——待处理流动资产损溢"账户。

对于现金溢余，属于应支付给有关单位或人员的，借记"待处理财产损溢——待处理流动资产损溢"账户，贷记"其他应付款"账户；属于无法查明的现金溢余，经批准后，借记"待处理财产损溢——待处理流动资产损溢"账户，贷记"营业外收入"账户。

例 4.10 甲企业 2016 年 12 月份对其库存现金清查中发现短款 1 200 元，经核查属于出纳员张冰保管不善，由其个人负责赔偿。

（1）发现现金短缺时，甲企业会计分录为：

借：待处理财产损溢——待处理流动资产损溢　　　　　　　　　　1 200
　　贷：库存现金　　　　　　　　　　　　　　　　　　　　　　　　1 200

（2）由出纳负责赔偿，甲企业会计分录为：

借：其他应收款——张冰　　　　　　　　　　　　　　　　　　　1 200
　　贷：待处理财产损溢——待处理流动资产损溢　　　　　　　　　　1 200

二、银行存款的核算

银行存款是企业存放在银行或其他金融机构的货币资金。根据中国人民银行有关现金管理制度和银行结算制度的规定，企业收入的一切款项，除国家另有规定外，都必须于当日送存开户银行；一切支出，除规定可以用现金支付的以外，应通过银行办理转账结算。

（一）银行存款账户管理

根据《银行账户管理办法》的规定，企业可以根据需要在银行开立四种账户，分别为基本存款账户、一般存款账户、临时存款账户和专用存款账户。

基本存款账户是指存款人办理日常转账结算和现金收付的账户。企业经营活动的日常资金收付、工资、奖金等现金的支取只能通过该账户办理。一家企业只能在银行开立一个基本存款账户。

一般存款账户是企业在基本存款账户开户银行以外的银行营业机构开立的银行结算账户。企业可以通过一般存款账户办理转账结算和现金缴存，但不能办理现金支取。

临时存款账户是企业因临时经营活动需要开立的账户，企业可以通过该账户办理转账结算和根据国家现金管理的规定办理现金收付。

专用存款账户是企业因特定用途需要开立的账户。

一个企业只能选择一家银行的一个营业机构开立一个基本存款账户，不得在多家银行机构开立基本存款账户，也不得在同一家银行的几个分支机构开立一般存款账户。企业在使用银行账户时，应当严格执行银行结算制度的规定，不得出租、出借银行结算账户，不得利用银行结算账户套取银行信用，不得利用银行账户进行非法活动。

（二）银行转账结算方式

根据中国人民银行《支票结算办法》的规定，企业通过银行办理转账结算的方式有以下几种。

1. 银行汇票结算方式

银行汇票是汇款人将款项交存当地银行，由银行签发给汇款人持往异地办理转账结算或支取现金的票据。银行汇票具有使用灵活、票随人到、兑现性强等特点，单位和个人各种款项结算都可使用银行汇票。银行汇票的付款期限为自出票日起 1 个月内。银行汇票的收款人还可以将银行汇票背书转让给他人。

企业支付购货款等款项时，应向银行提交"银行汇票申请书"，填明收款人名称、申请人名称、支付金额、申请日期等事项并签章。出票银行受理"银行汇票申请书"后，收妥款项签发银行汇票。

采用银行汇票结算方式，收款单位应根据银行的收款通知和有关的原始凭证编制收款凭证；付款单位应在收到银行签发的银行汇票后，根据"银行汇票申请书"存根联编制付款凭证。如果有多余款项或因汇票超过付款期等原因而退款，应根据银行的多余款收账通知编制收款凭证。

2. 银行本票结算方式

银行本票是指银行签发的，承诺自己在见票时无条件支付确定的金额给收款人或持票人的票据。单位和个人在同一票据交换区域需要支付各种款项，都可以使用银行本票。银行本票分为定额本票和不定额本票两种，定额本票面额为 1 000 元、5 000 元、10 000 元和 50 000 元 4 种。银行本票的付款期限为自出票日起 2 个月内，在付款期内银行本票见票即付。银行本票的收款人还可以在票据交换区域将银行本票背书转让给他人。

企业支付购货款等款项时，应向银行提交"银行本票申请书"，填明收款人名称、申请人名称、支付金额、申请日期等事项并签章。出票银行受理"银行本票申请书"后，收妥款项签发银行本票。申请人和收款人均为个人需要支取现金的，应在"支付金额"栏先填写"现金"字样，后填写支付金额。申请人或收款人为单位的，不得申请签发现金银行本票。

采用银行本票结算方式，收款单位按照规定受理银行本票后，应将银行本票连同进账单送交银行办理转账，根据银行退回的进账单和有关原始凭证编制收款凭证；付款单位在将款项交存银行，收到银行签发的银行本票后，根据申请书存根联编制付款凭证。企业因本票超过付款期限或其他原因要求退款时，在交回本票和填制的进账单经银行审核盖章后，根据进账单编制收款凭证。

3. 商业汇票结算方式

商业汇票是指由出票人签发的，委托付款人在指定日期无条件支付确定金额给收款人或者持票人的票据。商业汇票的付款期限由交易双方约定，最长不得超过6个月。商业汇票可以背书转让，符合条件的商业汇票持票人还可持未到期的商业汇票向银行申请贴现。

按承兑人不同，商业汇票分为商业承兑汇票和银行承兑汇票。

商业承兑汇票由付款人或收款人签发，由付款人承兑，属于商业信用。收款人或持票人将到期的商业承兑汇票交银行办理收款，在收到银行转来的收款通知后，就可以办理收款的账务处理。付款人收到开户银行转来的付款通知，应在当日通知银行付款。如果汇票到期而付款方无力付款，由银行将商业汇票退回给收款人或持票人，银行不承担付款责任。

银行承兑汇票由在承兑银行开立存款账户的存款人签发，由银行承兑，属于银行信用。收款人或持票人将到期的银行承兑汇票交银行办理收款，承兑银行应在汇票到期日或到期日后的见票当日支付票款。

4. 支票结算方式

支票是指单位或个人签发的，委托办理支票存款业务的银行在见票时无条件支付确定的金额给收款人或持票人的票据。支票按结算方式分为现金支票、转账支票和普通支票。现金支票只能用于支取现金；转账支票只能用于转账；普通支票既可用于支取现金也可以转账。支票一律记名，付款期限为10天。

采用支票结算方式，对于收到的支票，应在收到支票的当天填制进账单连同支票送交银行，根据银行盖章退回的进账单和有关原始凭证编制收款凭证；对于付出的支票，应根据支票存根和有关原始凭证编制付款凭证。

5. 汇兑结算方式

汇兑是汇款人委托银行将其款项汇给外地收款人的结算方式。汇兑分为信汇和电汇两种。信汇是指汇款人委托银行通过邮寄方式将款项划转给收款人，电汇是指汇款人委托银行通过电报将款项划转给收款人。汇兑结算方式方便灵活，收付双方不需事先签订合同，结算起点不限，适用于单位和个人之间各种款项的异地结算。

采用汇兑结算方式的，收款单位对于汇入的款项，应在收到银行的收账通知时，据以编制收款凭证；付款单位对于汇出的款项，应在向银行办理付款后，根据汇款回单编制付款凭证。

6. 委托收款结算方式

委托收款是指收款人委托银行向付款人收取款项的一种结算方式。单位和个人凭已承兑商业汇票、债券、存单等付款人债务证明办理款项的结算，都可以使用委托收款方式。这种方式在同城和异地都可以使用，不受金额起点限制。有邮寄和电报划回两种，由收款人选择使用。

收款人委托开户银行收款时，应填写委托收款结算凭证，并提供有关债务证明。收款人开户银行受理后，应将有关凭证寄交付款单位开户银行并由其审核后通知付款单位。付款人应于接到通知的当日通知银行付款。如果付款人未在接到通知日的次日起3日内通知银行付款，视同付款人同意付款，银行将于第4日上午开始营业时，将款项划给收款人。银行在办理划款时，如果付款人存款账户不足支付应付金额，银行将向收款人发出未付款项通知书。

7. 托收承付结算方式

托收承付是根据购销合同由收款人发货后委托银行向异地付款人收取款项，由付款人向银行承认付款的结算方式。办理托收承付结算的款项，必须是商品交易，以及因商品交易而产生的劳务供应的款项。代销、寄销、赊销商品的款项，不得办理托收承付结算。托收承付款项的划回方式有邮寄和电报两种，结算每笔的金额起点为 10 000 元。

采用托收承付结算方式，购销双方必须签有购销合同，并在合同上写明使用托收承付结算方式。销货企业按照购销合同发货后，填写托收承付凭证，盖章后连同发运证件或其他符合托收承付结算的相关证明送交开户银行办理托收手续。

销货企业开户银行接受委托后，将托收承付结算凭证和相关单据寄往购货单位开户银行，由购货单位开户银行通知购货单位付款。购货单位收到托收承付结算凭证和相关单据后，经审核与订货合同无误后，即承认付款。

8. 信用卡结算方式

信用卡是商业银行向个人和单位发行的，凭卡向特约单位购物、消费和向银行存取现金且具有消费信用的特制载体卡片。信用卡按使用对象分为单位卡和个人卡；按信誉等级分为金卡和普通卡。凡在中国境内金融机构开立基本存款账户的单位均可申领单位卡。单位卡可申领若干张，持卡人资格由申领单位法定代表人或其委托的代理人书面指定和注销，持卡人不得出租或转借信用卡。单位卡一律不得用于 10 万元以上的商品交易、劳务供应款项的结算，不得支取现金。

单位或个人申请信用卡，应按规定填制申请表，连同有关资料一并送交发卡银行。符合条件的申请人银行为其开立信用卡存款账户，并发给信用卡。

9. 信用证结算方式

信用证是指由银行依照客户的要求开立的有条件承诺付款的书面文件，是国际结算的主要方式之一。

采用信用证结算方式的，收款方收到信用证后，即备货装运，将有关发票账单连同信用证送交银行，根据退还的信用证等有关凭证编制收款凭证；付款方在接到开证行的通知时，根据付款的有关单据编制付款凭证。

（三）银行存款的核算

企业一般通过设置"银行存款日记账"和"银行存款总账"进行银行存款的明细核算和总分类核算。对于企业每天发生的银行存款业务，由出纳人员根据收付款凭证，按照业务发生先后顺序，在"银行存款日记账"上逐日逐笔登记，并结出账面余额。每月月末，企业要将"银行存款日记账"的记录与银行提供的"银行对账单"进行核对，以便发现差错，及时更正。

企业应设置"银行存款"账户，以核算银行存款的收、付和结存情况。企业将款项存入银行或其他金融机构，记入"银行存款"账户的借方，提取和支出存款时，记入"银行存款"账户的贷方，"银行存款"账户借方期末余额代表企业实际存在银行或其他金融机构的款项。

例 4.11 甲公司外购商品计价款 30 000 元，增值税 5 100 元，商品已验收入库，甲公司开出一张转账支票偿付货款。甲公司会计分录为：
  借：库存商品   30 000
    应交税费——应交增值税（进项税额）   5 100
   贷：银行存款   35 100

例 4.12 甲公司收回乙公司所欠货款 35 000 元。
  借：银行存款   35 000
   贷：应收账款   35 000

（四）银行存款的核对

为了及时发现并纠正银行方面和企业自身记录的差错，保证银行存款账实相符，每月月份终了，企业应将"银行存款日记账"的余额与"银行对账单"的余额进行逐笔核对，并编制"银行存款余额调节表"，如有不符，应查明原因，及时调整。

当"银行存款日记账"与"银行对账单"的余额不一致时，其原因主要有两个方面：一是企业和银行双方至少存在一方出现记账错误；二是存在未达账项。所谓未达账项，是指企业和银行之间由于结算凭证传递存在一定的时间差异而导致一方已记账，另一方尚未记账的款项。未达账项一般有以下四种情况：

（1）企业已经收款记账，银行尚未收款记账。例如，企业已收到转账支票并登记入账，但月末尚未将支票送存银行。

（2）企业已经付款记账，银行尚未付款记账。例如，企业开出支票并已根据支票存根记账，而持票人尚未到银行转账或提现。

（3）银行已经收款记账，企业尚未收款记账。例如，银行已将企业银行存款利息记账，而企业尚未收到收款通知。

（4）银行已经付款记账，企业尚未付款记账。例如，银行为企业代缴水电费，款项已划出，但企业尚未收到付款通知。

当出现记账错误或未达账项引起"银行存款日记账"与"银行对账单"余额不符时，应逐笔进行核对，查明原因，将两者调整相符。一般可以通过编制"银行存款余额调节表"来进行。其调节公式为：

$$\frac{银行存款日}{记账余额} + \frac{银行已收}{企业未收} - \frac{银行已付}{企业未付} = \frac{银行对账单}{余额} + \frac{企业已收}{银行未收} - \frac{企业已付}{银行未付}$$

例 4.13 甲公司 2016 年 8 月 31 日的银行存款日记账账面余额为 781 600 元，银行对账单余额为 771 600 元，经逐笔核对，发现以下未达账项及错误记账：

（1）8 月 26 日，企业开出转账支票 4 000 元，持票人尚未到银行办理转账。

（2）8 月 28 日，委托银行收款 3 000 元，银行已入账，企业尚未收到收款通知。

（3）8 月 30 日，银行代付企业电费 2 000 元，企业尚未收到付款通知。

（4）8 月 30 日，企业收到外单位转账支票一张 13 000 元，企业已记账，支票尚未送存银行。

（5）8 月 16 日，企业本月一笔销货款 2 500 元存入银行，出纳误记为 4 500 元。

根据上述资料编制银行存款余额调节表，如表 4-1 所示。

表 4-1　　　　　　　　　　　　　　银行存款余额调节表

2016 年 8 月 31 日　　　　　　　　　　　　　　　单位：元

项　目	金　额	项　目	金　额
银行存款日记账余额	781 600	银行对账单余额	771 600
加：银行已收，企业未收 （2）委托银行收款	3 000	加：企业已收，银行未收 （4）企业收到转账支票	13 000
减：银行已付，企业未付 （3）银行代付电费 （5）企业误记金额	2 000 2 000	减：企业已付，银行未付 （1）企业开出转账支票	4 000
调节后银行存款日记账余额	780 600	调节后银行对账单余额	780 600

值得注意的是，经上述调整后，如果"银行存款余额调节表"双方余额相符，只表明账目一般没有差错，但不绝对排除差错，如某一方未收和未付的款项中正好有两个错误金额相互抵消，这样对余额没有任何影响。如果调整后"银行存款余额调节表"双方余额仍不一致，则表明账目有差错，应进一步查明原因予以纠正。此外，对于已发现的企业记账错误，应及时做调整分录并登记入账。对于银行已入账、企业未入账的未达账项，我国目前的做法是暂不作账务处理，待收到有关原始凭证后再按正常程序编制会计分录并登记入账。

三、其他货币资金的核算

其他货币资金是指企业除现金和银行存款以外的货币资金，其他货币资金包括银行本票存款、银行汇票存款、在途货币资金、外埠存款、信用卡存款等。

企业应设置"其他货币资金"账户，核算其他货币资金的收支和结存情况。该账户借方反映其他货币资金的增加数，贷方反映其他货币资金的减少数，期末借方余额表示其他货币资金的结存额。该账户下可以设"银行本票存款"、"银行汇票存款"、"在途货币资金"、"外埠存款"、"信用卡存款"等明细科目。

例 4.14　甲公司汇款 60 000 元开立外地采购专户。会计分录为：

借：其他货币资金——外埠存款　　　　　　　　　　　　　　　　　　60 000

　　贷：银行存款　　　　　　　　　　　　　　　　　　　　　　　　　　　60 000

例 4.15　接例 4.14，收到采购员交来购货发票等报销凭证，注明购入材料价款 40 000 元，增值税额 6 800 元。会计分录为：

借：在途物资　　　　　　　　　　　　　　　　　　　　　　　　　　40 000

　　应交税费——应交增值税（进项税额）　　　　　　　　　　　　　　6 800

　　贷：其他货币资金——外埠存款　　　　　　　　　　　　　　　　　　46 800

例 4.16　接例 4.15，将多余的外埠存款转回当地银行。会计分录为：

借：银行存款　　　　　　　　　　　　　　　　　　　　　　　　　　13 200

　　贷：其他货币资金——外埠存款　　　　　　　　　　　　　　　　　　13 200

四、货币资金在会计报表中的披露和分析

（一）货币资金在会计报表中的披露

在资产负债表中，"货币资金"项目反映企业库存现金、银行存款、其他货币资金的合计数，该项目根据"库存现金"、"银行存款"、"其他货币资金"科目的期末余额合计数填列。在会计报表附注中，还应详细披露货币资金的组成。

（二）货币资金的分析

对于货币资金的分析，主要是分析企业日常货币资金规模是否适当。为维持企业日常活动的正常运转，企业必须持有一定的货币资金余额。从财务管理的角度来看，过低的货币资金持有量，将严重影响企业的正常经营活动，制约企业发展，并进而影响企业的商业信誉；而过高的货币资金持有量，则在浪费投资机会的同时，增加了企业的投资成本。

企业持有货币资金的规模主要受以下因素的影响。一是企业的资产规模、业务收支规模。企业资产总额越大，业务收支越频繁，需要的货币资金持有量就越多。二是企业所处的行业。不同行业对于货币资金的需求是不同的。例如，银行业和保险业，对于货币资金有着特殊的需要，在正常情况下其持有货币资金的比例会明显高于制造业企业。因此，判断一个企业货币资金规模是否正常，通常是将企业货币资金占总资产的比例与同行业其他企业的情况加以比较。

当企业货币资金占总资产的比例显著超过同行业的平均水平时，可能意味着企业正在丧失潜在的投资机会或者是尚未找到合适的投资项目，企业需要为这些超额资金寻找出路，例如寻找新的投资机会，或者进行现金股利分配等。当企业货币资金占总资产的比例显著低于同行业的平均水平时，则说明企业货币资金存量不足，企业缺乏足够的支付能力，将面临巨大的财务风险，此时企业需要进行新的融资以获得必要的资金。

第四节 交易性金融资产[①]的核算

一、交易性金融资产的概念

交易性金融资产是对金融工具进行投资的结果。所谓金融工具，是指形成一个企业的金融资产，并形成其他企业的金融负债或权益工具的合同。按照金融工具的属性，金融资产分为四种类型：

（1）以公允价值计量且其变动计入当期损益的金融资产，可以进一步分为交易性金融资产和指定为以公允价值计量且其变动计入当期损益的金融资产；

（2）持有至到期投资；

（3）贷款和应收款项；

（4）可供出售金融资产。

---

① 根据财政部 2014 年相关准则，该科目改称为"以公允价值计量且变动计入当期损益的金融资产"。

交易性金融资产是企业为了近期出售而取得的股票、债券、基金等。企业取得交易性金融资产在很大程度上是为了将暂时闲置资金进行投资，获取高于银行利息收入或投资买卖的价差收入。

企业在取得金融资产时，应将符合交易性金融资产定义的金融资产划分为交易性金融资产。在确认为交易性金融资产后，不能重分类为其他类型的金融资产，其他类型的金融资产也不能重分类为交易性金融资产。

二、交易性金融资产的核算

企业初始取得交易性金融资产时，应按取得时的公允价值作为初始入账金额，相关交易费用直接计入当期损益。其中，交易费用包括支付给代理机构、咨询公司、券商等的手续费和佣金及其他必要支出，不包括债券溢价、折价等不与交易直接相关的费用。此外，为购买交易性金融资产而支付的价款中如果包含已宣告但尚未发放的现金股利或已到付息期但尚未领取的利息，应单独确认为应收项目，不计入交易性金融资产的成本中。

期末，交易性金融资产应按期末的公允价值进行计量，期末公允价值与账面价值的差额，作为公允价值变动损益，计入当期损益。

处置交易性金融资产时，应将交易性金融资产的账面价值与实际取得的差额，作为当期投资损益。同时将原计入该交易性金融资产的公允价值变动损益转入当期的投资收益。

企业应设置"交易性金融资产"账户，核算企业为交易目的持有的股票、债券、基金等交易性金融资产的公允价值。该账户借方核算企业取得交易性金融资产的公允价值以及期末交易性金融资产公允价值高于其账面余额的差额，贷方核算出售交易性金融资产的账面余额以及期末交易性金融资产公允价值低于其账面余额的差额，期末借方余额反映企业持有的交易性金融资产的公允价值。该账户下可以设"成本"、"公允价值变动"等明细科目。

例4.17 甲公司打算短期持有A企业的股票，并希望从股票的价格变动中获益。公司于2016年6月1日以400 000元价格从二级市场中买入A企业股票20 000股，并支付交易费用5 000元，购买价款和交易费用都从银行存款支付。2016年6月30日，A企业股票价格下跌至385 000元。2016年7月31日，A企业股票价格涨至435 000元。2016年8月15日，甲公司将所持有的A公司股票以460 000元的价格出售。

（1）2016年6月1日购入A公司股票时：

从甲公司持有这批股票的打算和目的来看，这是公司拥有的交易性金融资产。公司在获得这批交易性金融资产时按照公允价值入账，相关交易费用计入当期损益。甲公司会计分录为：

借：交易性金融资产——成本　　　　　　　　　　　　　　400 00
　　投资收益　　　　　　　　　　　　　　　　　　　　　　5 000
　　贷：银行存款　　　　　　　　　　　　　　　　　　　　　　405 000

（2）2016年6月30日A企业股票价格下跌：

2016年6月30日A企业股票价格下跌至385 000元，则甲公司交易性金融资产价格下跌，下跌金额为15 000元（400 000-385 000），应作为公允价值变动损益计入当期损益。甲公司会计分录为：
  借：公允价值变动损益   15 000
    贷：交易性金融资产——公允价值变动   15 000
经调整后，2016年6月30日甲公司交易性金融资产账面价值为385 000元。

（3）2016年7月31日，A企业股票价格上涨：

2016年7月31日，A企业股票价格上涨至435 000元，则甲公司交易性金融资产价格也上涨，上涨金额为50 000元（435 000-385 000），同样应作为公允价值变动损益计入当期损益。甲公司会计分录为：
  借：交易性金融资产——公允价值变动   50 000
    贷：公允价值变动损益   50 000
经调整后，2016年7月31日甲公司交易性金融资产账面价值为435 000元。

（4）2016年8月15日甲公司出售A企业股票，甲公司会计分录为：
  借：银行存款   460 000
    贷：交易性金融资产——成本   400 000
      交易性金融资产——公允价值变动   35 000
      投资收益   25 000
  借：公允价值变动损益   35 000
    贷：投资收益   35 000

三、交易性金融资产在会计报表中的披露和分析

（一）交易性金融资产在会计报表中的披露

在资产负债表中，"交易性金融资产"项目反映企业持有的以公允价值计量且其变动计入当期损益的金融资产。该项目根据"交易性金融资产"科目的期末余额填列。

（二）交易性金融资产的分析

分析交易性金融资产时，主要关注其公允价值这一计量属性，着重分析该项目盈利的性质。交易性金融资产在没有出售以前，期末由于公允价值上升或下降而引起的损益属于未实现损益，尤其是当期末公允价值上升时会形成未实现收益，该未实现收益会增加当期利润。由于交易性金融资产此时并未出售，这类收益并未真正实现，有可能高估企业收益，虚增当期利润。交易性金融资产只有在出售以后才形成真正的投资收益。

此外，由于企业进行交易性金融资产投资的目的一方面是获取高于银行利率的超额收益，另一方面在企业急需货币资金时可以及时将其出售变现，因此交易性金融资产的投资规模不宜过大。若该项投资的规模过大，必然影响企业的正常生产经营。

第五节 应收款项的核算

在商业信用高度发达的市场经济条件下，企业间的商品交易大多建立在商业信用的基础上。企业由于采用赊销方式销售商品或提供劳务而获得向顾客收取款项的权利，形成应收款项，它代表企业获得未来经济利益的权利。应收款项主要包括应收票据和应收账款。

一、应收票据的核算

（一）应收票据的概念

应收票据是企业因为采用商业汇票结算方式销售商品或提供劳务而收到的商业汇票。商业汇票是由出票人（收款人或付款人或承兑人）签发，由承兑人承兑，并于到期日向收款人或持票人支付款项的一种票据。商业汇票的付款期限，最长不得超过 6 个月。

按照承兑人不同，商业汇票分为商业承兑汇票和银行承兑汇票。按照是否带息，商业汇票分为带息商业汇票和不带息商业汇票。

（二）应收票据的核算

应收票据的确认在会计上一般有两种方法：一种是按票据的面值确认，另一种是按票据未来现金流量的现值确认。在我国，应收票据一般按照票据面值计价入账。但对于带息的应收票据，应于期末按应收票据的票面价值和确定的利率计提利息，计提的利息应增加应收票据的票面余额。

企业应设置"应收票据"账户，核算企业因销售商品或提供劳务而收到的商业汇票。该账户借方核算取得的应收票据的面值和计提的票据利息，贷方核算到期收回的款项以及向银行申请贴现的应收票据的票面余额，期末借方余额反映企业尚未收回的应收票据的面值和应计利息。

1. 不带息应收票据的核算

不带息应收票据的到期价值等于票据的面值。企业因销售商品或提供劳务而收到开出、承兑的商业汇票，按应收票据的面值，借记"应收票据"账户，按实现的营业收入，贷记"主营业务收入"账户，按专用发票上注明的增值税税额，贷记"应交税费——应交增值税（销项税额）"账户。应收票据到期收回时，按票面金额，借记"银行存款"账户，贷记"应收票据"账户。商业承兑汇票到期时，若承兑人无力付款或违约拒付，企业可凭银行退回的商业承兑汇票、委托收款凭证、未付票款通知或拒绝付款证明等借记"应收账款"账户，贷记"应收票据"账户。

例 4.18 甲企业 2016 年 8 月 1 日销售一批产品给 A 公司，货已发出，发票上注明的销售价款为 200 000 元，增值税额为 34 000 元。收到 A 公司交来的不带息商业承兑汇票一张，期限为 6 个月。

（1）2016 年 8 月 15 日甲企业收到 A 公司汇票时，会计分录为：

借：应收票据　　　　　　　　　　　　　　　　　　　　　　　234 000
　　贷：主营业务收入　　　　　　　　　　　　　　　　　　　　200 000
　　　　应交税费——应交增值税（销项税额）　　　　　　　　　 34 000

（2）6 个月后，商业汇票到期，甲企业收回款项 234 000 元，存入银行。会计分录为：

借：银行存款　　　　　　　　　　　　　　　　　　　　　　　234 000
　　贷：应收票据　　　　　　　　　　　　　　　　　　　　　　234 000

（3）如果该汇票到期 A 公司无力偿还货款，甲企业应将到期汇票的票面金额转入"应收账款"账户。会计分录为：

借：应收账款　　　　　　　　　　　　　　　　　　　　　　234 000
　　贷：应收票据　　　　　　　　　　　　　　　　　　　　　　234 000

2. 带息应收票据的核算

企业收到的带息应收票据，应于期末按规定计提票据利息并增加应收票据的账面余额，同时，冲减"财务费用"账户。票据利息计算公式如下：

$$应收票据利息=应收票据票面金额×票面利率×期限$$

上式中，利率一般指年利率，期限指签发日至到期日的时间间隔（有效期），票据的期限可以用日或月表示。票据期限按月表示时，应以到期月份中与出票日相同的那一天为到期日。例如3月5日签发的一个月票据，到期日应为4月5日。月末签发的票据，不论月份大小，以到期月份的月末那一天为到期日。同时，计算利息使用的利率要换算成月利率。票据期限按日表示时，应从出票日起按实际经历天数计算。通常出票日和到期日只能计算其中的一天，即"算头不算尾"或"算尾不算头"。

例4.19　若例4.18中甲企业收到的是A公司交来的带息商业承兑汇票，票面利率为5%，其余条件不变。

(1) 2016年8月1日甲企业收到A公司票据时，会计分录为：

借：应收票据　　　　　　　　　　　　　　　　　　　　　　234 000
　　贷：主营业务收入　　　　　　　　　　　　　　　　　　　200 000
　　　　应交税费——应交增值税（销项税额）　　　　　　　　 34 000

(2) 2016年12月31日甲企业计提票据利息时：

$$票据利息=234\,000×5\%÷12×5=4\,875（元）$$

甲企业会计分录为：

借：应收票据　　　　　　　　　　　　　　　　　　　　　　　4 875
　　贷：财务费用　　　　　　　　　　　　　　　　　　　　　　4 875

(3) 2017年1月31日票据到期甲企业收回货款时：

$$收款金额=234\,000×(1+5\%÷12×6)=239\,850（元）$$
$$未计提的票据利息=234\,000×5\%÷12×1=975（元）$$

甲企业会计分录如下：

借：银行存款　　　　　　　　　　　　　　　　　　　　　　239 850
　　贷：应收票据　　　　　　　　　　　　　　　　　　　　　238 875
　　　　财务费用　　　　　　　　　　　　　　　　　　　　　　 975

（三）应收票据的贴现

企业持有的应收票据在到期前，如果出现资金短缺，可以持未到期的商业汇票向其开户银行申请贴现，以获得所需资金。在贴现业务中，票据持有人将未到期的票据在背书后转让给银行，银行受理后从票据到期值中扣除按银行贴现率计算的贴现利息，然后将余额付给持票人。

应收票据贴现的有关计算公式如下：

$$贴现期=贴现日至到期日实际天数-1$$
$$票据到期值=票据面值×(1+年利率×票据到期的天数÷360)$$

$$\text{或} \quad = 票据面值×（1+年利率×票据到期的月数÷12）$$
$$贴现利息 = 票据到期值×贴现率×贴现期$$
$$贴现所得 = 票据到期值-贴现利息$$

不带息票据的到期值就是其面值，带息票据的到期值等于其面值加上利息。

企业持未到期的应收票据向银行贴现，应按扣除其贴现息后的净额（即贴现所得），借记"银行存款"账户，按应收票据的面值，贷记"应收票据"（适用于满足金融资产转移准则规定的金融资产终止确认的情形）或"短期借款"账户（适用于不满足金融资产转移准则规定的金融资产终止确认的情形），按其差额，借记或贷记"财务费用"账户。

例4.20 2016年5月8日，甲企业因急需资金，将一张2月10日签发、6个月期限、票面面值为50 000元的不带息商业汇票向银行贴现，贴现率为8%。

因为该应收票据到期日为2016年8月10日，所以其贴现天数为94天（24+30+31+10-1）。

$$贴现利息 = 50\,000×8\%×94÷360 = 1\,044 （元）$$
$$贴现所得 = 50\,000-1\,044 = 48\,956 （元）$$

甲企业会计分录为：

借：银行存款　　　　　　　　　　　　　　　　　　　　　　　48 956
　　财务费用　　　　　　　　　　　　　　　　　　　　　　　 1 044
　贷：应收票据　　　　　　　　　　　　　　　　　　　　　　50 000

例4.21 2016年6月9日，甲企业持所收取的出票日期为5月10日、期限为90天、面值为200 000元、票面利率为6%的带息商业汇票向银行贴现，贴现率为8%。

企业在6月9日贴现前持有票据天数为30天，所以贴现期为60天（90-30）。

$$票据到期值 = 200\,000×（1+6\%×90÷360） = 203\,000 （元）$$
$$贴现利息 = 203\,000×8\%×60÷360 = 2\,707 （元）$$
$$贴现所得 = 203\,000-2\,707 = 200\,293 （元）$$

甲企业会计分录为：

借：银行存款　　　　　　　　　　　　　　　　　　　　　　　200 293
　贷：应收票据　　　　　　　　　　　　　　　　　　　　　　200 000
　　　财务费用　　　　　　　　　　　　　　　　　　　　　　　　293

二、应收账款的核算

（一）应收账款的概念

应收账款是指企业因销售商品、产品、提供劳务等，应向购货单位或接受劳务单位收取的款项，主要包括企业出售商品、材料、提供劳务等应向有关债务人收取的价款及代购货方垫付的包装费、运杂费等。一般情况下，企业销售商品、产品、提供劳务等应按买卖双方在成交时的实际金额入账。但企业为了促销或者鼓励购货单位早日付款，时常会采用销售折扣的形式，包括商业折扣和现金折扣。

（二）应收账款计价的核算

企业应设置"应收账款"账户，核算应收账款的增减变化和结余情况。"应收账款"

账户的借方反映应收账款的增加，贷方反映已经收回或已经冲作坏账的应收账款金额。期末借方余额，反映企业尚未收回的应收账款；期末如为贷方余额，反映企业预收的账款。

1. 没有折扣

发生的应收账款，在没有商业折扣的情况下，按应收账款的全部金额（发票价格）入账。

例 4.22 甲企业向某商场销售商品一批，货款总计 100 000 元，适用的增值税率为 17%，代垫运杂费 3 000 元（假定不作为计税基数）。甲企业会计分录为：

（1）甲企业赊销商品时，会计分录为：

借：应收账款　　　　　　　　　　　　　　　　　　　　　120 000
　　贷：主营业务收入　　　　　　　　　　　　　　　　　100 000
　　　　应交税费——应交增值税（销项税额）　　　　　　 17 000
　　　　银行存款　　　　　　　　　　　　　　　　　　　 3 000

（2）甲企业收到款项时，会计分录为：

借：银行存款　　　　　　　　　　　　　　　　　　　　　120 000
　　贷：应收账款　　　　　　　　　　　　　　　　　　　120 000

2. 现金折扣

前已述及，现金折扣是债权人为了鼓励债务人在规定期限内及早偿还货款而给与的价格优惠。现金折扣通常用"2/10、1/20、N/30"等这样的符号来表示。存在现金折扣的情况下，应收账款入账金额的确定有两种方法：一种是总价法，另一种是净价法。

总价法是将未减去现金折扣前的金额作为应收账款的入账价值。现金折扣只有当顾客在折扣期内支付货款时，才予以确认。在这种方法下，销货方将给予顾客的现金折扣视为融资的理财费用，会计上作为财务费用处理。净价法是将扣除最大现金折扣后的金额作为实际售价，据以确认应收账款的入账金额。这种方法是把顾客享受折扣视为正常现象，认为顾客一般会提前付款，将由于顾客未享受折扣而多收入的金额，视为提供信贷获得的收入，在收到账款时冲减财务费用。

例 4.23 甲公司以赊销方式销售给乙公司一批价值为 500 000 元的货物。甲公司已经发出货物，并开出了一张标明"2/15、N/30"的发票。该产品适用的增值税率为 17%，假定计算折扣时不考虑增值税。甲公司会计分录如下：

总价法

（1）甲公司赊销发生时：

借：应收账款　　　　　　　　　　　　　　　　　　　　　585 000
　　贷：主营业务收入　　　　　　　　　　　　　　　　　500 000
　　　　应交税费——应交增值税（销项税额）　　　　　　 85 000

（2）若乙公司在 15 天内付款：

借：银行存款　　　　　　　　　　　　　　　　　　　　　575 000
　　财务费用　　　　　　　　　　　　　　　　　　　　　 10 000
　　贷：应收账款　　　　　　　　　　　　　　　　　　　585 000

（3）若乙公司在 15 天后付款：

借：银行存款	585 000
贷：应收账款	585 000

净价法

（1）甲公司赊销发生时：

借：应收账款	575 000
贷：主营业务收入	490 000
应交税费——应交增值税（销项税额）	85 000

（2）若乙公司在 15 天内付款：

借：银行存款	575 000
贷：应收账款	575 000

（3）若乙公司在 15 天后付款：

借：银行存款	585 000
贷：应收账款	575 000
财务费用	10 000

从上述实例可以看出，总价法可以很好地反映企业销售的总过程，但可能会因客户享受现金折扣而高估应收账款和销售收入。例如，期末结账时，有些应收账款还没有超过折扣期限，如果有一部分客户享受现金折扣，则销货企业的应收账款和销售收入就会因入账时按总价确认而虚增。净价法可以避免总价法的不足，净价法下的应收账款和销售收入均按扣除现金折扣后的净额列示，能较为客观地反映销售方的财务状况和经营成果。但是净价法下，会计核算工作量大，手续繁琐。目前大多数国家采用总价法核算，我国企业会计准则规定采用总价法确定应收账款入账价值。

3. 商业折扣

商业折扣是企业为了促销在商品标价上给予的折扣。在存在商业折扣的情况下，应收账款的入账金额应按扣除商业折扣以后的实际售价确定。

例 4.24 甲公司销售一批商品给乙公司，商品价目表上标明的价格是 300 000 元，但考虑到乙公司是批量采购，甲公司给予乙公司 10% 的商业折扣。甲公司已开出发票和发出商品，乙公司尚未支付货款。该产品适用的增值税率为 17%。甲公司会计分录如下：

借：应收账款	315 900
贷：主营业务收入	270 000（300 000-300 000×10%）
应交税费——应交增值税（销项税额）	45 900

三、坏账的核算

（一）坏账损失的确认

坏账是指企业无法收回或收回的可能性极小的应收款项。因发生坏账而给企业带来的损失，称为坏账损失。显然，企业发生的赊销业务越多，发生坏账的可能性就越大。

一般来讲，企业的应收账款符合下列条件之一的，应确认为坏账：（1）债务人死亡，以其遗产清偿后仍然无法收回；（2）债务人破产，以其破产财产清偿后仍然无法收回；（3）债务人较长时间内未履行其偿债义务，并有足够的证据表明无法收回或收回的可能性极小。对于确实无法收回的应收账款，按管理权限和一定程序报经批准后作为坏账损失，转销应收账款。

企业应当在期末分析各项应收账款的可收回性，并预计可能产生的坏账损失。对预计可能发生的坏账损失，计提坏账准备。企业计提坏账准备的方法由企业自行确定。坏账准备计提方法一经确定，不得随意变更。如需变更，应当在会计报表附注中予以说明。

应当指出，对已确认为坏账的应收款项，并不意味着企业放弃了追索权，一旦重新收回，应及时入账。

（二）坏账损失的核算

坏账损失的核算方法有两种：直接转销法和备抵法。我国《企业会计准则》规定，企业只能用备抵法核算坏账损失。

1. 直接转销法

采用直接转销法时，日常核算不考虑可能发生的坏账，不计提坏账准备，只有在坏账实际发生时才作为损失计入当期损益，同时冲销应收账款。执行《小企业会计准则》的企业可以采用该方法。

例 4.25 A 公司欠甲公司的货款 8 000 元已超过 3 年，经查证，此项货款已无望收回，甲公司将该货款作坏账损失处理，假定甲公司执行《小企业会计准则》。甲公司会计分录为：

借：营业外支出　　　　　　　　　　　　　　　　　　　　　　8 000
　　贷：应收账款——A 公司　　　　　　　　　　　　　　　　　　8 000

2. 备抵法

备抵法是指按期估计可能发生的坏账损失，形成坏账准备，待坏账实际发生时，再冲销坏账准备及相应的应收账款金额。备抵法的优点在于对于可能发生的坏账损失及时入账，避免了高估资产和收益，有助于提高企业应付未来风险的能力，符合会计的稳健性原则。

采用备抵法，企业需要设置"坏账准备"账户，用来核算应收款项的坏账准备。该账户借方登记转销的应收款项及冲减多提的坏账准备金额，贷方登记本期计提的坏账准备及已确认转销的应收款项以后又收回的金额，期末贷方余额表示已计提但尚未转销的坏账准备。

资产负债表日，企业确定应收账款发生减值的，应按减记的金额，借记"资产减值损失"账户，贷记"坏账准备"账户。本期应计提的坏账准备大于其账面余额的，应按其差额计提；应计提的金额小于其账面余额的差额做相反的会计分录。

对于确实无法收回的应收账款，按管理权限报经批准后作为坏账损失，转销应收账款，借记"坏账准备"账户，贷记"应收账款"账户。

已确认并转销的应收账款以后又收回的，应按实际收回的金额，借记"应收账款"账户，贷记"坏账准备"账户；同时，借记"银行存款"账户，贷记"应收账款"账户。已确认并转销的应收账款以后又收回的，企业也可以按照实际收回的金额，借记"银行存款"账户，贷记"坏账准备"账户。

企业采用备抵法进行坏账损失核算时，首先应按期估计坏账损失。估计坏账损失的方法有销货百分比法、应收款项余额百分比法、账龄分析法和个别认定法等。

（1）销货百分比法。

销货百分比法是根据当期赊销金额的一定百分比估计当期坏账损失的方法。在该方法下，坏账损失的百分比一般是企业根据过去的经验和有关资料合理估计的。

例 4.26 甲公司 2016 年全年赊销金额为 500 000 元，根据以往资料和经验，估计坏账损失率为 2%，年末估计坏账损失为 10 000 元（500 000×2%）。会计分录为：

借：资产减值损失　　　　　　　　　　　　　　　　　　　　10 000
　　贷：坏账准备　　　　　　　　　　　　　　　　　　　　　　10 000

例 4.27 接例 4.26，2017 年 4 月，甲公司发现有 2 000 元的应收账款无法收回，按有关规定确认为坏账损失。会计分录为：

借：坏账准备　　　　　　　　　　　　　　　　　　　　　　　2 000
　　贷：应收账款　　　　　　　　　　　　　　　　　　　　　　2 000

（2）应收款项余额百分比法。

应收款项余额百分比法是根据会计期末应收款项的余额和估计的坏账计提比例，估计坏账损失，计提坏账准备的方法。

例 4.28 甲公司从 2014 年开始计提坏账准备。2014 年年末应收账款余额为 3 000 000 元，该公司的坏账提取比例为 5‰，计提的坏账准备为 15 000 元（3 000 000×5‰）。

（1）甲公司计提 2014 年会计分录为：

借：资产减值损失　　　　　　　　　　　　　　　　　　　　15 000
　　贷：坏账准备　　　　　　　　　　　　　　　　　　　　　　15 000

（2）2015 年 5 月，公司发现有 3 000 元的应收账款无法收回，经批准确认为坏账损失。会计分录为：

借：坏账准备　　　　　　　　　　　　　　　　　　　　　　　3 000
　　贷：应收账款　　　　　　　　　　　　　　　　　　　　　　3 000

（3）2015 年 12 月 31 日，公司应收账款余额为 4 500 000 元，则本年年末应计提的坏账准备为 22 500 元（4 500 000×5‰）。在计提本年坏账准备前，"坏账准备"的贷方余额为 12 000 元（15 000－3 000），则本年末应补提的坏账准备金额为 10 500 元（22 500－12 000）。会计分录为：

借：资产减值损失　　　　　　　　　　　　　　　　　　　　10 500
　　贷：坏账准备　　　　　　　　　　　　　　　　　　　　　　10 500

（4）2016 年 7 月 21 日，收到债务人偿付的上年度公司已冲销的 3 000 元坏账，款已存入本企业银行。会计分录为：

借：应收账款　　　　　　　　　　　　　　　　　　　　　　　3 000
　　贷：坏账准备　　　　　　　　　　　　　　　　　　　　　　3 000
借：银行存款　　　　　　　　　　　　　　　　　　　　　　　3 000
　　贷：应收账款　　　　　　　　　　　　　　　　　　　　　　3 000

（5）2016 年 12 月 31 日，公司应收账款余额为 3 000 000 元，本年末应计提坏账准备为 15 000 元（3 000 000×5‰）。在计提本年坏账准备前，"坏账准备"的贷方余额为

25 500元（22 500+3 000），则本年末应冲销多计提的坏账准备金额为 10 500 元（25 500-15 000）。会计分录为：

  借：坏账准备   10 500
   贷：资产减值损失   10 500

（3）账龄分析法。

账龄分析法是指根据应收款项账龄的长短来估计坏账的方法。账龄是指顾客所欠账款的时间。账龄越长，发生坏账的可能性就越大。采用账龄分析法，企业一般会对不同账龄的应收款项确定具体的坏账准备提取比例。

例 4.29 甲公司 2016 年 12 月 31 日应收账款账龄分析如表 4-2 所示。

表 4-2   **应收账款账龄分析表**

账龄	应收账款余额（元）	计提比例（%）	估计损失金额（元）
1 年以内	200 000	3	6 000
1～2 年	160 000	5	8 000
2～3 年	40 000	20	8 000
3～4 年	20 000	60	12 000
4～5 年	0	90	0
5 年以上	0	100	0
合计	420 000		34 000

由表 4-2 可以看出，甲公司 2016 年 12 月 31 日估计的坏账损失金额为 34 000 元，也就是说"坏账准备"账户的账面余额应为 34 000 元。

假定在估计坏账损失前，"坏账准备"账户有贷方余额 12 000 元，则甲公司还应计提 22 000 元（34 000-12 000）。会计分录为：

  借：资产减值损失   22 000
   贷：坏账准备   22 000

若在估计坏账损失前，"坏账准备"账户有贷方余额 49 000 元，则甲公司应冲减 15 000 元（49 000-34 000）。会计分录为：

  借：坏账准备   15 000
   贷：资产减值损失   15 000

（4）个别认定法。

个别认定法是指根据每一项应收款项的情况来估计坏账损失的方法。

在采用账龄分析法、应收款项余额百分比法等方法的时候，如果某项应收款项的可回收性与其他各项应收款项存在明显的差别，导致该项应收款项如果按照与其他应收款项同样的方法计提坏账准备，将无法真实地反映可回收金额的，可对该项应收款项采用个别认定法计提坏账准备。在同一会计期间内运用个别认定法的应收款项，应从用其他方法计提坏账准备的应收款项中剔除。

四、应收票据和应收账款在会计报表中的披露和分析

(一) 应收票据和应收账款在会计报表中的披露

在资产负债表中,"应收票据"项目反映企业持有的商业汇票的票面金额,减去已计提的坏账准备后的净额。该项目根据"应收票据"科目的期末余额,减去"坏账准备"科目中有关应收票据计提的坏账准备期末余额后的金额填列。"应收账款"项目反映企业因销售商品、产品和提供劳务等而应向购买单位收取的各种款项,减去已计提的坏账准备后的净额。该项目根据"应收账款"科目所属各明细科目的期末借方余额合计,减去"坏账准备"科目中有关应收账款计提的坏账准备期末余额后的金额填列。

(二) 应收票据和应收账款的分析

1. 应收票据分析

应收票据在确认时,由于依据的是债权人或债务人签发的商业汇票,具有法律的效力,具有较强的变现性。此外,相比较应收账款,应收票据还可以贴现和背书转让,从这一方面来说也说明应收票据具有较强的变现性。应收票据多一点的企业,货币资金就可以相对少一点。

在强调应收票据具有较强变现性的同时,还必须关注其可能给企业的财务状况造成的负面影响。我国《票据法》规定,票据贴现具有追索权,如果票据承兑人到期不能兑付,背书人负有连带付款责任。对企业而言,已贴现的商业汇票是一种"或有负债",如果已贴现的应收票据金额过大,很可能会影响企业未来的偿债能力。此外,对于到期的应收票据,如果付款人无力付款或其他原因拒付,企业只能将其转为应收账款,企业的债权将由"有期"转为"无期",这在一定程度上会影响企业的变现能力。

2. 应收账款分析

应收账款是企业一项风险比较大的资产。一方面,出现过多的应收账款,企业发生坏账的违约风险会增加,一旦出现经营合同不能兑现、付款拖欠或其他问题时,由于企业不能按期收到款项,就可能影响到企业的正常生产经营。企业为了克服现金流量不足的压力,不得不增加有息负债的规模,从而使企业负担的财务费用迅速上升。另一方面,过多的应收账款可能导致企业期末大幅计提坏账准备,导致企业期末资产减值损失大幅上升,给企业业绩造成巨大的压力。

对应收账款的分析可以从以下几方面进行。

一是对应收账款的账龄进行分析。对现有债权,按欠账期长短(即账龄)进行分类分析:一般而言,1年以内的应收账款在企业正常信用期限范围内;1~2年的应收账款虽属逾期,但也属正常;2~3年的应收账款风险较大;3年以上的应收账款通常回收的可能性极小。

二是对债务人的构成进行分析。主要包括:(1)债务人的区域构成。经济发展水平较高、法制建设条件较好及特定的经济环境较好地区的债务人,一般具有较好的还款能力;经济发展水平较为落后、法制建设条件较为薄弱及特定的经济环境较差地区的债务人,其还款能力较差。(2)债务人的所有权性质。不同所有制的企业,对其自身债务的偿还心态及偿债能力都有较大的差异。(3) 债务人的集中度。如果应收账款集中在少数债务人，只要其中任何一个债务人出现支付困难，对企业的财务影响就会很严重。因此企业应该采取措施使债务人分散化，从而分散风险。(4) 债务人和债权人的关联关系。如果企业的债务人主要来自于关联方时，应收账款收回的可能性将具有很大的不确定性。

三是对应收账款的周转情况进行分析。可以借助应收账款周转率、应收账款周转期等指标进行分析。应收账款周转率=营业收入/应收账款平均余额，应收账款周转期=360/应收账款周转率。应收账款周转率通常越高越好。如果企业的应收账款周转率显著低于同行业的平均水平，通常说明企业的应收账款过多，周转过慢，发生坏账的风险增大。

第六节 预付账款和其他应收款的核算

一、预付账款的核算

(一) 预付账款的内容

预付账款是企业按照购销合同规定，预先付给供货单位的货款，如预付的材料款、商品采购款、农副产品预购定金等。

预付账款和应收账款、应收票据虽然都属于企业的债权，但产生的原因不同。预付账款是由购货引起的，是企业预付给供货方的款项。应收账款和应收票据是由销货引起的，是企业应向购货方收取的款项。

(二) 预付账款的核算

企业应设置"预付账款"账户，核算预付账款的增减变动情况。该账户借方反映预付的款项和补付的款项，贷方反映收到货物时冲销的预付账款金额和因预付货款多余而退回的款项，期末借方余额反映企业实际预付的款项。

例 4.30 甲企业订购商品 2 000 公斤，单价 30 元/公斤，商品总价为 60 000 元，增值税额为 10 200 元。按购货合同规定，甲企业先预付供货单位 25 000 元。

(1) 甲企业预付商品款时，会计分录为：

借：预付账款   25 000
　　贷：银行存款   25 000

(2) 甲企业收到上述订购的商品并验收入库，会计分录为：

借：库存商品   60 000
　　应交税费——应交增值税（进项税）   10 200
　　贷：预付账款   70 200

(3) 甲企业补付商品款时，会计分录为：

借：预付账款   45 200
　　贷：银行存款   45 200

预付账款业务不多的企业，也可以将预付的款项直接记入"应付账款"账户的借方，不单独设置"预付账款"账户。只是在编制资产负债表时，"应付账款"明细账借方有余额的，应将其列示在"预付款项"项目。

二、其他应收款的核算

其他应收款是由销售商品或提供劳务以外的因素引起的其他各种应收、暂付款项，如职工个人借款、存出保证金、应收保险赔偿款或其他赔款等。为了便于管理和分析，应将这类应收款项与应收票据、应收账款、预付账款等区分开来，单独设置账户进行核算。

企业应设置"其他应收款"账户，核算其他应收款的形成和收回情况。企业发生其他各种应收款项时，借记"其他应收款"账户，贷记有关账户。收回其他各种应收款项时，借记有关账户，贷记"其他应收款"账户。

例 4.31　甲公司租入 A 公司包装物一批，支付押金 3 000 元。
（1）支付押金时，甲公司会计分录为：
借：其他应收款——A 公司　　　　　　　　　　　　　　　　　　　3 000
　　贷：银行存款　　　　　　　　　　　　　　　　　　　　　　　　3 000
（2）收到退还的押金时，甲公司会计分录为：
借：银行存款　　　　　　　　　　　　　　　　　　　　　　　　　3 000
　　贷：其他应收款——A 公司　　　　　　　　　　　　　　　　　　3 000

例 4.32　甲公司为职工李梅垫付应由其个人负担的住院医药费 850 元，拟从其工资中扣回。
（1）垫付医药费时，甲公司会计分录为：
借：其他应收款——李梅　　　　　　　　　　　　　　　　　　　　850
　　贷：银行存款　　　　　　　　　　　　　　　　　　　　　　　　850
（2）从工资中扣款时，甲公司会计分录为：
借：应付职工薪酬　　　　　　　　　　　　　　　　　　　　　　　850
　　贷：其他应收款——李梅　　　　　　　　　　　　　　　　　　　850

三、预付账款和其他应收款在会计报表中的披露和分析

（一）预付账款和其他应收款在会计报表中的披露

在资产负债表中，"预付账款"项目反映企业预付给供应单位的款项，减去已计提的坏账准备后的净额。该项目根据"预付账款"科目所属各明细科目的借方期末余额合计，减去"坏账准备"科目中有关预付账款计提的坏账准备期末余额后的金额填列。"其他应收款"项目反映企业对其他单位和个人的应收和暂付款项，减去已计提的坏账准备后的净额。该项目根据"其他应收款"科目的期末余额，减去"坏账准备"科目中有关其他应收款计提的坏账准备期末余额后的金额填列。

（二）预付账款和其他应收款的分析

1. 预付账款的分析

预付账款是企业按照购货合同的规定，预先支付给供货单位的货款而形成的债权。在供应商较为稳定的条件下，企业的预付账款应该按照约定转化为存货。一般情况下，企业的预付款项债权不会构成流动资产的主要部分。

如果企业的预付款项较高，可能与企业所处行业的经营特点和付款方式有关；也可能

是由企业以往的商业信用不高引起；还有可能是企业的资金以预付的名义被占用，企业资产面临减损的风险。

2. 其他应收款的分析

其他应收款即为"其他"，是由非经营事项形成的，应该不属于企业主要的债权项目，其数额及所占比例就不应过大。如果其数额过高，即为不正常现象，容易产生一些不明原因的占用。为此，要借助报表附注仔细分析其具体构成项目的内容和发生时间，特别是金额较大、时间较长、来自关联方的其他应收款。要警惕企业利用该项目粉饰利润、大股东抽逃或无偿占用资金等行为。

此外，从资产和负债的勾稽角度看，大量其他应收款的存在，意味着企业要为这部分资产融资，有可能需要付出较多的财务费用。

【练习题】

1. 甲公司发生以下经济业务：

（1）3月15日，销售一批产品给乙公司，货款为500 000元，增值税85 000元，并代垫运杂费15 000元，款项均未收到。该产品成本为420 000元。

（2）4月1日，乙公司签发一张不带息商业承兑汇票给甲公司，面值600 000元，期限3个月，结欠前欠货款。

（3）5月1日，甲公司因急需资金将汇票贴现，贴现率为6%，贴现所得款已存入银行。

要求：根据以上经济业务编制甲公司有关会计分录。

2. A企业2016年4月30日银行存款日记账账面余额为476 500元，银行对账单上企业存款余额为483 500元，经逐笔核对，发现以下未达账项：

（1）4月22日，企业开出转账支票5 000元，持票人尚未到银行办理转账。

（2）4月25日，企业送存购货单位签发的转账支票13 800元，银行尚未入账。

（3）4月26日，企业委托银行代收款项20 000元，银行已收款入账，但尚未通知企业。

（4）4月29日，银行代企业支付水电费4 200元，尚未通知企业。

要求：根据以上资料编制A企业银行存款余额调节表。

3. 乙企业2016年12月发生以下销货业务：

（1）12月1日应收账款账户借方余额为2 000 000元，坏账准备账户贷方余额为10 000元。该企业采用应收账款余额百分比法计提坏账准备，坏账准备提取比例为5‰。

（2）12月4日，销售一批产品给A公司，货款为100 000元，增值税17 000元，付款条件为"2/10，N/30"。

（3）12月11日向B公司销售产品100件，单价2 000元，增值税率17%，款项未收。

（4）12月13日，收到B公司支付的货款及增值税款，存入银行。

（5）12月20日，因质量问题B公司要求退回本月11日购买的20件商品，企业同意退货并开具红字增值税专用发票，退货款已用银行存款支付。

(6) 12 月 24 日，确认坏账损失 5 000 元。
(7) 12 月 27 日，收回前期已确认的坏账 30 000 元，存入银行。

要求：根据以上经济业务编写乙企业有关会计分录并计提 2016 年度的坏账准备。

【案例讨论】

资料：某企业 2016 年和 2015 年营业收入和应收账款数据如表 1 所示。

表 1

主要会计数据	2016 年	2015 年	本年比上年增减（%）
营业总收入（元）	25 213 901 114.49	20 699 085 204.25	21.81
应收账款（元）	4 198 677 414.85	1 991 489 548.23	110.83
经营性现金流净额（元）	475 738 928.72	3 180 144 795.08	−85
备注：公司年报注明应收款项 2016 年 12 月 31 日余额较 2015 年 12 月 31 日大幅增加的原因是公司销售规模增加，收款期限加长，应收账款大幅增加			

该企业为行业内龙头企业，市场占有份额超过 50%；但是近年来，其他企业对该企业发起了强有力的挑战。年报显示，该企业的产品 2016 年销售 141.78 亿元，同比仅增长 12%。公司应收账款 2016 年大幅度增加应该与行业竞争加剧、公司改变营销策略应对有关。

分析：
(1) 应收账款与营业收入之间的内在关系是什么？
(2) 企业应收账款的大幅增加对该企业有什么影响？

第五章 存货与销售成本

【学习目标】
1. 了解存货的概念和存货确认的条件；
2. 掌握永续盘存制和实地盘存制；
3. 掌握外购存货和自制存货的会计核算；
4. 掌握发出存货的计价方法；
5. 掌握期末存货采用成本与可变现净值孰低法的会计核算；
6. 了解存货清查的方法和会计核算；
7. 了解存货和销售成本的一般分析方法。

第一节 存货概述

一、存货的概念与确认

（一）存货的概念

存货是指企业在日常活动中持有以备出售的产成品或商品、处在生产过程中的在产品、在生产过程或提供劳务过程中耗用的材料、物料等。企业在判断一项资产是否属于存货时，必须考虑取得该项资产的目的，即该项资产在生产经营中的用途或作用。企业持有存货的最终目的通常是为了出售，不论其是否可供直接出售（如企业的产成品、商品），还是需要进一步加工后才能出售（如原材料），都属于企业的存货。但是为建造固定资产而购入的材料则不属于存货，因为企业持有固定资产的目的通常都是自用而非对外出售。

存货的品种规格繁多，分布于企业生产经营的各个环节。存货按照不同的分类标准可以分为不同的种类。最常见的是按照经济用途的分类。存货按照经济用途可以分为以下几类：

（1）原材料。指企业在生产过程中经加工改变其形态或性质并构成产品主要实体的各类原料及主要材料、辅助材料、外购半成品、修理用备件、包装材料、燃料等。为建造固定资产而购入的材料，虽然同属于材料，但其用途不符合存货的定义，所以不能作为存货核算。

（2）在产品。指企业正在制造尚未完工的产品，包括正在各个生产工序加工的产品和已加工完毕但尚未检验或已检验但尚未办理入库手续的产品。

（3）半成品。指经过一定生产过程并已检验合格交付半成品仓库保管，但尚未制造完工成为产成品，仍需进一步加工的中间产品。

（4）产成品。指企业已经完成全部生产过程并验收入库，可以按照合同规定的条件送交订货单位或者可以作为商品对外销售的产品。

（5）商品。指商品流通企业外购或委托加工完成验收入库用于销售的各种商品。

（6）周转材料。指企业能够多次使用、逐渐转移其价值但仍保持其原有形态、不符合固定资产定义的材料，如包装物、低值易耗品等。其中，包装物指为包装本企业产品而储备的各种容器，如桶、瓶、袋、箱等。低值易耗品指单位价值较低、使用期限较短、不能作为固定资产的各种用具，如工具、办公用品、玻璃器皿等。

此外，存货按照存放地点可以分为库存存货、在途存货、委托加工存货、委托代销存货等。

（二）存货的确认

存货的确认以所有权为标准，凡是所有权属于企业的存货，不论存放地点在何处，都应确认为企业的存货；反之有些存货可能由于某种原因暂时滞留本企业，但所有权不属于企业，则不能认定是企业的存货。

我国企业会计准则规定，存货只有同时满足下列条件的，才能予以确认：

（1）与该存货有关的经济利益很可能流入企业。

资产最重要的特征是其使用预期会给企业带来经济利益，而存货又是企业一项很重要的流动资产，所以对于存货的确认，也需要判断与该项存货相关的经济利益是否很可能流入企业。在实务中，主要通过判断与该项存货所有权相关的风险和报酬是否转移到了企业。

一般来说，随着存货实物的交付和所有权的转移，存货所有权上的主要风险和报酬也一并转移。例如，根据销售合同已经销售的存货，其所有权已经转移至购货方，与其相关的经济利益也由购货方获取，此时该商品应属于购货方的存货。即使该存货仍存放在销货方，也不能再确认为销货方的存货。再如，委托代销商品，由于其所有权并未转移至受托方，因而委托代销商品仍应当确认为委托企业的存货。总之，企业在判断与存货相关的经济利益能否流入企业时，主要结合该项存货所有权的归属情况进行分析确定。

（2）存货的成本能够可靠计量。

作为企业资产的组成部分，要确认存货，必须对其成本进行可靠的计量。存货的成本能够可靠计量必须以取得确凿、可靠的证据为依据，并且具有可验证性。如果存货的成本不能可靠计量，即使符合其他条件，也不能确认为存货。例如，企业承诺的订货合同，由于并没有实际发生，不能可靠确定其成本，因此就不能确认为购货方的存货。

二、存货数量的确定

（一）永续盘存制

永续盘存制又叫账面盘存制，是指企业对各项存货设置有数量和金额的明细账，平时根据各种有关凭证，逐日逐笔登记存货收入、发出的数量和金额，并随时结算存货结存数量和金额。在永续盘存制下，期末的存货数量根据下面公式计算：

期末存货数量=期初存货数量+本期收入存货数量−本期发出存货数量

永续盘存制能够在账面上随时反映任何一种存货的收入、发出、结存的数量和金额，有利于加强存货的监督和管理。同时在永续盘存制下，企业要对各种存货进行定期清查盘点，至少每年清查盘点一次，将实地清查盘点结果与账面数进行核对，能及时发现存货管理中的问题。

（二）实地盘存制

实地盘存制又叫定期盘存制，是指企业平时只根据原始凭证记录存货收入的数量和金额，不记录存货发出数额，期末对存货进行实地盘点后确定结存数量和金额，再倒算出发出存货的数量和金额。在实地盘存制下，期末存货数量是根据实地盘点结果确定的，本期发出存货的数量可根据下面公式计算：

$$本期发出存货数量 = 期初存货数量 + 本期收入存货数量 - 期末存货数量$$

采用实地盘存制，平时对于存货的发出数量不作记录，核算工作比较简便。但是，由于不能随时反映企业存货的收、发和结存情况，不利于对存货的管理。此外，由于本期发出存货数量是倒算得出，所有未列入期末库存的存货都视同发出，任何可能导致存货短缺的原因（例如盗窃、毁损）而发生的短缺数，都隐含在发出数量内，导致企业不能及时发现存货管理中的漏洞，不利于加强存货的管理。因此，企业一般不采用实地盘存制。一些小型企业，例如经营水果、蔬菜的企业，由于其经营商品的特殊性，会采用实地盘存制来确定存货的数量。

三、存货会计核算的基本流程

在实际工作中，不同企业、不同行业的经营特点各不相同，对存货的管理和会计核算也存在明显差异。例如对于批发、零售类等商业企业，其采购的存货大多用于直接销售，存货一般要经过采购、存储和销售等环节。制造业企业首先将购入的原材料等存货进行生产加工转变成产成品，然后将产成品进行出售，其存货一般要经过采购、存储、生产和销售等环节。下面以制造业企业为例说明存货会计核算的基本流程。

（一）采购阶段

制造业企业所采购的存货大多为企业生产经营中消耗的材料，包括原料及主要材料、辅助材料、外购半成品、修理用备件、包装材料、燃料等。因此在实际工作中，制造业企业通常需要开设"在途物资"账户，核算和反映存货采购成本的增减变动情况。

（二）存储阶段

制造业企业存储的存货在企业中的用途是不一样的，有的经过加工构成产品实体，如原材料；有的有助于生产经营的顺利进行，如低值易耗品、包装物；有的是生产过程中的阶段性产品，如半产品；有的是已经完成生产过程，可以直接对外销售的商品，如产成品。因此，针对生产经营过程中的各类存货，制造业企业会根据需要开设"原材料"、"生产成本"、"库存商品"等账户，核算和反映不同存货存储成本的增减变动情况。

（三）生产阶段

制造业企业处于生产过程中的存货主要是正在加工过程中的在产品。为了反映这部分存货成本，企业需要设置"生产成本"账户，核算和反映存货生产成本的增减变动情况。

（四）销售阶段

制造业企业将生产完工的产品对外出售，形成已售商品的销售成本。由于所售商品是企业自己生产的产成品，所以销售成本是由已售产成品的生产成本转化而来。实际工作中，销售成本包括主营业务成本和其他业务成本。主营业务成本是指企业因销售商品、提供劳务或让渡资产使用权等日常经营活动所发生的实际成本。其他业务成本是指企业确认的除主营业务活动以外的其他经营活动所发生的支出，包括销售材料的成本、出租固定资产的折旧额等。企业需要设置"主营业务成本"和"其他业务成本"账户，核算和反映存货销售成本的增减变动情况。

制造业企业存货会计核算的基本流程如图 5-1 所示。

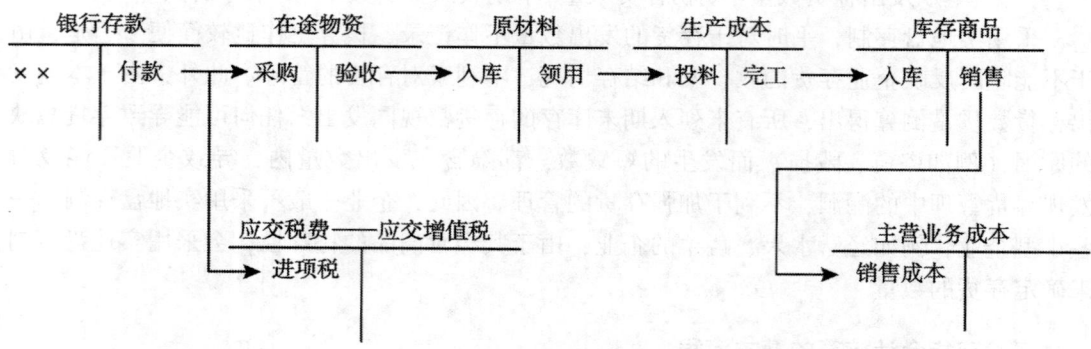

图 5-1　制造业企业存货会计核算的基本流程

注：图 5-1 仅仅包括在生产经营过程中的原材料存货成本流转信息，没有包括其他成本项目（如人工成本、制造费用）流转信息。

第二节　存货的初始计量

存货的初始计量是指取得存货时，对存货入账价值的确定。企业取得存货应当以存货的实际成本为基础，具体包括采购成本、加工成本和使存货达到目前场所和状态所发生的其他成本三个组成部分。实际工作中，企业取得存货的主要途径是外购和自制，此外还可以通过其他方式取得存货，例如接受投资者投资、债务重组等。不同方式取得的存货，其成本构成具体内容也有区别。

一、外购存货

（一）外购存货的成本

企业外购存货主要包括原材料和商品。外购存货的成本即存货的采购成本，指企业物资从采购到入库前所发生的全部合理、必要的支出，包括购买价款、相关税费、运输费、装卸费、保险费以及其他可归属于存货采购成本的费用。其中：

存货的购买价款是指企业购入的材料或商品的发票账单上列明的价款，但不包括按规定可以抵扣的增值税额。

存货的相关税费是指企业购买、自制或委托加工存货发生的进口关税、消费税、资源税和不能抵扣的增值税进项税额等应计入存货采购成本的税费。

其他可归属于存货采购成本的费用是指采购成本中除上述各项以外的可归属于存货采购的费用，例如在存货采购过程中发生的仓储费、包装费、运输途中的合理损耗、入库前的挑选整理费用等。这些费用能分清负担对象的，应直接计入存货的采购成本；不能分清负担对象的，应选择合理的分配方法，分配计入有关存货的采购成本。

商品流通企业在采购商品过程中发生的运输费、装卸费、保险费以及其他可归属于存货采购成本的费用等进货费用，应当计入存货采购成本。实务中，也可以将这些进货费用先进行归集，期末根据所购商品的销售情况进行分摊。对于已售商品的进货费用，计入当期损益（主营业务成本）；对于未售商品的进货费用，计入期末存货成本。企业采购商品的进货费用金额较小的，可以在发生时直接计入当期损益（销售费用）。

需要说明的是，存货的采购成本一般不包括：按规定可以抵扣的增值税、市内零星货物运杂费、采购人员的差旅费、采购机构的经费以及供应部门的经费等。

（二）外购存货的核算

企业应设置"材料采购"、"在途物资"、"原材料"、"库存商品"、"发出商品"、"委托加工物资"、"周转材料"等账户，分别反映各类存货的增减变动和结余情况。这些账户的借方反映该类存货的增加额，贷方反映该类存货因耗用、销售等原因而发生的减少额，期末借方余额反映该类存货的结余数。

例 5.1 甲公司采购钢材一批，价款 40 000 元，增值税为 6 800 元，共计 46 800 元。款项已通过银行支付。

（1）当钢材尚未到达公司时，应通过"在途物资"账户进行核算。"在途物资"账户核算企业已经购买但尚未到达企业或已到达企业但尚未验收入库的材料的实际成本。甲公司会计分录为：

借：在途物资　　　　　　　　　　　　　　　　　　　　　　　　　40 000
　　应交税费——应交增值税（进项税额）　　　　　　　　　　　　　6 800
　　贷：银行存款　　　　　　　　　　　　　　　　　　　　　　　　46 800

（2）当钢材到达企业并已验收入库时，应通过"原材料"账户进行核算。"原材料"账户核算企业库存的各种材料的实际成本。甲公司会计分录为：

借：原材料　　　　　　　　　　　　　　　　　　　　　　　　　　40 000
　　贷：在途物资　　　　　　　　　　　　　　　　　　　　　　　　40 000

例 5.2 A 公司 2016 年 8 月 15 日从 B 公司赊购一批原材料，价款为 50 000 元，增值税为 8 500 元，材料已验收入库。根据购货合同约定，A 公司应于 9 月 15 日前支付货款，所付现金折扣条件为"2/10，1/20，N/30"。

和赊销一样，附有现金折扣条件的赊购会计上有总价法和净价法两种。我国会计准则要求采用总价法进行会计处理。在总价法下，应付账款按照实际交易金额入账，如果购货方在折扣期限内付款，所取得的现金折扣作为理财收入直接冲减当期财务费用。本例中 A 公司采用总价法进行会计处理。

（1）2016 年 8 月 15 日 A 公司赊购原材料时，会计分录为：
借：原材料　　　　　　　　　　　　　　　　　　　　　　　50 000
　　应交税费——应交增值税（进项税额）　　　　　　　　　 8 500
　　贷：应付账款　　　　　　　　　　　　　　　　　　　　　58 500

（2）假定 2016 年 8 月 24 日 A 公司支付货款，享有 1 000 元（50 000×2%）的折扣优惠。会计分录为：
借：应付账款　　　　　　　　　　　　　　　　　　　　　　58 500
　　贷：银行存款　　　　　　　　　　　　　　　　　　　　　57 500
　　　　财务费用　　　　　　　　　　　　　　　　　　　　　 1 000

（3）假定 2016 年 9 月 10 日 A 公司支付货款，超过折扣期限，不享有任何折扣优惠。会计分录为：
借：应付账款　　　　　　　　　　　　　　　　　　　　　　58 500
　　贷：银行存款　　　　　　　　　　　　　　　　　　　　　58 500

二、自制存货

企业自制的存货，主要包括产成品、在产品、半成品、委托加工物资等，其成本由采购成本和加工成本构成。自制存货成本中采购成本是由所使用或消耗的原材料采购成本转移而来的，因此自制存货成本重点是确定存货的加工成本。

存货的加工成本由直接人工和制造费用构成。直接人工是企业在生产产品的过程中，直接从事产品生产的工人的薪酬。制造费用是指企业为生产产品和提供劳务而发生的各项间接费用，包括企业生产部门（如生产车间）管理人员的薪酬、折旧费、办公费、水电费等。

企业应设置"生产成本"账户，核算产品生产过程中发生的应计入生产成本的各种费用。"生产成本"账户的借方反映生产过程中发生的各项生产性费用，贷方反映已完工入库的产品的实际生产成本，期末借方余额反映在产品的实际生产成本。

生产完工并已验收入库的产品，应通过"库存商品"账户进行核算。"库存商品"账户的借方核算企业已完工入库的各种商品的实际成本，贷方核算已销售的商品的实际成本，期末借方余额反映库存商品的实际生产成本。

例 5.3　甲企业当月生产的 A 产品有 1 000 件已经完工入库，单位成本为 120 元。甲企业会计分录为：
借：库存商品　　　　　　　　　　　　　　　　　　　　　　120 000
　　贷：生产成本　　　　　　　　　　　　　　　　　　　　　120 000

三、其他方式取得的存货

企业取得存货的其他方式主要包括接受投资者投资、非货币性资产交换、债务重组、接受捐赠以及存货盘盈等。

投资者投入存货的成本，应当按照投资合同或协议约定的价值确定，但合同或协议约定价值不公允的除外。在投资合同或协议约定价值不公允的情况下，以该项存货的公允价值作为其入账价值。

企业以非货币性资产交换取得的存货,其入账价值应当根据该项交换是否具有商业实质以及换入存货或换出资产的公允价值是否能够可靠地计量,分别以公允价值为基础进行计量或以历史成本为基础进行计量。

企业通过债务重组取得的存货,应当按照受让存货的公允价值作为入账成本。

接受捐赠取得的存货,捐赠方提供了有关凭据(如发票、报关单、有关协议)的,按凭据上标明的金额加上应支付的相关税费作为实际成本;捐赠方没有提供有关凭据的,应按同类或类似存货的市场价格估计的金额,加上应支付的相关税费,作为实际成本;如果不存在市场价格就按该接受捐赠存货预计未来现金流量的现值,作为实际成本。

盘盈的存货应按其重置成本作为入账价值。

四、不计入存货成本的相关费用

下列费用不应计入存货成本,而应在其发生时计入当期损益。

(1)非正常消耗的直接材料、直接人工及制造费用。应将其计入当期损益,不得计入存货成本。例如企业超定额的废品损失以及由自然灾害而发生的直接材料、直接人工及制造费用,由于这些费用的发生无助于使该存货达到目前场所和状态,不应计入存货成本,而应计入当期损益。

(2)储存费用。企业在采购入库后发生的储存费用,应计入当期损益。但是,在生产过程中为达到下一个生产阶段所必需的仓储费用则应计入存货成本。例如,某种酒类产品生产企业为使生产的酒达到规定的产品质量标准,则必须发生的仓储费用,就应计入酒的成本,而不是计入当期损益。

第三节 发出存货的计价与销售成本

一、存货成本流转假设

企业的存货是不断流动的,有流入也有流出,流入与流出相抵后的结余即为期末存货,本期期末存货结转到下期即为下期的期初存货,下期继续流动,就形成了生产经营过程中的存货流转。

存货流转包括实物流转和成本流转两个方面。存货的实物流转是指存货在实际生产经营过程中的流转。存货的成本流转指外购或自制存货的成本流入及出售商品时的成本流出。从理论上讲,存货成本流转顺序应当与实物流转顺序一致,即本期发出存货应按其入库时的实际成本结转。如果存货的品种规格很少,或收发次数很少,或每批入库存货的单位成本相同,完全可以按照理论上的方法操作。但在实际工作中,这种一致的情况是非常少见的。这是因为企业的存货不仅品种繁多,而且由于存货购入的时间、产地不同或生产批次不同,使得相同存货的单位成本往往不一致,很难辨认出所发出存货的入库成本是多少。因此在计算发出存货和期末结存存货成本时需要对存货成本流转做一些假设,并以此为依据计算本期发出存货和期末结存存货的实际成本。

采用不同的存货成本流转假设，在本期发出存货和期末结存存货之间分配存货成本，就产生了不同的发出存货计价方法。目前企业可以采用的方法有个别计价法、先进先出法、月末一次加权平均法和移动加权平均法。不同的存货计价方法得出的计价结果各不相同，对企业的财务状况和经营成果也会产生一定的影响。因此，企业应当根据各类存货的实际情况，合理选择发出存货成本的计量方法，以合理确定当期发出存货的实际成本。

二、发出存货的计价方法

（一）个别计价法

个别计价法也称个别认定法、具体辨认法，是指各项发出存货及期末结存存货的单位成本以该项存货入库时的实际单位成本计价。采用这种方法，存货成本流转与实物流转完全一致，计算出来的发出及结存存货的成本比较合理、准确，但需要对每一存货的品种规格、购进时间、存放地点、单位成本等信息作详细记录，以便具体辨认各发出及结存存货的实际单位成本。采用个别计价法，日常核算比较繁琐，存货实物的保管和流转操作比较复杂。

个别计价法主要适用于单位价值高、数量少且容易辨认的存货，如高档轿车、轮船、飞机、珠宝、名画等贵重物品。

例 5.4 甲公司 2016 年 6 月 A 商品收入、发出及结存业务如表 5-1 所示。

表 5-1 　　　　　　　　　**A 商品明细账**

2016年		摘 要	收 入			发 出	结 存		
月	日		数量（件）	单价（元）	金额（元）	数量（件）	数量（件）	单价（元）	金额（元）
6	1	期初存货					500	20	10 000
	4	购入	1 200	25	30 000		1 700		
	7	销售				800	900		
	12	购入	600	30	18 000		1 500		
	19	销售				1 000	500		
	25	购入	400	40	16 000		900		
	30	期末	2 200		64 000	1 800	900		

经辨认，6 月 7 日销售的 A 商品中 800 件中，期初存货有 300 件，属于 4 日购入的有 500 件；19 日销售的 A 商品 1 000 件中，期初存货有 200 件，属于 4 日购入的有 400 件，属于 12 日购入的有 400 件。则各次发出存货及期末结存存货的成本按个别认定法计算如下：

7 日销售成本：300×20+500×25 = 18 500（元）
19 日销售成本：200×20+400×25+400×30 = 26 000（元）

期末库存存货成本：64 000+10 000-（18 500+26 000）= 29 500（元）

（二）先进先出法

先进先出法假定最先入库存货的成本最先流出企业，并根据这一成本流转假定对发出存货和期末结存存货进行计价。采用先进先出法，不管存货实物如何流转，每次发出存货时都假定发出的是库存最久的存货，期末存货则是最近入库的存货。

例5.5 以表5-1中的资料为例，在永续盘存制下，用先进先出法计算发出存货及期末结存存货成本，计算过程及结果如表5-2所示。

表5-2　　　　　　　　　　　　　　A 商品明细账

2016年		摘要	收入			发出			结存		
月	日		数量（件）	单价（元）	金额（元）	数量（件）	单价（元）	金额（元）	数量（件）	单价（元）	金额（元）
6	1	期初存货							500	20	10 000
	4	购入	1 200	25	30 000				500 1 200	20 25	40 000
	7	销售				500 300	20 25	17 500	900	25	22 500
	12	购入	600	30	18 000				900 600	25 30	40 500
	19	销售				900 100	25 30	25 500	500	30	15 000
	25	购入	400	40	16 000				500 400	30 40	31 000
	30	期末	2 200		64 000	1 800		43 000	500 400	30 40	31 000

采用先进先出法确定存货流转的成本时，假定发出的存货成本始终是最先购进的存货成本，期末存货成本是最后购进的存货成本。当物价上涨时，由于发出存货成本均已按先购入先发出的顺序来确定，从而使得企业当期发出存货成本较少，导致利润多计，期末存货价值高估。

（三）加权平均法

加权平均法是指发出存货及期末结存存货均按加权平均单位成本计价，具体又分为月末一次加权平均法和移动加权平均法两种。

1. 月末一次加权平均法

月末一次加权平均法是指以当期全部进货成本与期初存货成本之和，除以当期全部进货数量与期初存货数量之和，计算出本期的加权平均单位成本，以此为基础计算当期发出存货的成本和期末存货的成本。计算公式如下：

$$加权平均单位成本 = \frac{期初存货成本 + 本期全部进货成本}{期初存货数量 + 本期全部进货数量}$$

本期发出存货成本 = 本期发出存货数量 × 加权平均单位成本

期末库存存货成本 = 期初存货成本 + 本期全部进货成本 − 本期发出存货成本

例 5.6 以表 5-1 中的资料为例，采用月末一次加权平均法计算本月发出和期末结存存货成本如下：

$$A 商品加权平均单位成本 = \frac{500 \times 20 + 1\,200 \times 25 + 600 \times 30 + 400 \times 40}{500 + 1\,200 + 600 + 400} = 27（元）$$

本月发出存货成本 = (800 + 1 000) × 27 = 48 600（元）

月末库存存货成本 = 10 000 + 64 000 − 48 600 = 25 400（元）

采用月末一次加权平均法，发出存货的单位成本通常只有在期末时才计算，比较简单，但是由于平时无法及时从账面上提供发出和结存存货的单价和金额，不利于加强对存货的日常管理。

2. 移动加权平均法

移动加权平均法是指每入库一批存货，就根据原有库存存货数量和新入库存货数量及总金额计算出现有存货的平均单位成本，并据以确定随后发出存货的成本。计算公式如下：

$$移动加权平均单位成本 = \frac{原有存货实际成本 + 本次进货实际成本}{原有存货数量 + 本次进货数量}$$

例 5.7 以表 5-1 中的资料为例，采用移动加权平均法计算本月发出存货成本如下：

$$6 月 4 日移动加权平均单位成本 = \frac{10\,000 + 30\,000}{500 + 1\,200} = 24（元/件）$$

6 月 7 日发出存货成本 = 800 × 24 = 19 200（元）

$$6 月 12 日移动加权平均单位成本 = \frac{10\,000 + 30\,000 - 19\,200 + 18\,000}{500 + 1\,200 - 800 + 600} = 26（元/件）$$

6 月 19 日发出存货成本 = 1 000 × 26 = 26 000（元）

期末库存存货成本 = 10 000 + 64 000 − (19 200 + 26 000) = 28 800（元）

移动加权平均法在每次存货入库时都要计算新的加权平均单位成本，日常处理比较复杂，但可随时反映存货发出、结存的数量及金额，便于对存货的日常管理。

三、发出存货计价方法对销售成本的影响

通过表 5-1 的资料可以看出，在进货数量和成本、发货数量完全相同的情况下，仅仅由于采用不同的发出存货计价方法，就导致不同的销售成本。现将上述采用不同方法对表 5-1 发出存货计价的结果进行对比，如表 5-3 所示。

表 5-3　　　　　　　　　不同存货计价方法结果对比表　　　　　　　单位：元

项目	个别计价法	先进先出法	加权平均法
商品销售成本	44 500	43 000	43 600
期末存货成本	29 500	31 000	25 400

在个别计价法下，存货实物流转与成本流转完全一致，商品销售成本就是该商品的取得成本，销售成本的计算结果最为精确。在物价上升时期，采用先进先出法计算的销售成本偏低，必然导致较高的销售毛利。表 5-3 的计算结果显示，采用先进先出法计算的销售成本比采用加权平均法少 5 600 元，也就是说采用先进先出法计算的销售利润比采用加权平均法多 5 600 元。先进先出法下增加的这部分利润并不是企业开展经营获得的利润，而是一种账面的"数字利润"，不能反映企业的真实业绩。反之，在物价下降时期，采用先进先出法计算的销售成本接近于市场价格，能较合理地反映企业的销售利润。

四、发出存货的核算

例 5.8　甲企业本月生产领用材料一批，价值 70 000 元，其中直接用于生产 A 产品的为 35 000 元，用于车间生产管理的为 15 000 元，用于行政管理部门的为 6 000 元，用于销售部门的为 5 000 元，用于在建工程的为 9 000 元。

原材料被领用时按照不同的用途归入不同的账户。用于生产产品的记入"生产成本"账户，用于车间管理的记入"制造费用"账户，用于行政管理的记入"管理费用"账户，用于销售部门的记入"销售费用"账户，用于委托对外加工的记入"委托加工材料"账户，用于在建工程项目的记入"在建工程"账户。甲企业领用原材料会计分录为：

　　借：生产成本　　　　　　　　　　　　　　　　　　　　　35 000
　　　　制造费用　　　　　　　　　　　　　　　　　　　　　15 000
　　　　管理费用　　　　　　　　　　　　　　　　　　　　　 6 000
　　　　销售费用　　　　　　　　　　　　　　　　　　　　　 5 000
　　　　在建工程　　　　　　　　　　　　　　　　　　　　　 9 000
　　　贷：原材料　　　　　　　　　　　　　　　　　　　　　70 000

例 5.9　甲企业将 A 产品 800 件出售，销售单价为 200 元/件，增值税为 27 200 元，款项尚未收到，A 产品单位成本为 120 元。

（1）甲企业销售 A 产品，确认收入，会计分录为：

　　借：应收账款　　　　　　　　　　　　　　　　　　　　　187 200
　　　贷：主营业务收入　　　　　　　　　　　　　　　　　　160 000
　　　　　应交税费——应交增值税（销项税额）　　　　　　　 27 200

（2）结转 A 产品成本，会计分录为：

　　借：主营业务成本　　　　　　　　　　　　　　　　　　　 96 000
　　　贷：库存商品　　　　　　　　　　　　　　　　　　　　 96 000

例 5.10　甲企业将多余原材料进行出售，售价 3 000 元，增值税销项税额 510 元，货款尚未收到。该材料账面价值为 2 200 元。

（1）甲企业出售原材料，会计分录为：

借：应收账款　　　　　　　　　　　　　　　　　　　　3 510
　　贷：其他业务收入　　　　　　　　　　　　　　　　　　3 000
　　　　应交税费——应交增值税（销项税额）　　　　　　　510

（2）按出售原材料账面价值结转销售成本，会计分录为：

借：其他业务成本　　　　　　　　　　　　　　　　　　2 200
　　贷：原材料　　　　　　　　　　　　　　　　　　　　2 200

第四节　存货的期末计量

一、存货期末计量原则

为了在资产负债表中更合理地反映存货的价值，企业应当在资产负债表日对期末存货进行再计量。我国会计准则规定，资产负债表日，存货应当按照成本与可变现净值孰低法计量。当存货成本低于可变现净值时，存货按成本计量；当存货成本高于可变现净值时，存货按可变现净值计量，同时按照成本高于可变现净值的差额计提存货跌价准备，计入当期损益。

成本与可变现净值孰低法计量的理论基础主要是使存货符合资产的定义，并且符合谨慎性原则的要求。当存货的可变现净值下跌至成本以下时，表明该存货会给企业带来的未来经济利益低于其账面成本，因而应将这部分损失从资产价值中扣除，计入当期损益。否则，存货的可变现净值低于成本时，如果仍然以其成本计量，就会出现虚计资产的现象。而当存货的可变现净值高于成本时，必须以成本计量，否则会虚计当期利润和资产。

二、存货可变现净值的含义及确认原则

（一）可变现净值的含义

存货的可变现净值是指在正常生产经营活动中，以存货的估计售价减去至完工估计将要发生的成本、估计的销售费用以及相关税金后的金额。可变现净值具有以下特征：

（1）确定存货可变现净值的前提是企业在进行日常活动。如果企业不是在进行正常的生产经营活动，如企业处于清算过程，那么就不能采用成本与可变现净值孰低法确认期末存货价值。

（2）可变现净值为存货的预计未来净现金流量，而不是存货的售价或合同价。企业预计的销售存货现金流量，并不完全等于存货的可变现净值。存货在销售过程中可能发生的销售费用和相关税费，以及为达到预定可销售状态还可能发生的加工成本等相关支出，构成现金流入的抵减项目。企业预计的销售存货现金流量，扣除这些抵减项目后，才能确定存货的可变现净值。

（3）不同存货可变现净值的构成不同。产成品、商品和用于出售的材料等直接用于出售的商品存货，在正常生产经营过程中，应以该存货的估计售价减去估计的销售费用和

相关税费后的金额，确定其可变现净值；需要经过加工的材料存货，在正常生产经营过程中，应当以所生产的产成品的估计售价减去至完工时估计将要发生的成本、估计的销售费用和相关税费后的金额，确定其可变现净值。

（二）确定存货可变现净值的基本原则

企业在确定存货的可变现净值时，应当以取得的确凿证据为基础，并且考虑持有存货的目的、资产负债表日后事项的影响等因素。

（1）确定存货的可变现净值必须建立在取得确凿证据的基础上。

存货可变现净值的确凿证据，是指对确定存货的可变现净值有直接影响的确凿证明，如产成品或商品的市场销售价格、与产成品或商品相同或类似商品的市场销售价格、销货方提供的有关资料和生产成本资料等。

（2）确定存货的可变现净值应当考虑存货的持有目的。

由于企业持有存货的目的不同，确定存货可变现净值的计算方法也不同。如用于出售的存货和用于继续加工的存货，其可变现净值的计算就不相同。企业持有存货的目的，一般可以分为：

①持有以备出售的存货，如商品、产成品等直接以出售为目的的存货，其可变现净值以正常生产经营过程中，该存货的估计售价减去估计的销售费用和相关税费后的金额计算；

②将在生产过程或提供劳务过程中耗用的存货，如需要经过加工的材料，其可变现净值以正常生产经营过程中，所生产的产成品的估计售价减去至完工时估计将要发生的成本、估计的销售费用和相关税费后的金额计算。

（3）确定存货的可变现净值应当考虑资产负债表日后事项等的影响。

确定存货可变现净值时，应当以资产负债表日取得最可靠的证据估计的售价为基础并考虑持有存货的目的，资产负债表日至财务报告批准报出日之间存货售价发生波动的，如有确凿证据表明其对资产负债表日存货已经存在的情况提供了新的或进一步的证据，则在确定存货可变现净值时应当予以考虑，否则，不应予以考虑。

三、可变现净值确定的具体方法

（一）备售存货可变现净值的确定

对企业持有的各类备受存货，确定其可变现净值时，最关键的问题是确定估计售价。企业应当区别以下情况确定存货的估计售价。

（1）为执行销售合同或劳务合同而持有的存货。对这些存货通常应以产成品或商品的合同价格作为其可变现净值的计算基础。如果企业与购买方签订了销售合同，并且销售合同订购的数量等于企业持有存货的数量，在确定与该项销售合同直接相关存货的可变现净值时，应以销售合同价格作为其可变现净值的计算基础。如果企业销售合同所规定的标的物还没有生产出来，但持有专门用于该标的物生产的原材料，其可变现净值也应以合同价格作为计算基础。

例 5.11 2016 年 11 月 1 日，甲公司与乙公司签订了一份不可撤销的销售合同，双方约定，2017 年 2 月 1 日，甲公司应按每台 600 000 元的价格向乙公司提供 A 型机器

100 台。

2016 年 12 月 31 日，甲公司 A 型机器的单位成本为 520 000 元，数量为 100 台。

2016 年 12 月 31 日，A 型机器的市场销售价格为 580 000 元。

根据甲公司与乙公司签订的销售合同，该批 A 型机器的销售价格已由销售合同约定，并且其库存数量等于销售合同约定的数量，因此，确定 A 型机器的可变现净值应以销售合同约定的价格 60 000 000 元（600 000×100）作为计算基础。

（2）超过销售合同订购数量的存货。如果企业持有存货的数量多于销售合同订购数量，超出部分的存货可变现净值应以产成品或商品的一般销售价格（即市场售价）作为计算基础。

例 5.12 2016 年 12 月 1 日，甲公司与丙公司签订了一份不可撤销的销售合同，双方约定，2017 年 2 月 1 日，甲公司应按每台 50 000 元的价格向乙公司提供 B 型机器 60 台。

2016 年 12 月 31 日，甲公司 A 型机器的单位成本为 45 000 元，数量为 70 台。

2016 年 12 月 31 日，A 型机器的市场销售价格为 60 000 元。

根据该销售合同，甲公司库存的 60 台 B 型机器的销售价格已由销售合同约定，其余 10 台并没有由销售合同约定。因此，对于销售合同约定的 60 台 B 型机器的可变现净值应以销售合同约定的价格 3 000 000 元（50 000×60）作为计算基础，而对于超出的 10 台 B 型机器的可变现净值应以市场销售价格 600 000 元（60 000×10）作为计算基础。

（3）持有存货数量少于销售合同订购数量。如果企业持有存货的数量少于销售合同订购数量，实际持有与该销售合同相关的存货应以销售合同所规定的价格作为可变现净值的计算基础。

（4）没有销售合同约定的存货（不包括用于出售的材料），其可变现净值应当以产成品或商品的一般销售价格（即市场售价）作为计算基础。

（5）用于出售的材料等通常以市场价格作为其可变现净值的计算基础。这里的市场价格是指材料等的市场销售价格。如果用于出售的材料存在销售合同约定，应按合同价格作为其可变现净值的计算基础。

（二）材料存货可变现净值的确定

企业持有材料的目的主要是用于生产产品。材料存货的期末价值，应当与该材料所生产的产成品的可变现净值与成本的比较为基础加以确定。具体分为以下两种情况：

（1）如果用该材料生产的产成品的可变现净值预计高于成本，则该材料仍然应按成本计量。

例 5.13 2016 年 12 月 31 日，甲公司库存丙材料的账面成本为 300 000 元，市场售价为 270 000 元，假定不发生其他销售费用。用丙材料生产的产成品的账面成本为 500 000 元，该产成品的可变现净值为 550 000 元。

根据上述资料可知，2016 年 12 月 31 日，丙材料的账面成本（300 000 元）高于其市场价格（270 000 元），但是由于用其生产的产成品的可变现净值（550 000 元）高于其成本（500 000 元），也就是用该材料生产的最终产品并没有发生价值减损，因此，即使丙材料账面成本高于市场价格，仍应该按 300 000 元列示在 2016 年 12 月 31 日的资产负债表的存货项目中。

（2）如果材料价格的下降表明产成品的可变现净值低于成本，则该材料应按可变现净值计量。

四、存货跌价准备的计提和转回

企业应当定期对存货进行检查，期末如果由于存货毁损、贬值或销售价格低于成本等原因，使存货可变现净值低于其成本，应按其可变现净值低于成本的差额，计提存货跌价准备。

（一）存货减值的判断依据

如发现有下列情况之一，企业应当考虑计提存货跌价准备：

（1）该存货的市场价格持续下跌，并且在可预见的未来无回升的希望；

（2）企业使用该项原材料生产的产品的成本高于产品的销售价格；

（3）企业因产品更新换代，原有库存原材料已不适应新产品的需要，而该原材料的市场价格又低于其账面成本；

（4）因企业所提供的商品或劳务过时或消费者偏好改变而使市场的需求发生变化，导致市场价格逐渐下跌；

（5）其他足以证明该项存货实质上已经发生减值的情形。

存货存在下列情形之一的，通常表明存货的可变现净值为零：

（1）已霉烂变质的存货；

（2）已过期且无转让价值的存货；

（3）生产中已不再需要，并且已无使用价值和转让价值的存货；

（4）其他足以证明已无使用价值和转让价值的存货。

（二）存货跌价准备计提的核算

（1）按单项存货计提存货跌价准备。企业在计提存货跌价准备时通常应以单个存货项目为基础，即企业应将每个存货项目的成本与其可变现净值逐一进行比较，按较低者计量存货，并按成本高于可变现净值的差额，计提存货跌价准备。

企业应设置"存货跌价准备"账户，核算存货跌价准备的计提和转回。"存货跌价准备"借方核算本期计提的存货跌价准备，贷方核算本期转回或转出的存货跌价准备，期末贷方余额反映已计提但尚未转销的存货跌价准备。企业应根据计算出的存货跌价准备金额，借记"资产减值损失"账户，贷记"存货跌价准备"账户。

例 5.14 甲公司从 2015 年开始对存货计提跌价准备。2015 年 12 月 31 日，A 产品的账面成本为 600 000 元，经计算其可变现净值为 520 000 元。

2015 年 12 月 31 日，甲公司计提存货跌价准备 80 000 元（600 000-520 000），会计分录为：

借：资产减值损失　　　　　　　　　　　　　　　　　　　　　　80 000
　　贷：存货跌价准备　　　　　　　　　　　　　　　　　　　　　　80 000

（2）按存货类别计提存货跌价准备。对于数量繁多、单价较低的存货，企业可以按存货类别计量成本与可变现净值，即按存货类别的成本的总额与可变现净值的总额进行比较，每个存货类别均取较低者确定存货期末价值。

（三）存货跌价准备转回的核算

资产负债表日，如果以前减记存货价值的影响因素已经消失，则减记的金额应予以恢复，并在原已计提的存货跌价准备的金额内转回，转回的金额计入当期损益。转回的存货跌价准备与计提该准备的存货项目应存在直接对应关系，转回的金额以将存货跌价准备余额冲减至零为限。

例 5.15　接例 5.14，如果 2016 年 12 月 31 日，A 产品的账面成本为 450 000 元，经计算其可变现净值为 600 000 元。

2016 年 12 月 31 日，A 产品的可变现净值高于其账面成本 150 000 元（600 000 - 450 000），应按账面成本反映 A 产品期末价值，此时"存货跌价准备"账户原有贷方余额为 80 000 元，所以应转回存货跌价准备 80 000 元（即"存货跌价准备"账户期末应没有余额）。会计分录为：

借：存货跌价准备　　　　　　　　　　　　　　　　　　　　　　80 000
　　贷：资产减值损失　　　　　　　　　　　　　　　　　　　　　　80 000

（四）存货跌价准备结转的核算

企业对于已经计提了跌价准备的存货，如果在生产经营过程中被领用、销售或由于其他原因转出时，应当对已计提的存货跌价准备进行结转。

例 5.16　甲公司本月生产领用 A 材料 60 000 元，已计提 A 材料存货跌价准备 4 000 元。会计分录为：

借：生产成本　　　　　　　　　　　　　　　　　　　　　　　　60 000
　　贷：原材料　　　　　　　　　　　　　　　　　　　　　　　　60 000
借：存货跌价准备　　　　　　　　　　　　　　　　　　　　　　　4 000
　　贷：生产成本　　　　　　　　　　　　　　　　　　　　　　　　4 000

例 5.17　甲公司本月销售 B 产品 2000 件，销售单价 30 元/件，共计收入 60 000 元，增值税为 10 200 元，款项尚未收到。B 产品成本为 45 000 元。已计提存货跌价准备 8 000 元。会计分录为：

（1）确认销售收入时：

借：应收账款　　　　　　　　　　　　　　　　　　　　　　　　70 200
　　贷：主营业务收入　　　　　　　　　　　　　　　　　　　　　60 000
　　　　应交税费——应交增值税（销项税）　　　　　　　　　　　10 200

（2）结转销售成本时：

借：主营业务成本　　　　　　　　　　　　　　　　　　　　　　45 000
　　贷：库存商品　　　　　　　　　　　　　　　　　　　　　　　45 000

同时，结转相应的存货跌价准备：

借：存货跌价准备　　　　　　　　　　　　　　　　　　　　　　　8 000
　　贷：主营业务成本　　　　　　　　　　　　　　　　　　　　　　8 000

第五节 存货清查

一、存货清查的意义和方法

存货是企业一项非常重要的流动资产，企业储存的存货品种很多，收发频繁，难免在日常收发、计量和计算上出现差错，再加上自然损耗、丢失和毁损，往往会造成盘盈、盘亏和毁损等账实不符的现象。为了加强对存货的管理，维护存货的安全完整，企业必须定期或不定期地对存货进行盘点和核对，确保存货账实相符。

存货的清查一般采用实地盘点法、技术推算法、函证核对法等方法。其程序是：先将已经收发的存货数量全部登记入账，然后对各类存货展开盘点，并在盘点表中登记各种存货的编号、名称、规格、存放地点及其实存数量，并与账面结存数量进行核对。对于账实不符的存货，应查明原因，分清责任，提出相应的处理意见。

二、存货盘盈与盘亏的核算

存货清查后，如果实存数与账存数一致，表明账实相符，不需进行账务处理；如果实存数与账存数不一致，就会出现盘盈或盘亏。企业应设置"待处理财产损溢——待处理流动资产损溢"账户，核算存货的盘盈或盘亏。

（一）存货盘盈的核算

存货盘盈是指存货的实存数大于账面结存数的差额。当出现存货盘盈时，根据已查明的存货盘盈数量，将同类或类似存货的市场价格作为实际成本，借记"原材料"、"库存商品"等账户，贷记"待处理财产损溢——待处理流动资产损溢"账户。查明原因，根据审批意见，借记"待处理财产损溢——待处理流动资产损溢"账户，贷记"管理费用"或"营业外收入"账户。

例 5.18 甲公司在存货清查中盘盈了价值 1 000 元的材料，经查明原因上报批准后作为营业外收入处理。

（1）盘盈时甲公司会计分录为：

借：原材料　　　　　　　　　　　　　　　　　　　　　　　　　　　1 000
　　贷：待处理财产损溢——待处理流动资产损溢　　　　　　　　　　　1 000

（2）报经批准后会计分录为：

借：待处理财产损溢——待处理流动资产损溢　　　　　　　　　　　　　1 000
　　贷：营业外收入　　　　　　　　　　　　　　　　　　　　　　　　1 000

例 5.19 甲公司在存货清查中盘盈了 5 千克 A 材料，价值 500 元。经查属于收发计量上的差错。

（1）盘盈时甲公司会计分录为：

借：原材料　　　　　　　　　　　　　　　　　　　　　　　　　　　　500
　　贷：待处理财产损溢——待处理流动资产损溢　　　　　　　　　　　　500

（2）报经批准后会计分录为：

借：待处理财产损溢——待处理流动资产损溢　　　　　　　　　　500
　　贷：管理费用　　　　　　　　　　　　　　　　　　　　　　　　　500

（二）存货盘亏的核算

存货盘亏是指存货的实存数小于账面结存数的差额。当出现存货盘亏时，根据已查明的存货盘亏数量，按其账面成本予以转销，借记"待处理财产损溢——待处理流动资产损溢"账户，贷记"原材料"、"库存商品"等账户。查明原因后，根据造成亏损的不同原因进行相应的会计处理。属于定额内自然损耗造成的短缺，计入管理费用；属于收发计量差错和管理不善等原因造成的短缺或毁损，将扣除过失人和保险公司赔款以及残余价值后的净损失，计入管理费用；属于自然灾害或意外事故造成的毁损，将扣除过失人和保险公司赔款以及残余价值后的净损失，计入营业外支出。

例 5.20　甲企业 2016 年对其存货进行清查，在清查中发现少了价值 1 000 元的商品。经查，其中 600 元属于定额内损耗，400 元属于保管人员失职造成的损失。

（1）盘亏时甲企业会计分录为：

借：原材料　　　　　　　　　　　　　　　　　　　　　　　　　　1 000
　　贷：待处理财产损溢——待处理流动资产损溢　　　　　　　　　　　1 000

（2）报经批准后会计分录为：

借：管理费用　　　　　　　　　　　　　　　　　　　　　　　　　　600
　　其他应收款　　　　　　　　　　　　　　　　　　　　　　　　　400
　　贷：待处理财产损溢——待处理流动资产损溢　　　　　　　　　　　1 000

第六节　存货与销售成本的披露和分析

一、存货与销售成本的披露

（一）存货的披露

在资产负债表中，"存货"项目反映企业期末在库、在途和在加工中的各种存货的可变现净值。该项目根据"材料采购"、"原材料"、"低值易耗品"、"库存商品"、"周转材料"、"委托加工物资"、"生产成本"等科目的期末余额合计，减去"存货跌价准备"科目的期末余额后的金额填列。

在会计报表附注中，企业应当披露与存货有关的下列信息：（1）各类存货的期初和期末账面价值；（2）确定发出存货成本所采用的方法；（3）存货可变现净值的确定依据，存货跌价准备的计提方法，当期计提的存货跌价准备的金额，当期转回的存货跌价准备的金额，以及计提和转回的有关情况；（4）用于担保的存货账面价值。

（二）销售成本的披露

销售成本在利润表中以"营业成本"项目进行反映。"营业成本"项目反映企业经营主要业务和其他业务发生的实际成本总额。该项目根据"主营业务成本"和"其他业务成本"科目的发生额合计分析填列。在会计报表附注中，还应详细披露营业成本的构成。

二、存货与销售成本的分析

存货是企业一项重要的流动资产,在总资产中所占比重较大。存货过多,通常意味着存在商品积压,企业流动资金被大量占用,会给企业带来持有成本(机会成本、仓储成本等)和持有风险(过期风险、降价风险等)。企业为了克服现金流量的不足,不得不增加有息负债的规模,从而使企业负担的财务费用迅速上升。同时,期末计提大量的跌价准备将导致企业期末资产减值损失大幅上升,给企业业绩造成巨大的压力。

对存货和销售成本的分析可以从以下几方面进行。

一是对存货的品种构成进行分析。在企业生产和销售多种产品的条件下,不同品种的产品盈利能力、技术状态、市场发展前景及产品的抗变能力等都存在较大的差异。过分依赖某一种产品或几种产品的企业,极有可能因产品出现问题而使企业整体受到重创。一般来说,品种多元化且处于正常周转状态的企业存货质量较高,品种比较单一的企业存货质量较差。对于那些虽然品种较为单一,但处于正常周转的企业存货的前景,还要结合未来市场竞争情况进行分析和判断。

二是分析存货在总资产中的比例。企业可以将存货占总资产的比例与同行业其他企业的情况进行比较。一般来说,每个行业都有其独特的存货结构。如果企业的存货占总资产的比例显著超过同行业的平均水平,则往往说明存货过多。

三是结合销售成本对存货的周转情况进行分析。存货的周转是指存货一年周转的次数或周转一次需要的时间,可以借助存货周转率、存货周转期等指标进行分析。存货周转率=营业成本/存货平均余额,存货周转期=360/存货周转率。存货周转率通常越高越好。如果存货的周转率显著低于同行业的一般水平,则往往说明存货过多,周转过慢,资金积压严重。

四是分析存货的期末计价和存货跌价准备计提的合理性。我国现行会计准则规定,资产负债表日,存货应当按照成本与可变现净值孰低计量。存货的成本高于其可变现净值的,按其差额计提存货跌价准备。在很多情况下,对存货可变现净值的确定和对存货跌价准备的计提将难以避免地受到主观因素的影响,一些企业利用存货项目种类繁杂、金额庞大、计价方法多样性、审计难度大等特点,采用非法手段,将呆滞、积压等已经失去变现性的存货在存货项目中长期挂账,以隐蔽潜在的亏损局面;或通过存货跌价准备计提来进行巨额摊销,为来年扭亏为盈提供机会。因此,会计信息使用者要认真了解存货的计价方法、可变现净值的确定依据、存货跌价准备的计提方法,从而判断企业业绩的变化,究竟是实际经营状况发生的变化,还是由于存货核算方式的变化引起的。

五是分析发出存货采用的计价方法。前已述及,企业发出存货时采用不同的计价方法,必然对当期销售成本产生影响,也必然对销售毛利率产生影响。在进行企业之间的横向比较时应该特别注意这一点。

【练习题】

1. A 企业 2016 年 4 月份发生以下经济业务:
(1) 5 日,购买甲材料 6 000 千克,收到增值税专用发票一张,注明货款 12 000 元,增值额 2 040 元，甲材料尚未运达企业，款项尚未支付。

（2）8 日，生产车间生产产品领用甲材料 5 000 元，乙材料 4 000 元。

（3）12 日，5 日购买的甲材料已运达企业并已验收入库，企业开出转账支票一张偿付货款。

（4）20 日，购入乙材料 500 公斤，收到增值税专用发票一张，注明货款 9 000 元，增值额 1 530 元，乙材料已运达企业并已验收入库，企业开出商业承兑汇票一张。

（5）25 日，销售商品一批，共计价款 80 000 元，增值税 13 600 元，款项已收到并存入银行。

要求：根据上述经济业务编制 A 企业有关会计分录。

2. 甲公司 2016 年 7 月份 A 材料收发情况如下：7 月 1 日结存 4 000 公斤，单价 3 元；7 月 8 日购入 2 000 公斤，单价 3.3 元；7 月 15 日发出 5 600 公斤；7 月 18 日购入 3 000 公斤，单价 3.4 元；7 月 23 日发出 3 200 公斤；7 月 26 日购入 3 800 公斤，单价 3.6 元；7 月 30 日发出 2 000 公斤。该企业存货采用永续盘存制。

要求：如果你是该公司的财务总监，要想当月交出一份业绩较优的会计报表给董事会，应采用何种存货的发出计价方法？为什么？

【资料链接】

从法尔莫公司看存货舞弊的手段和方法[①]

上市公司出于完成财务计划、维持或提升股价、增资配股、获取贷款、保住上市资格等目的，常常采用各种手段虚报利润。常见的利润操纵手段包括滥用会计政策及会计估计变更、错误确认费用及负债、不恰当核算特殊交易（如债务重组、关联交易）等。

在形形色色的利润操纵手法中，资产造假占据了主要地位。造假的公司一般使用五种手段来非法提高资产价值和虚增盈利，即虚构收入、虚假的时间差异、隐瞒负债和费用、虚假披露以及资产计价舞弊。其中资产计价舞弊是资产造假的惯用手法。而存货项目因其种类繁多并且具有流动性强、计价方法多样的特点，导致存货高估构成资产计价舞弊的主要部分。

中外上市公司中，涉及存货舞弊的案例为数众多，其中比较著名的有麦克森 & 罗宾斯公司、斯温道色拉油公司、权益基金、ZZZZ 百斯特公司、法尔莫公司以及中国的红光实业公司、天津广夏（集团）公司等。下面就以美国法尔莫公司为例来对存货的舞弊手段和方法进行分析。

一、法尔莫公司存货舞弊手法

从孩提时代开始，米奇·莫纳斯就喜欢几乎所有的运动，尤其是篮球。但是因天资及身高所限，他没有机会到职业球队打球。然而，莫纳斯确实拥有一个所有顶级球

---

① 本案例资料参考《财务与会计》2002 年第 2 期《存货的"奥秘"——美国法尔莫公司会计报表舞弊案例分析》，编者进行了改动。

员共有的特征，那就是他有一种无法抑制的求胜欲望。

莫纳斯把他无穷的精力从球场上转移到他的董事长办公室里。他首先设法获得了位于俄亥俄州阳土敦市的一家药店，在随后的十年中他又收购了另外299家药店，从而组建了全国连锁的法尔莫公司。不幸的是，这一切辉煌都是建立在资产造假——未检查出来的存货高估和虚假利润的基础上的，这些舞弊行为最终导致了莫纳斯及其公司的破产。同时也使为其提供审计服务的"五大"事务所损失了数百万美元。下面是这起案件的经过：

自获得第一家药店开始，莫纳斯就梦想着把他的小店发展成一个庞大的药品帝国。其所实施的策略就是他所谓的"强力购买"，即通过提供大比例折扣来销售商品。莫纳斯首先做的就是把实际上并不盈利且未经审计的药店报表拿来，用自己的笔为其加上并不存在的存货和利润。然后凭着自己空谈的天分及一套夸大了的报表，在一年之内骗得了足够的投资用以收购8家药店，奠定了他的小型药品帝国的基础。这个帝国后来发展到了拥有300家连锁店的规模。一时间，莫纳斯成为金融领域的风云人物。

在一次偶然的机会导致这个精心设计的、至少引起5亿美元损失的财务舞弊事件浮出水面之时，莫纳斯和他的公司炮制虚假利润已达十年之久。这实在并非一件容易的事。当时法尔莫公司的财务总监认为因公司以低于成本出售商品而招致了严重的损失，但是莫纳斯认为通过"强力购买"，公司完全可以发展得足够大，以使得它能顺利地坚持它的销售方式。最终在莫纳斯的强大压力下，这位财务总监卷入了这起舞弊案件。在随后的数年之中，他和他的几位下属保持了两套账簿，一套用以应付注册会计师的审计，另一套反映糟糕的现实。

他们先将所有的损失归入一个所谓的"水桶账户"，然后再将该账户的金额通过虚增存货的方式重新分配到公司的数百家成员药店中。他们仿造购货发票、制造增加存货并减少销售成本的虚假记账凭证、确认购货却不同时确认负债、多计或加倍计算存货的数量。财务部门之所以可以隐瞒存货短缺是因为注册会计师只对300家药店中的4家进行存货监盘，而且他们会提前数月通知法尔莫公司他们将检查哪些药店。管理人员随之将那4家药店堆满实物存货，而把那些虚增的部分分配到其余的296家药店。如果不考虑其会计造假，法尔莫公司实际已濒临破产。在最近一次审计中，其现金已紧缺到供应商因其未能及时支付购货款而威胁取消对其供货的地步。

注册会计师们一直未能发现这起舞弊，他们为此付出了昂贵的代价。这项审计失败使会计师事务所在民事诉讼中损失了3亿美元。那位财务总监被判33个月的监禁，莫纳斯本人则被判入狱5年。

二、法尔莫公司存货舞弊案例分析

从法尔莫公司的存货舞弊案可以看出，法尔莫公司主要是通过虚构存货进行舞弊。现实中，存货的价值确定涉及两个要素：数量和价格。确定现有存货的数量常常比较困难，因为货物总是在不断地被购入和销售；不断地在不同存放地点间转移以及投入生产过程之中。存货单位价格的计算同样可能存在问题，因为采用先进先出法、后进先出法、加权平均法以及其他的计价方法所计算出来的存货价值将不可避免地存在较大的差异。正因如此，复杂的存货账户体系往往成为极具吸引力的舞弊对象。存货舞弊的主要手段和方法有：

（一）通过存货的取得环节进行舞弊

（1）虚构存货。正如莫纳斯所做的那样，一个极易想到的增加存货资产价值的方法是对实际上并不存在的项目编造各种虚假资料，如没有原始凭证支持的记账凭证、夸大存货盘点表上存货数量、伪造装运和验收报告以及虚假的定购单，从而虚增存货的价值。因为很难对这些伪造的材料进行有效识别，注册会计师往往需要通过其他的途径来证实存货的存在与估价。

（2）违规分摊采购成本。在核算购入材料的采购成本时，能够直接计入各种材料的采购成本不直接计入，或将应按一定比例分摊计入各种材料的采购成本不按规定进行合理的分摊。

（二）通过存货的发出环节进行舞弊

（1）材料假出库，虚列成本费用。一些企业为了逃避所得税，采用办理假出库手续，虚列材料费用，人为提高产品生产成本，进而增加产品销售成本，相应地虚减利润总额。

（2）随意变更存货的计价方法。

（三）利用存货盘点进行舞弊

（1）操纵存货盘点。如果存货存在舞弊，在大多数情况下，其账面数与实存数是不一致的，为了应付审计或检查，企业往往通过操纵存货盘点来掩盖账实不符。如临时向同行借入商品以虚增存货价值，转移商品以虚减存货价值，伪造提货单以掩盖已被盗卖的商品，以货到票未到的商品抵作被挪用的商品等。

（2）不报毁损，虚盈实亏。个别企业为了掩盖其不景气的经营状况，搞虚盈实亏，对年终财产清查中已经查明的毁损材料，不列表呈报。

（3）材料盘盈、盘亏，不作转账处理。对实地盘点过程中发现的盘盈、盘亏，不进行正确的会计处理，人为调节利润。经济效益较好的企业，为了压低利润，只列报和处理材料盘亏，对材料盘盈隐匿不报和不作转账处理；效益不好的企业，为了争取多实现一部分利润，采取只对材料盘盈作转账处理，而对材料盘亏留待下年度处理的做法；还有的企业随意转账，将盘盈材料记入"其他业务收入"，或将盘盈、盘亏与物资储备中发生的非常损失或溢出金额相互冲销，不转出其相应的"进项税额"，以增加增值税的抵扣数。

（四）利用存货的特殊业务进行舞弊

企业通过利用与存货有关的债务重组、非货币性交易、关联方交易、滥用会计政策及会计估计变更、虚假的时间性差异、虚假披露等手段操纵利润。

第六章　长期资产及其摊销

【学习目标】
1. 理解持有至到期投资的含义与确认条件；
2. 掌握可供出售金融资产的含义与确认条件；
3. 理解长期股权投资的含义与确认条件；
4. 掌握固定资产的含义与确认条件；
5. 理解无形资产及商誉的含义与确认条件；
6. 理解投资性房地产的含义与确认条件；
7. 了解各类长期资产的会计处理、披露、分析和管理。

企业总资产中不符合流动资产条件的所有资产都被划入长期资产。长期资产的流动性较差，不容易转化为现金，但是它能够在未来几年给企业带来收益。长期资产是企业拥有的变现周期在一年以上或者一个营业周期以上的资产，一般是支出资本化的结果，即支出发生后被资本化，在未来若干年资产受益期中逐步转化为费用。长期资产主要包括持有至到期投资、可供出售金融资产、长期股权投资、固定资产、无形资产、商誉、投资性房地产、生产性生物资产、油气资产、长期待摊费用、递延所得税资产和其他长期资产等。

本章将重点对持有至到期投资、可供出售金融资产、长期股权投资、固定资产、无形资产、商誉和投资性房地产的确认、计量等会计问题进行简明阐述，便于初学者对企业比较重要的常见长期资产进行整体上的把握与理解。

第一节　长期金融资产

一、长期金融资产的概念与比较

长期金融资产是企业持有期间一年以上的金融资产。为了便于比较分析，本节将持有至到期投资和可供出售金融资产合并为长期金融资产进行介绍。

我国《企业会计准则第22号——金融工具的确认和计量》规定，金融资产应当在初始确认时划分为下列四类：

（1）以公允价值计量且其变动计入当期损益的金融资产，包括交易性金融资产和指定为以公允价值计量且其变动计入当期损益的金融资产；

（2）持有至到期投资；

（3）贷款和应收款项；

(4) 可供出售金融资产。

其中，交易性金融资产主要是企业为了近期出售而持有的金融资产，包括以赚取差价为目的从二级市场购入的股票、债券和基金等。持有至到期投资，是指到期日固定、回收金额固定或可确定，且企业有明确意图和能力持有至到期的非衍生金融资产，包括企业从二级市场购入的准备持有至到期的国债和公司债券等。可供出售金融资产，是指初始确认时即被指定为可供出售的非衍生金融资产，以及除下列各类资产以外的金融资产：（1）贷款和应收款项；（2）持有至到期投资；（3）以公允价值计量且其变动计入当期损益的金融资产。

从定义可以发现，交易性金融资产、持有至到期投资和可供出售金融资产的持有意图和持有时间是不同的。其中，交易性金融资产的持有目的是近期出售，持有时间一般小于一年，属于短期金融资产；持有至到期投资的持有目的是持有至到期以获得相关的利息收益等，持有时间一般大于一年，属于长期金融资产；对于可供出售金融资产来说，企业没有明确意图将其持有至到期，也不是为了在近期出售，持有时间通常大于一年，是介于交易性金融资产和持有至到期投资之间的一项金融资产，在这里也将其划分为长期金融资产。如企业因持有意图或能力发生改变，使某项投资不再适合划分为持有至到期投资的，应当将其重分类为可供出售金融资产。

此外，从会计核算的角度来说，初始取得交易性金融资产时按照公允价值入账，相关交易费用直接计入当期损益（冲减"投资收益"账户），在后续计量时，交易性金融资产必须按照期末的公允价值进行调整，相应的价值变动计入当期损益（调整"公允价值变动损益"账户）；初始取得持有至到期投资时，应当以公允价值和相关交易费用之和作为初始入账金额，在后续计量时，应当采用实际利率法，按摊余成本进行计量；初始取得可供出售金融资产时，应当以公允价值和相关交易费用之和作为初始入账金额，在后续计量时，可供出售金融资产必须按照期末的公允价值进行调整，相应的价值变动计入所有者权益（调整"其他综合收益"账户）。

下面将具体介绍持有至到期投资和可供出售金融资产的相关内容。

二、持有至到期投资

(一) 持有至到期投资的范围

持有至到期投资，是指到期日固定，回收金额固定或可确定，且企业有明确意图和能力持有至到期的非衍生金融资产。

存在下列情况之一的，表明企业没有明确意图将金融资产投资持有至到期：

(1) 持有该金融资产的期限不确定。

(2) 发生市场利率变化、流动性需要变化、替代投资机会及其投资收益率变化、融资来源和条件变化、外汇风险变化等情况时，将出售该金融资产。但是，无法控制、预期不会重复发生且难以合理预计的独立事项引起的金融资产出售除外。

(3) 该金融资产的发行方可以按照明显低于其摊余成本的金额清偿。

(4) 其他表明企业没有明确意图将该金融资产持有至到期的情况。

常见的持有至到期投资包括准备持有至到期的国债、金融债券和公司债券，以及企业委托银行或其他金融机构向其他单位贷出的款项等。

(二) 持有至到期投资的核算

取得持有至到期投资应当按取得时的公允价值和相关交易费用之和作为初始投资成本。公允价值，是指在公平交易中，熟悉情况的交易双方自愿进行资产交换或者债务清偿的金额。在取得持有至到期投资的后续计量中，应当采用实际利率法，以摊余成本①进行计量。

为了核算持有至到期投资，企业应当设置"持有至到期投资"账户，借方反映企业取得持有至到期投资的增加额和按照公允价值进行后续计量时的增值，贷方反映到期收回的持有至到期投资的账面值，持有至到期投资按照实际利率法在各期进行摊销的金额应该调整该账户原来的账面价值。

下面举例说明持有至到期投资的核算业务：

例6.1 A公司2014年1月1日购买某企业发行的票面利率为6%，每年底支付利息，票面价值总额为10 000元，2年到期的债券，当时的市场利率也是6%。

A公司取得该项持有至到期投资时按照公允价值计量，应作如下分录：

借：持有至到期投资　　　　　　　　　　　　　　　　　　　10 000
　　贷：银行存款　　　　　　　　　　　　　　　　　　　　　　　10 000

2014年底收到利息并确认投资收益时，应作如下分录：

借：银行存款　　　　　　　　　　　　　　　　　　　　　　　600
　　贷：投资收益　　　　　　　　　　　　　　　　　　　　　　　　600

2015年底确认投资收益并收回本金时，应作如下分录：

借：银行存款　　　　　　　　　　　　　　　　　　　　　　10 600
　　贷：持有至到期投资　　　　　　　　　　　　　　　　　　　10 000
　　　　投资收益　　　　　　　　　　　　　　　　　　　　　　　600

三、可供出售金融资产

可供出售金融资产，是指初始确认时即被指定为可供出售的非衍生金融资产，以及除下列各类资产以外的金融资产：1. 贷款和应收款项；2. 持有至到期投资；3. 以公允价值计量且其变动计入当期损益的金融资产。

初始取得可供出售金融资产时，应当按照公允价值和相关交易费用之和作为初始入账金额；在后续计量时，可供出售金融资产必须按照期末的公允价值进行调整，相应的价值变动计入所有者权益（调整"其他综合收益"账户）；在处置可供出售金融资产时，应将取得的价款与账面价值的差额计入投资损益，同时将原直接计入其他综合收益的公允价值变动累计额转出，计入投资损益。

为了核算可供出售金融资产，企业应当设置"可供出售金融资产"账户，借方反映企业取得可供出售金融资产的增加额和按照公允价值进行后续计量时的增值，贷方反映依

---

① 按照实际利率法对持有至到期投资中的账面价值进行摊销，并确定摊余成本的问题比较复杂，具体内容会在中级财务会计教材中讲述。

法出售的可供出售金融资产的账面值和按照公允价值计量时的减值。

例 6.2 A 公司 2015 年 1 月 15 日以 30 000 元购买了 B 公司的一批股票，A 公司将持有的股票划分为可供出售金融资产，取得时应作如下分录：

借：可供出售金融资产　　　　　　　　　　　　　　　　　　　30 000
　　贷：银行存款　　　　　　　　　　　　　　　　　　　　　　　　30 000

2015 年 12 月 31 日，由于股票市场不景气，这批股票市价跌至 26 000 元，可供出售金融资产的公允价值变动记入"其他综合收益"，A 公司应作如下分录：

借：其他综合收益　　　　　　　　　　　　　　　　　　　　　 4 000
　　贷：可供出售金融资产　　　　　　　　　　　　　　　　　　　　 4 000

2016 年 3 月 4 日市场整体情况转好，这批股票涨至 36 000 元，A 公司将这批股票出售，在转出过去已经确认的其他综合收益之后，确认当期损益。A 公司应作如下分录：

借：银行存款　　　　　　　　　　　　　　　　　　　　　　　36 000
　　贷：可供出售金融资产　　　　　　　　　　　　　　　　　　　 26 000
　　　　其他综合收益　　　　　　　　　　　　　　　　　　　　　 4 000
　　　　投资收益　　　　　　　　　　　　　　　　　　　　　　　 6 000

四、长期金融资产的披露、分析和管理

在资产负债表中，"持有至到期投资"账户核算企业持有至到期投资的摊余成本，该账户分别以"成本"、"利息调整"和"应计利息"等进行明细核算。其中，"成本"核算取得持有至到期投资的初始计量；"利息调整"核算企业持有至到期投资取得时的溢价或折价，以及资产负债表日按实际利率法摊销的溢价或折价；"应计利息"核算一次还本付息的债权工具。"可供出售金融资产"账户核算企业可供出售金融资产的公允价值，该账户分别以"成本"、"利息调整"和"公允价值变动"等进行明细核算。其中，"成本"核算取得可供出售金融资产的初始计量；"利息调整"核算企业可供出售金融资产取得时的溢价或折价；"公允价值变动"核算可供出售金融资产资产负债表日的公允价值变动。

《企业会计准则第 22 号——金融工具确认和计量》规定：企业因持有意图或能力发生改变，使某项投资不再适合划分为持有至到期投资的，应当将其重分类为可供出售金融资产，并以公允价值进行后续计量。对于在活跃市场上有报价的金融资产，既可能划分为以公允价值计量且其变动计入当期损益的金融资产，也可能划分为可供出售金融资产；如果该金融资产属于固定到期日、回收金额固定或可确定的金融资产，则该金融资产还可能划分为持有至到期投资。某项金融资产具体应划分为哪一类，主要取决于企业管理层的风险管理、投资决策等因素。金融资产的分类应是管理层意图的如实表达。通过合理的分类核算管理，企业能得到符合自身投资效用的长期资产价值信息，也能向决策者提供长期金融资产的管理绩效信息，从而发挥会计核算的管理效能。

第二节　长期股权投资

企业持有长期金融资产的目的是为了取得相应的利息或者公允价值变动收益，与长期金融资产不同，企业持有长期股权投资是为了对子公司、联营企业或合营企业的生产经营活动进行控制、共同控制或重大影响，从而取得更长远的投资收益，与长期金融资产相比，长期股权投资往往面临更大的风险，本节将对企业的长期股权投资进行简要介绍。

一、长期股权投资的类型

我国《企业会计准则第2号——长期股权投资》（2014年修订）规定，长期股权投资是指投资方对被投资单位实施控制、重大影响的权益性投资，以及对其合营企业的权益性投资[①]。

按照对被投资单位产生的影响程度不同，长期股权投资可分为以下三种类型：

（一）控制

我国《企业会计准则第33号——合并财务报表》规定，控制是指投资方拥有对被投资方的权力，通过参与被投资方的相关活动而享有可变回报，并且有能力运用对被投资方的权力影响其回报金额。投资企业能够对被投资单位实施控制的，被投资单位为其子公司。

控制性股权投资一般包括两种情形：（1）投资企业直接拥有被投资单位50%以上的表决权资本；（2）虽不拥有被投资单位50%以上的表决权资本，但具有实质控制权。这里的实质控制权表现为：①通过与其他投资者的协议，拥有被投资单位50%以上的表决权资本；②根据章程或协议，投资企业有权控制被投资企业的财务和经营决策；③有权任免被投资单位董事会等类似权力机构的多数成员；④在董事会权力机构会议上有半数以上的投票权。

（二）共同控制

我国《企业会计准则第40号——合营安排》规定，共同控制是指按照相关约定对某项安排所共有的控制，并且该安排的相关活动必须经过分享控制权的参与方一致同意后才能决策。投资企业与其他方对被投资单位实施共同控制的，被投资单位为其合营企业。

本准则所称相关活动，是指对某项安排的回报产生重大影响的活动。某项安排的相关活动应当根据具体情况进行判断，通常包括商品或劳务的销售和购买、金融资产的管理、资产的购买和处置、研究与开发活动以及融资活动等。

（三）重大影响

我国《企业会计准则第2号——长期股权投资》（2014年修订）规定，重大影响是指投资方对被投资单位的财务和经营政策有参与决策的权力，但并不能够控制或者与其他方一起共同控制这些政策的制定。投资方能够对被投资单位施加重大影响的，被投资单位为其联营企业。

一般来说，当投资企业直接拥有被投资单位20%以上（含20%）至50%以下（不含50%）有表决权资本时，可以认为对被投资单位具有重大影响。如果所占表决权资本低于

---

① 与2006年准则相比，新准则将"对被投资单位不具有共同控制或重大影响，并且该投资在活跃市场没有报价、公允价值不能可靠计量的权益性投资"划为金融资产类别，这类投资不再属于长期股权投资。

20%，但有以下情况之一的，也可认为对被投资单位具有重大影响：（1）可以在被投资单位的董事会及类似权力机构中派有代表；（2）可以参与被投资单位的政策制定过程；（3）可以向该投资单位派出管理人员；（4）被投资单位依赖投资企业的技术资料等。

二、长期股权投资初始投资成本的确定

企业取得的长期股权投资有两种情形：（1）通过企业合并形成的长期股权投资；（2）通过其他方式取得的长期股权投资。其中，企业合并是指将两个或两个以上单独的企业合并形成一个报告主体的交易或事项。企业合并分为同一控制下的企业合并和非同一控制下的企业合并。

我国《企业会计准则第20号——企业合并》规定，同一控制下的企业合并是指参与合并的企业在合并前后均受同一方或相同的多方最终控制且该控制并非暂时性的。相应的交易双方分别为合并方和被合并方，合并日是指合并方实际取得对被合并方控制权的日期。不同的是，非同一控制下的企业合并是指参与合并的各方在合并前后不受同一方或相同的多方最终控制的企业合并。相应的交易双方分别为购买方和被购买方，购买日是指购买方实际取得对被购买方控制权的日期。

需要指出的是，长期股权投资取得的途径不同，其初始投资成本的确定方法也有所不同，下面将分类对长期股权投资初始投资成本的确定方法进行介绍。

企业合并中取得的长期股权投资分别按照同一控制下的企业合并和非同一控制下的企业合并两种方式确定其初始投资成本。同一控制下的企业合并取得的长期股权投资在初始投资成本认定中强调账面价值，应当在合并日按照被合并方所有者权益在最终控制方合并财务报表中的账面价值的份额作为长期股权投资的初始投资成本。不同的是，非同一控制下的企业合并取得的长期股权投资在初始投资成本认定中强调公允价值，合并成本为购买方在购买日为取得对被购买方的控制权而付出的资产、发生或承担的负债以及发行的权益性证券的公允价值。

除企业合并形成的长期股权投资以外，以支付现金方式取得的长期股权投资，应当以实际支付的购买价款作为初始投资成本；以发行权益性证券取得的长期股权投资，应当以发行权益性证券的公允价值作为初始投资成本；以其他方式取得长期股权投资的初始投资成本按照相关规定确定。

三、长期股权投资的后续计量

长期股权投资取得后要进行后续计量，根据长期股权投资的类型不同，企业要采取不同的后续计量方法。长期股权投资有两种后续计量方法：成本法和权益法。我国《企业会计准则第2号——长期股权投资》规定，投资方能够对被投资单位实施控制的长期股权投资应当采用成本法核算，投资方对联营企业和合营企业的长期股权投资应当采用权益法核算。下面将分别介绍这两种后续计量方法。

（一）成本法

成本法，是指对长期股权投资始终按投资成本进行计价的方法。我国《企业会计准则第2号——长期股权投资》规定，投资方能够对被投资单位实施控制的长期股权投资

应当采用成本法核算。采用成本法核算的长期股权投资应当按照初始投资成本计价。追加或收回投资应当调整长期股权投资的成本。被投资单位宣告分派的现金股利或利润，应当确认为当期投资收益。

例 6.3 A 公司 2015 年 1 月 1 日使用银行存款 5 000 000 元取得一项长期股权投资，该投资占对方公司 80% 的股权，构成控制。被投资企业接受投资后当年实现利润 10 000 000 元，当年分配红利 6 000 000 元。

A 公司应当采用成本法核算这项长期股权投资。取得时应作如下分录：
　　借：长期股权投资　　　　　　　　　　　　　　　　　　　5 000 000
　　　　贷：银行存款　　　　　　　　　　　　　　　　　　　　　　5 000 000

被投资企业实现利润时不需要对长期股权投资进行调整，被投资企业分配利润时，A 公司应当按照 80% 的持股比例确认相应的投资收益，作如下会计分录：
　　借：银行存款　　　　　　　　　　　　　　　　　　　　　4 800 000
　　　　贷：投资收益　　　　　　　　　　　　　　　　　　　　　　4 800 000

（二）权益法

权益法，是指长期股权投资最初以初始投资成本计价，以后根据投资单位享有被投资单位所有者权益份额的变动对投资的账面价值进行调整的方法。我国《企业会计准则第 2 号——长期股权投资》规定，投资方对联营企业和合营企业的长期股权投资应当采用权益法核算。

在权益法下，长期股权投资的初始投资成本大于投资时应享有的被投资单位可辨认净资产公允价值份额的，不调整长期股权投资的初始投资成本；长期股权投资的初始投资成本小于投资时应享有被投资单位可辨认净资产公允价值份额的，其差额应当计入当期损益（调整"营业外收入"账户），同时调整长期股权投资的成本。

投资完成后，随着被投资企业实现利润、分派利润、可辨认净资产公允价值调整、接受赠送等使其净资产价值发生变化的，投资企业应该按照拥有股份的份额于每期期末对长期股权投资的账面价值进行调整，以保证投资企业的长期股权投资始终反映在被投资企业中拥有的账面净资产价值。

例 6.4 A 公司 2015 年 1 月 1 日使用银行存款 5 000 000 元取得一项长期股权投资，该投资占对方公司 30% 的股权，构成重大影响。被投资企业接受投资后当年实现利润 10 000 000 元，当年分配红利 6 000 000 元。

A 公司应当采用权益法核算这项长期股权投资。取得时应作如下分录：
　　借：长期股权投资　　　　　　　　　　　　　　　　　　　5 000 000
　　　　贷：银行贷款　　　　　　　　　　　　　　　　　　　　　　5 000 000

在被投资企业实现 10 000 000 元利润时，A 公司应按照能够享有的利润作如下会计分录：
　　借：长期股权投资　　　　　　　　　　　　　　　　　　　3 000 000
　　　　贷：投资收益　　　　　　　　　　　　　　　　　　　　　　3 000 000

当取得被投资企业分配的红利时，因为其在被投资企业享有的净资产减少，应调整长期股权投资的金额，作如下会计分录：

借：银行存款　　　　　　　　　　　　　　　　　　　　　1 800 000
　　贷：长期股权投资　　　　　　　　　　　　　　　　　　　　1 800 000

四、长期股权投资核算的披露、分析和管理

（一）长期股权投资的披露

在资产负债表中，"长期股权投资"项目反映企业期末持有的长期股权投资的实际价值。该项目应根据"长期股权投资"科目的期末余额，减去"长期股权投资减值准备"科目期末余额后的金额填列。在会计报表附注中，投资企业应当披露与长期股权投资有关的下列信息：（1）子公司、合营企业和联营企业清单，包括企业名称、注册地、业务性质、投资企业的持股比例和表决权比例；（2）合营企业和联营企业当期的主要财务信息，包括资产、负债、收入、费用等合计金额；（3）被投资单位向投资单位转移资金的能力受到严格限制的情况。其披露格式如表6-1所示。

表6-1　　　　　　　　　　　　　**长期股权投资披露格式**

被投资单位名称	注册地	业务性质	本企业持股比例	本企业在被投资单位表决权比例	期末资产总额	期末负债总额	本期营业收入总额	当期净利润

此外，投资企业在附注中还应当披露与长期股权投资减值有关的下列信息：（1）当期确认的长期股权投资减值损失金额；（2）计提的长期股权投资减值准备累计金额；（3）发生重大减值损失的，还应当在附注中披露导致长期股权投资重大减值损失的原因以及长期股权投资可收回金额的确定方法。

（二）长期股权投资的分析

长期股权投资是企业战略的会计表达，对投资目的的分析可以帮我们深入把握其经济含义[1]。通常企业进行战略性质的长期股权投资是出于以下目的：

（1）对价值链整合以形成竞争优势。做好自己的主业是形成竞争优势的基础，但仅仅如此往往并不能导致企业在产业竞争中胜出。通常对上下游及其他相关企业的股权控制可以达到对价值链的整合，形成企业的竞争优势。

（2）扩张中形成规模优势。通常情况下，企业做大能够形成规模优势，达到"大即是美"的效应，从而提升企业价值，增强抗风险的能力。

（3）多元化分散风险。对于相关度较小的项目进行的多元化投资能够避免因企业产业过于集中所带来的风险，从而将企业业务组合的经营风险控制在一定程度内，并且可以

---

[1] 余国杰，梁瑞红．会计学．清华大学出版社，2007：78．

获得多角化投资的收益。当然，有的时候向非主业的投资尝试会出现"无心插柳柳成荫"的局面，甚至成为企业战略转型的开端。

(4) 单纯寻求投资收益。企业在自身经营活动之外，利用富余资金进行投资，可以提高企业运作效率，获取投资收益。

(5) 特殊目的的股权安排。基于资本运作、管理层收购、企业融资、资产重组、规避监管、税收筹划，甚至是操纵利润等特殊目的，企业会进行一些股权安排，以达到自己的目的。

由于企业的长期股权投资布局与企业的资源优化整合、发展方向等战略意图密切相关，这要求对长期股权投资的分析做到长期与短期、战略与策略的两个紧密结合，从长期股权投资的静态分布和动态衍化中去充分挖掘和把握企业的价值。

(三) 长期股权投资的管理

高质量的长期股权投资应当满足：(1) 投资的结构与方向体现或者增强企业的核心竞争力，并与企业的战略发展相符；(2) 投资收益的确认导致适量的现金流入量；(3) 投资收益与企业所承担的风险相符；(4) 外部投资环境有利于企业的整体发展。

任何投资活动必然含有风险，虽然投资者都有追求高收益的倾向，但同时都希望能够避免风险。作为一个理性的投资者，在进行投资活动时，不会只考虑收益率的高低，而会在考虑投资活动的期望收益的同时，还考虑其所含有的风险。风险与收益之间存在一定的关系，理性的企业在投资上，必须在风险与收益之间进行权衡。

第三节 固 定 资 产

固定资产是企业的劳动资料，属于非常重要的长期资产。对于形成一个企业的生产经营能力十分重要。固定资产购置的合理与否，配置效果的好坏直接影响着一个企业的资金周转状况和财务绩效[①]。

一、固定资产的概念

固定资产是指为生产产品、提供劳务、出租或经营管理持有的使用寿命超过一个会计期间的有形资产。所谓使用寿命，是指企业使用固定资产的预计期间，或者该固定资产所能生产产品或提供劳务的数量。固定资产的确认需要同时满足下列条件：(1) 该固定资产包含的经济利益很可能流入企业；(2) 该固定资产的成本能够可靠地计量。同时符合固定资产特征和确认条件的有形资产，应当确认为固定资产。

二、固定资产的分类

固定资产种类繁多，规格不一，为了加强管理，便于组织会计核算，正确反映固定资产的取得、使用、处置等情况，有必要对其进行科学合理的分类。企业的固定资产根据不同的管理需要和核算要求以及不同的分类标准，可以进行不同的分类：

---

① 谢获宝. 新编会计学原理. 湖北人民出版社，2008：76.

按固定资产的经济用途不同，可将固定资产分为生产经营用固定资产和非生产经营用固定资产；按固定资产使用情况不同，可将固定资产分为使用中固定资产、未使用固定资产和不需使用固定资产；按企业是否拥有固定资产的所有权，可将固定资产分为自有固定资产和租入固定资产。

三、固定资产的初始计量与核算

在我国的会计实务中，固定资产均采用历史成本计价。历史成本也称原始购置成本，是指企业购建某项固定资产达到预定可使用状态前所发生的一切合理、必要的支出。按这种计价方法确定固定资产的价值，均是实际发生并有支付凭据的支出，具有客观性和可验证性。

（一）外购的固定资产

企业购入的固定资产，应按实际支付的价款作为入账价值，包括实际支付的买价、运输费、包装费、保险费、安装成本和税金等。企业购入固定资产有需要安装和不需要安装两种。

1. 购入不需要安装的固定资产

企业购入不需安装的固定资产可以直接交付使用，企业按确认的入账价值直接增加固定资产，即按实际支付的买价、运输费、包装费、税金等。

例 6.5　某企业购入一台不需要安装的新设备，发票价格 20 000 元，发生的运费 500 元，款项全部付清，则会计分录为：

借：固定资产　　　　　　　　　　　　　　　　　　　　　　20 500
　　贷：银行存款　　　　　　　　　　　　　　　　　　　　　　20 500

2. 购入需要安装的固定资产

企业购入的需要安装的固定资产，由于从固定资产运抵企业，到交付使用，还需要安装和调试过程，还会发生安装调试成本。企业购入固定资产支付的全部价款及发生的安装费等，均应通过"在建工程"科目核算，待安装完毕达到预定可使用状态时，再由"在建工程"科目转入"固定资产"科目。

例 6.6　某公司购入需要安装的机器设备，买价为 200 000 元。设备购入后立即投入安装，安装过程中发生支出 9 800 元，其中：耗用工程物资 4 500 元，安装调试费 5 300 元，已用银行存款结算完毕。

该设备购入安装及其交付使用的有关会计分录如下：

①购入设备时。

借：在建工程　　　　　　　　　　　　　　　　　　　　　　200 000
　　贷：银行存款　　　　　　　　　　　　　　　　　　　　　　200 000

②发生安装支出时。

借：在建工程　　　　　　　　　　　　　　　　　　　　　　　9 800
　　贷：工程物资　　　　　　　　　　　　　　　　　　　　　　4 500
　　　　银行存款　　　　　　　　　　　　　　　　　　　　　　5 300

③安装完工交付使用时。

借：固定资产　　　　　　　　　　　　　　　　　　209 800
　　贷：在建工程　　　　　　　　　　　　　　　　　　　209 800

（二）自行建造的固定资产

企业自行建造的固定资产，按建造该项固定资产达到预定可使用状态前所发生的全部支出，作为入账价值。自行建造的固定资产应先通过"在建工程"科目核算，工程达到预定可使用状态时，再从"在建工程"科目转入"固定资产"科目。

例6.7 A公司自行建造一个生产车间的厂房，建造期间发生如下经济业务：（1）2014年10月8日，以银行存款购买一批工程物资且全部投入使用，购买价款320 000元；（2）2014年12月31日，计算应付职工薪酬总共118 000元；（3）2015年1月1日，自营工程经验收合格并交付使用。企业相关会计分录如下：

2014年10月8日，购买并领用工程物资时，应作会计分录：
借：工程物资　　　　　　　　　　　　　　　　　　320 000
　　贷：银行存款　　　　　　　　　　　　　　　　　　　320 000
借：在建工程　　　　　　　　　　　　　　　　　　320 000
　　贷：工程物资　　　　　　　　　　　　　　　　　　　320 000

2014年12月31日，计算应付职工薪酬时，应作会计分录：
借：在建工程　　　　　　　　　　　　　　　　　　118 000
　　贷：应付职工薪酬　　　　　　　　　　　　　　　　　118 000

2015年1月1日，自营工程经验收合格并交付使用时，应作会计分录：
借：固定资产　　　　　　　　　　　　　　　　　　438 000
　　贷：在建工程　　　　　　　　　　　　　　　　　　　438 000

四、固定资产折旧概述

（一）固定资产折旧的含义

固定资产折旧是指企业的固定资产由于磨损和损耗而逐渐转移的价值。这部分转移的价值以折旧费的形式计入成本费用，并从企业营业收入中得到补偿。固定资产的服务潜力之所以会随着使用而逐渐消逝，是由于固定资产在使用过程中会发生各种损耗。

固定资产的损耗分为有形损耗和无形损耗两种。有形损耗是指固定资产在使用过程中由于使用和自然力的影响在使用价值和价值上的损耗；无形损耗是指由于技术进步而引起的固定资产价值上的损耗。

（二）固定资产折旧的范围

我国《企业会计准则——固定资产》规定，除下列情况外，企业应对所有固定资产计提折旧：

（1）已提足折价仍继续使用的固定资产；

（2）按规定单独作价作为固定资产入账的土地。

企业在计提折旧时，一般是按月提取折旧，当月增加的固定资产，当月不提折旧，从下月起计提折旧；当月减少的固定资产，当月照提折旧，从下月起停止提折旧。固定资产提足折旧后，不论能否继续使用，均不再提取折旧；提前报废的固定资产，也不再补提折旧。所谓提足折旧，是指已经提足该项固定资产应提的折旧总额。

(三) 影响固定资产折旧的因素

(1) 原始价值。固定资产的原始价值又称折旧基数，是指固定资产取得时的实际成本。

(2) 预计净残值。预计净残值是指固定资产在报废时，预计残值收入扣除到期清算时预计清算费用后的净值。固定资产原始价值减去预计净残值后的数额为固定资产的应提折旧总额。

(3) 预计使用年限。预计使用年限是指固定资产预计经济使用年限，它通常短于固定资产的物质使用年限。在预计时应同时考虑有形损耗和无形损耗，在科技进步迅猛的现代社会，技术密集型企业应更多地考虑无形损耗。

(4) 折旧方法。企业应根据经营规模和经营特点等选择固定资产的折旧方法，以合理地分摊固定资产的应提折旧总额。

五、固定资产的折旧方法

(一) 直线法

直线法是指按照时间或完成的工作量平均计算折旧的方法，直线法包括年限平均法和工作量法。

1. 年限平均法

年限平均法是将固定资产的应计折旧额按预计使用年限均衡地分摊到各期的方法。计算公式如下：

$$年折旧率 = \frac{固定资产原值 - 预计净残值}{预计使用年限} \times 100\%$$

$$月折旧率 = 年折旧率 \div 12$$

在实际工作中，企业是按照固定资产原值乘以月固定资产折旧率，按月计算固定资产折旧额。其计算公式如下：

$$年折旧率 = \frac{1 - 预计净残值率}{预计使用年限} \times 100\%$$

$$预计净残值率 = \frac{预计净残值}{固定资产原值} \times 100\%$$

$$月折旧率 = 年折旧率 \div 12$$

$$月折旧额 = 固定资产原值 \times 月折旧率$$

例 6.8 某固定资产原始价值为 225 000 元，预计使用 5 年，预计报废时的净残值 9 000 元（净残值率为 4%）。

采用年限平均法的计算结果如下：

$$年折旧额 = (225\,000 - 9\,000) \div 5 = 43\,200 \text{（元）}$$
$$年折旧率 = 43\,200 / 225\,000 \times 100\% = 19.2\%$$
$$或\quad 年折旧率 = (1 - 4\%) \div 5 \times 100\% = 19.2\%$$
$$月折旧额 = 43\,200 \div 12 = 3\,600 \text{（元）}$$

月折旧率 = 3 600÷225 000×100% = 1.6%

采用年限平均法计提折旧相当简单,在实际工作中被广泛应用。但是,此方法对某些固定资产并不合理,尤其是那些技术进步较快的固定资产,或者那些各期使用时间和价值损耗不均匀的固定资产。

2. 工作量法

工作量法是将固定资产的应计折旧额按预计完成工作总量均衡地分摊到各期的方法。工作量法一般适用于价值较高的大型机器设备及运输设备等固定资产折旧的计算。这些固定资产的各月工作量一般不很均衡,采用此种方法计提折旧会使各月成本费用负担比较合理。计算公式如下:

$$单位工作量折旧额 = \frac{固定资产原值 \times (1 - 净残值率)}{预计总工作量}$$

某项固定资产月折旧额 = 该项固定资产当月工作量×单位工作量折旧额

例6.9 某汽车原始价值为142 500元,预计使用8年,预计报废时的净残值为5 700元。预计该类运输工具在寿命期内的总工作量为150 000千米,假设某月的行驶里程为1 750千米。采用工作量法计提的折旧结果如下:

单位工作量折旧额 = (142 500 - 5 700)÷150 000 = 0.912(千米)

该月应计提折旧额 = 1 750×0.912 = 1 596(元)

工作量法通常适用于那些各期工作量不均匀的固定资产,如专用设备/从事货物运输业务的运输工具等。

(二) 加速折旧法

加速折旧法也称递减折旧法,是指在固定资产使用早期多提折旧,在使用后期少提折旧的一种方法。这种方法的理论依据是:固定资产在使用初期发生的故障少,需要的修理费用少,提供的服务多,为企业创造的效益高,理应多提折旧;在固定资产的使用后期,随着实物磨损程度的加剧,需要的修理费用越来越多,单位时间提供的服务量逐年减少,理应少提折旧。这样,可使固定资产在各年承担的总费用比较接近,利润比较平稳,也弥补了年限平均法的不足。

1. 双倍余额递减法

双倍余额递减法是根据每期期初固定资产账面价值和双倍的直线法折旧率计算固定资产折旧的一种方法。这种方法是在不考虑固定资产预计净残值的情况下计算的,计算公式如下:

$$年折旧率 = \frac{2}{预计使用年限} \times 100\%$$

年折旧额 = 年初固定资产账面净值×年折旧率

月折旧额 = 年折旧额÷12

由于采用双倍余额递减法在确定固定资产折旧率时,不考虑固定资产的净残值因素,因此在连续计算各年折旧额时,如果发现使用双倍余额递减法计算的折旧额小于采用直线法计算的折旧额,就应该改用直线法计提折旧。为了操作方便,采用双倍余额递减法计提折旧的固定资产,应当在固定资产折旧年限到期以前两年内,将固定资产账面净值扣除预计净残值后的余额平均摊销。

例 6.10 某项固定资产原值为 30 000 元，预计净残值率 4%，预计使用年限 5 年，采用双倍余额递减法计提折旧。

$$年折旧率 = 2 \div 5 \times 100\% = 40\%$$

各年折旧额计算如表 6-2 所示。

表 6-2　　　　　　　　　　折旧计算表（双倍余额递减法）　　　　　　　　　单位：元

年份	年初账面净值	折旧率	折旧额计算	折旧额	年末账面净值
1	30 000	40%	30 000×40%	12 000	18 000
2	18 000	40%	18 000×40%	7 200	10 800
3	10 800	40%	10 800×40%	4 320	6 480
4	6 480		(6 480−1 200)÷2	2 640	3 840
5	3 840		(6 480−1 200)÷2	2 640	1 200
合计				28 800	

2. 年数总和法

年数总和法也称合计年限法，是指按固定资产应计提折旧总额乘以一个逐年递减的分数计算各年折旧额的一种方法。这种方法的递减的年折旧率是将固定资产尚可使用的年数作为分子，使用年数的逐年数字总和作为分母的一个分数。计算公式如下：

$$年折旧率 = \frac{尚可使用年数}{预计使用年限的年数总和}$$

$$年折旧额 = (固定资产原值 - 预计净残值) \times 年折旧率$$

$$月折旧额 = 年折旧额 \div 12$$

例 6.11 某项固定资产的原值为 60 000 元，预计净残值率 5%，预计使用年限为 5 年，采用年数总和法计算的各年折旧额如表 6-3 所示。

表 6-3　　　　　　　　　　折旧计算表（年数总和法）　　　　　　　　　　单位：元

年份	尚可使用年数	原值−净残值	年折旧率	每年折旧额
1	5	57 000	5/15	19 000
2	4	57 000	4/15	15 200
3	3	57 000	3/15	11 400
4	2	57 000	2/15	7 600
5	1	57 000	1/15	3 800
合计				57 000

(三) 折旧方法的选择与比较

企业在计提折旧时,可以根据具体情况,选择各种折旧计算方法。固定资产折旧方法的选择直接影响企业成本费用的计算,进而影响企业的当期损益,所以折旧方法的选择应遵循一贯性原则。也就是说折旧方法一经确定,不得随意变更。如需变更,应当在会计报表附注中予以说明。

企业采用直线法计提折旧,固定资产的转移价值平均摊配于其使用的各个会计期间或完成的工作量,它的优点是计算简单,容易理解。但是,随着固定资产使用时间的推移,其磨损程度逐渐增加,使用后期的维修费支出将会高于使用前期的维修费支出,即使各个会计期间或单位工作量负担的折旧费相同,各个会计期间或单位工作量负担的固定资产使用成本(折旧费与维修费之和)也会不同。这种方法没有考虑固定资产使用过程中相关支出摊配于各个会计期间或完成的工作量的均衡性。

企业采用加速折旧法计提折旧,克服了直线法的不足。因为这种方法前期计提的折旧费较多而维修费较少,后期计提的折旧费较少而维修费较多,从而保持了各个会计期间负担的固定资产使用成本的均衡性。

(四) 固定资产折旧的核算

为核算固定资产折旧,企业应设置"累计折旧"科目。"累计折旧"科目核算企业对固定资产计提的累计折旧。该科目应当按照固定资产的类别或项目进行明细核算。该科目期末贷方余额,反映企业固定资产累计折旧额。

企业一般应当按月计提折旧。固定资产计提折旧时,应以月初可提取折旧的固定资产账面原值为依据。当月增加的固定资产,当月不计提折旧,从下月起计提折旧;当月减少的固定资产,当月照提折旧,从下月起不计提折旧。因此,在采用直线法的情况下,企业各月计算提取折旧时,可以在上月计提折旧的基础上,对上月固定资产增减情况进行调整后计算当月应计提的折旧额。

例 6.12 某企业 8 月份的固定资产折旧计算如下:车间房屋建筑物、机器设备等折旧额为 62 000 元,管理部门房屋建筑物、机器设备、运输工具等折旧额为 18 000 元,销售部门房屋建筑物等折旧额为 4 000 元,租出固定资产折旧为 6 000 元。计提折旧的会计分录为:

借:制造费用	62 000
管理费用	18 000
销售费用	4 000
其他业务成本	6 000
贷:累计折旧	90 000

六、固定资产的减值和处置

(一) 固定资产的减值

企业在会计期末应对固定资产的价值进行检查,以合理地确定固定资产的期末价值。如果由于固定资产技术陈旧、损坏、长期闲置等原因,导致其可收回金额低于账面价值,称为固定资产减值。对于已发生减值的固定资产,应将其可收回金额低于账面价值的差额，计提固定资产减值准备。

例 6.13 某企业有一台生产用设备，原价 100 000 元，预计可使用 5 年，预计净残值率 10%，采用年限平均法计提折旧。第一年计提折旧 18 000 元，因此第一年末账面净值为 82 000 元。假设根据资产减值准则该设备发生减值 12 000 元，则相关会计分录如下：

借：资产减值损失　　　　　　　　　　　　　　　　　　　　　　　　12 000
　　贷：固定资产减值准备　　　　　　　　　　　　　　　　　　　　　12 000

计提减值准备后，该设备的账面价值变为 70 000 元，因此，第二年应计提的折旧额为：

$$年折旧额 = (70\,000 - 10\,000) \div 4 = 15\,000 (元)$$

（二）固定资产的处置

固定资产处置是指由于各种原因导致企业固定资产退出生产经营过程所做的处理活动。固定资产处置的具体内容包括出售、报废及毁损、无偿调出、捐赠转出、投资转出、抵债转出和非货币性交易换出的固定资产等。

企业在生产经营过程中，由于生产经营的需要或产品转型等原因，可能出售、转让那些不适用或不需用的固定资产；企业对那些因使用而逐渐磨损，逐渐丧失了使用功能直至最终报废，或由于技术进步、使用不经济等原因提前报废，或由于遭受自然灾害等非常损失发生毁损的固定资产均应及时进行清理。此外，企业由于进行投资转出、捐赠、抵债等原因减少固定资产时，也应及时进行账务处理。以上固定资产的减少均可称为固定资产的处置。

企业应设置"固定资产清理"科目核算固定资产的处置损益。需要处置的固定资产账面净值、发生的清理费用及应交的营业税等，记入该科目借方；取得的固定资产出售价款、残料变价收入、保险及过失人赔款等项收入，记入该科目的贷方；借方与贷方的差额即为固定资产处置净损益，转入营业外收入或营业外支出。

例 6.14 某公司一台设备进入报废程序。设备原价 120 000 元，累计折旧 117 000 元。报废时支付清理费用 360 元，残料作价 1 600 元，可验收入库作为材料使用。

（1）设备报废，注销原价及累计折旧：

借：固定资产清理　　　　　　　　　　　　　　　　　　　　　　　　　3 000
　　累计折旧　　　　　　　　　　　　　　　　　　　　　　　　　　　117 000
　　贷：固定资产　　　　　　　　　　　　　　　　　　　　　　　　　120 000

（2）支付报废设备清理费用 360 元：

借：固定资产清理　　　　　　　　　　　　　　　　　　　　　　　　　　360
　　贷：银行存款　　　　　　　　　　　　　　　　　　　　　　　　　　　360

（3）残料入库：

借：原材料　　　　　　　　　　　　　　　　　　　　　　　　　　　　1 600
　　贷：固定资产清理　　　　　　　　　　　　　　　　　　　　　　　1 600

（4）结转报废净损失：

$$报废净损失 = 3\,000 + 360 - 1\,600 = 1\,760 (元)$$

借：营业外支出　　　　　　　　　　　　　　　　　　　　　　　　　　1 760
　　贷：固定资产清理　　　　　　　　　　　　　　　　　　　　　　　1 760

七、固定资产的披露、分析和管理

在资产负债表中,"固定资产"项目反映企业期末持有的固定资产的实际价值。该项目应根据"固定资产"科目的期末余额,减去"累计折旧"和"固定资产减值准备"科目期末余额后的金额填列。而"在建工程"、"工程物资"、"固定资产清理"项目,反映企业持有的相应资产的期末价值。这些项目应分别根据"在建工程"、"工程物资"、"固定资产清理"科目的期末余额填列。在会计报表附注中,企业应当披露于固定资产有关的下列信息:固定资产的确认条件、分类、计量基础和折旧方法;各类固定资产的使用寿命、预计净残值和折旧率;各类固定资产的期初和期末原价、累计折旧及固定资产减值准备累计金额;当期确认的折旧费用;对固定资产所有权的限制及其金额和用于担保的固定资产账面价值;准备处置的固定资产名称、账面价值、公允价值、预计处置费用和预计处置时间等。

企业的固定资产是企业从事长期发展的物质基础,代表着企业的技术装备水平。因此,固定资产的质量评价,主要取决于该资产所能够推动的企业经营活动状况。高质量的固定资产,应当表现为:技术装备水平高,其生产能力与存货的市场份额所需要的生产能力相匹配,并能够将符合市场质量需要的产品推向市场从而获得利润;周转速度适当,资产的闲置率较低;结构合理,符合行业特征。

此外,固定资产核算方式的选择对于反映企业财务状况和经营成果具有直接的影响,因此也是分析者重点关注的领域。我国现行会计准则规定:企业可以采用年限平均法、工作量法、双倍余额递减法和年数总和法计提折旧。因此,分析者必须认真阅读会计报表附注,了解企业折旧的计算方法、可收回金额的确定依据、固定资产减值准备的计提方法以及它们的变化,从而判断企业业绩的变化,究竟是实际经营状况发生的变化,还是固定资产核算方式发生的变化所引起。

第四节 无形资产及商誉

一、无形资产的概念

无形资产指企业拥有或者控制的没有实物形态的可辨认非货币性资产。无形资产按照其反映的经济内容,主要包括专利权、非专利技术、商标权、著作权、特许经营权、土地使用权等内容。

按照无形资产准则规定,无形资产只有在满足以下两个条件时才能确认:
(1) 该资产产生的未来经济利益很可能流入企业;
(2) 该资产的成本能够可靠地计量。

二、无形资产的初始计量及核算

(一) 购入的无形资产

购入的无形资产应以实际支付的价款作为入账价值。外购无形资产的成本,包括购买价款、相关税费以及直接归属于使该项资产达到预定用途所发生的其他支出。

例 6.15 某企业购入一项专利技术，作价 400 000 元，款项已通过银行存款支付，企业另以银行存款支付手续费 10 000 元。则该企业会计分录为：

借：无形资产——专利权	410 000
贷：银行存款	410 000

（二）自行开发的无形资产

自行开发的无形资产，其成本包括自满足无形资产的确认条件和开发支出的资本化条件后至达到预定用途前所发生的支出总和，但是对于以前期间已经费用化的支出不再调整。

1. 研究阶段支出

考虑到研究阶段的探索性及其成果的不确定性，企业无法证明其能够带来未来经济利益的无形资产的存在，因此，对于企业内部研究开发项目，研究阶段的有关支出，应当在发生时全部费用化，计入当期损益（管理费用）。

2. 开发阶段支出

考虑到进入开发阶段的研发项目往往形成成果的可能性较大，因此，如果企业能够证明开发支出符合无形资产的定义及相关确认条件，则可将其确认为无形资产。具体来讲，对于企业内部研究开发项目，开发阶段的支出同时满足了下列条件的才能资本化，确认为无形资产，否则应当计入当期损益（管理费用）：

（1）完成该无形资产以使其能够使用或出售在技术上具有可行性；（2）具有完成该无形资产并使用或出售的意图；（3）无形资产产生经济利益的方式，包括能够证明运用该无形资产生产的产品存在市场或无形资产自身存在市场，无形资产将在内部使用的，应当证明其有用性；（4）有足够的技术、财务资源和其他资源支持，以完成该无形资产的开发，并有能力使用或出售该无形资产；（5）归属于该无形资产开发阶段的支出能够可靠地计量。

无法区分研究阶段和开发阶段的支出，应当在发生时费用化，计入当期损益。

例 6.16 某企业自行开发非专利技术，研究阶段支出 200 000 元，开发阶段支出 500 000 元，其中符合资本化条件的开发阶段的支出 400 000 元，款项均已通过银行存款支付。有关会计处理如下：

①研究阶段，支出 200 000 元的会计分录为：

借：研发支出——费用化支出	200 000
贷：银行存款	200 000

②开发阶段，支出 500 000 元的会计分录为：

借：研发支出——费用化支出	100 000
——资本化支出	400 000
贷：银行存款	500 000

③该非专利技术达到预定用途时的会计分录为：

借：无形资产——非专利技术	400 000
贷：研发支出——资本化支出	400 000

④期末,企业应将"研发支出"科目归集的费用化支出金额转入"管理费用"科目,会计分录为:

借:管理费用　　　　　　　　　　　　　　　　　　　　　　　　　300 000
　　贷:研发支出——费用化支出　　　　　　　　　　　　　　　　　　300 000

三、无形资产的摊销

无形资产摊销是指将使用寿命有限的无形资产的应摊销金额在其使用寿命内进行系统合理的分配,包括专利权、商标权、著作权、土地使用权、非专利技术等无形资产的摊销。

我国《企业会计准则第6号——无形资产》规定,企业应当于取得无形资产时分析判断其使用寿命。无形资产的使用寿命为有限的,应当估计该使用寿命的年限或者构成使用寿命的产量等类似计量单位数量;无法预见无形资产为企业带来经济利益期限的,应当视为使用寿命不确定的无形资产。

使用寿命有限的无形资产,其应摊销金额应当在使用寿命内系统合理摊销。使用寿命不确定的无形资产不应摊销。企业摊销无形资产,应当自无形资产可供使用时起,至不再作为无形资产确认时止。企业选择的无形资产摊销方法,应当反映与该项无形资产有关的经济利益的预期实现方式。无法可靠确定预期实现方式的,应当采用直线法摊销。无形资产的摊销金额一般应当计入当期损益,其他会计准则另有规定的除外。

无形资产的应摊销金额为其成本扣除预计残值后的金额。已计提减值准备的无形资产,还应扣除已计提的无形资产减值准备累计金额。使用寿命有限的无形资产,其残值应当视为零,但下列情况除外:(1)有第三方承诺在无形资产使用寿命结束时购买该无形资产;(2)可以根据活跃市场得到预计残值信息,并且该市场在无形资产使用寿命结束时很可能存在。

企业至少应当于每年年度终了,对使用寿命有限的无形资产的使用寿命及摊销方法进行复核。无形资产的使用寿命及摊销方法与以前估计不同的,应当改变摊销期限和摊销方法;企业应当在每个会计期间对使用寿命不确定的无形资产的使用寿命进行复核。如果有证据表明无形资产的使用寿命是有限的,应当估计其使用寿命,并按使用寿命有限的无形资产的规定处理。

例6.17　某企业购入了一项商标权,入账价值为600 000元,合同规定有效期限为5年,每月摊销额10 000元。每月摊销时,会计分录为:

借:管理费用　　　　　　　　　　　　　　　　　　　　　　　　　　10 000
　　贷:累计摊销　　　　　　　　　　　　　　　　　　　　　　　　　10 000

四、无形资产的披露、分析和管理

在资产负债表中,"无形资产"项目反映企业期末持有的无形资产的实际价值。该项目应根据"无形资产"科目的期末余额,减去"累计摊销"和"无形资产减值准备"科目期末余额后的金额填列。在会计报表附注中,企业应当按照无形资产的类别披露与无形资产有关的下列信息:无形资产的期初和期末账面余额、累计摊销额及减值准备累计金额；使用寿命有限的无形资产，其使用寿命的估计情况；使用寿命不确定的无形资产，其使用寿命不确定的判断依据；无形资产的摊销方法。

由于无形资产所能带来的未来经济利益的不确定性，其价值的衡量及带有很大的不确定性，反映在资产负债表上，代表高风险、高收益的资产。所以，对无形资产的价值做出跟踪分析是必要的，一旦出现价值减损的情况，就应当确认减值，避免虚增资产。

无形资产管理制度是对企业无形资产的形成、积累、评估、管理、使用和创新整个过程的控制和管理的制度。企业应根据我国的有关无形资产的法规和无形资产确认、计量等方面的准则，设立专门的机构或人员负责无形资产的培育和开发，根据企业自身的文化传统、技术水平、管理经验、核心业务和科技实力以及本地资源、市场、生产条件等优势培育和开发独具特色的无形资产。在使用无形资产的同时，要建立无形资产的创新制度，只有不断创新才能增强竞争力。企业要重视新产品的开发，重点开发根据新的知识及发明创造，采用新原理、新技术、新材料等研制而成的新产品，必须重视以关键技术的创新和应用为主要职能的部门的建设。此外，要建立对从事无形资产的培育、开发、管理的人员的激励制度，如对研究出新成果的人员给予奖励等。

五、商誉

商誉是指能在未来期间为企业经营带来超额利润的潜在经济价值，或一家企业预期的获利能力超过可辨认资产正常获利能力（如社会平均投资回报率）的资本化价值。商誉是企业整体价值的组成部分。在企业合并时，它是购买企业投资成本超过被并企业净资产公允价值的差额。企业由于所处地理位置优越，或由于信誉好而获得客户的信任，或由于组织得当、生产经营效益高，或由于技术先进、掌握了生产的诀窍等原因而形成的无形价值就是商誉。这种无形价值具体表现在一家企业的获利能力，超过了一般的获利水平。通常，企业自创商誉并不反映在企业的账表当中，只有在合并的时候才有可能反映出来。

从计量上来讲，商誉是企业合并成本大于合并中取得的各项可辨认资产、负债公允价值份额的差额，代表的是企业未来现金流量大于每一单项资产产生未来现金流量的合计金额，其存在无法与企业自身区分开来，由于具有不可辨认性，虽然商誉也是没有实物形态的非货币性资产，但不构成无形资产。

企业商誉资产或资本，是企业经过长期积累和精心培植而形成的。商誉价值主要是靠信念维持的，这种信念是建立在相关公众心目中的，对某企业历史、生产、产品、服务的较高的评价和信任。维护这种信念同样也是一项艰巨、细致、长期的工作。企业商誉资产的积累，来自对企业工艺和工作流程的一丝不苟地运行所带来的企业产品和服务的整体优秀性，商誉的基础来自企业内部各项制度的完善和运行，商誉的管理首先要落实在企业的制度管理上。维护企业商誉最重要的是要健全和执行各项企业管理制度，靠制度体系所形成的机制来保证商誉的安全。同时，要建立一套企业商誉的监控调节体系，掌握影响企业商誉的各种环境的变化，以便及时做出有效的反应及管理决策。

第五节 投资性房地产

一、投资性房地产的概念

我国《企业会计准则第3号——投资性房地产》规定，投资性房地产是指为赚取租金或资本增值，或两者兼有而持有的房地产，包括已出租的土地使用权、持有并准备增值后转让的土地使用权和已出租的建筑物。

投资性房地产必须同时满足以下两个条件才可以予以确认：

（1）与投资性房地产相关的经济利益很可能会流入；
（2）该投资性房地产的成本能够可靠地计量。

二、投资性房地产的初始计量

我国《企业会计准则第3号——投资性房地产》规定，投资性房地产应当按照成本进行初始计量：（1）外购投资性房地产的成本，包括购买价款、相关税费和可直接归属于该资产的其他支出；（2）自行建造投资性房地产的成本，由建造该项资产达到预定可使用状态前所发生的必要支出构成；（3）以其他方式取得的投资性房地产的成本，按照相关会计准则的规定确定。

三、投资性房地产的后续计量

投资性房地产的后续计量有成本计量和公允价值计量两种模式。一般情况下，投资性房地产采用成本模式计量。在满足特定条件的情况下，可以采用公允价值计量模式。这些条件包括：

（1）有活跃的房地产交易市场；
（2）企业能够从该市场上取得同类或类似房地产的市场价，从而对投资性房地产的公允价值做出合理的估计。

一个单位只能采用一种计量模式，如果采用公允价值计量模式，则所有投资性房地产都采用公允价值计量模式；如果采用成本计量模式，则所有投资性房地产都采用成本计量模式。不能出现一部分投资性房地产以公允价值模式计量，另一部分投资性房地产采用成本模式计量的情况。投资性房地产计量模式一经确定，不得随意变更。

（一）采用成本计量模式投资性房地产的后续计量

如果对投资性房地产的后续计量采用成本计量模式，其核算方法与固定资产或无形资产基本相同。外购或自建投资性房地产，按确认的实际成本，借记"投资性房地产"账户，贷记"银行存款"、"在建工程"等账户；取得租金收入，借记"银行存款"等账户，贷记"其他业务收入"等账户；按照固定资产或无形资产相关规定计提的折旧或摊销，借记"其他业务成本"账户，贷记"投资性房地产累计折旧"账户或"投资性房地产累计摊销"账户。

采用成本计量模式的投资性房地产存在减值迹象时，按资产减值的有关规定进行减值测试，对发生的减值计提减值准备，借记"资产减值损失"账户，贷记"投资性房地产减值准备"账户。

（二）采用公允价值计量模式投资性房地产的后续计量

如果采用公允价值计量模式对投资性房地产进行后续计量，其初始计量、取得的租金收入与成本计量模式基本相同。取得投资性房地产，按实际成本，借记"投资性房地产——成本"账户，贷记"银行存款"、"在建工程"等账户；取得租金收入，借记"银行存款"等账户，贷记"其他业务收入"等账户。不同的是，在资产负债表日应当以公允价值对投资性房地产进行计量。公允价值与原账面价值的差额，如果前者大于后者，借记"投资性房地产——公允价值变动"、贷记"公允价值变动损益"账户；如果前者小于后者，则做相反的会计分录。对投资性房地产采用公允价值计量以后，不再进行折旧或计提摊销，也不再计提资产减值准备。

例 6.18　2012 年 9 月 1 日，甲公司与乙公司签订了一份租赁协议，协议约定将甲建造的写字楼在完工的同时租赁给乙公司，租赁期为 10 年，租金在每月的月末收取，每月租金为 20 万元。写字楼的造价为 9 100 万元，预计使用 50 年，预计净残值为 100 万元，按直线法折旧。该写字楼存在活跃的房地产交易市场，能够从该房地产交易市场中获得同类房地产的公允价值。2012 年 12 月 31 日，该写字楼的公允价值为 9 230 万元，2013 年 12 月 31 日，该写字楼的公允价值为 9 300 万元。

（1）按照成本计量模式进行会计处理：

①2012 年 9 月 1 日，投资性房地产建成时会计分录为：

借：投资性房地产　　　　　　　　　　　　　　　　　　91 000 000
　　贷：在建工程　　　　　　　　　　　　　　　　　　　　91 000 000

②2012 年 9 月 30 日，收取租金时会计分录为：

借：银行存款　　　　　　　　　　　　　　　　　　　　　200 000
　　贷：其他业务收入　　　　　　　　　　　　　　　　　　　200 000

其他各月会计处理类似。

③2012 年 12 月 31 日，投资性房地产计提折旧时会计分录为：

借：其他业务成本　　　　　　　　　　　　　　　　　　　450 000
　　贷：投资性房地产累计折旧　　　　　　　　　　　　　　　450 000

④2013 年 12 月 31 日，投资性房地产计提折旧时会计分录为：

借：其他业务成本　　　　　　　　　　　　　　　　　　 1 800 000
　　贷：投资性房地产累计折旧　　　　　　　　　　　　　　1 800 000

（2）按照公允价值模式进行会计处理：

①2012 年 9 月 1 日，投资性房地产建成时会计分录为：

借：投资性房地产——成本　　　　　　　　　　　　　　91 000 000
　　贷：在建工程　　　　　　　　　　　　　　　　　　　　91 000 000

②2012 年 9 月 30 日，收取租金时会计分录为：

借：银行存款　　　　　　　　　　　　　　　　　　　　　200 000
　　贷：其他业务收入　　　　　　　　　　　　　　　　　　　200 000

其他各月会计处理类似。

③2012年12月31日，投资性房地产公允价值变动时会计分录为：

借：投资性房地产——公允价值变动　　　　　　　　　　　13 000 000
　　贷：公允价值变动损益　　　　　　　　　　　　　　　　13 000 000

④2013年12月31日，投资性房地产公允价值变动时会计分录为：

借：投资性房地产——公允价值变动　　　　　　　　　　　　 700 000
　　贷：公允价值变动损益　　　　　　　　　　　　　　　　　 700 000

四、投资性房地产的披露与分析

（一）投资性房地产的披露

根据《企业会计准则第3号——投资性房地产》的规定，企业应当在附注中披露与投资性房地产有关的下列信息：（1）投资性房地产的种类、金额和计量模式；（2）采用成本模式，投资性房地产折旧或摊销，以及减值准备计提情况；（3）采用公允价值模式的，公允价值确定依据和方法，以及公允价值变动对损益影响；（4）房地产转换情况、理由，以及对损益或所有者权益的影响；（5）当期处置的投资性房地产及其对损益的影响。

（二）成本计量模式与公允价值计量模式的比较

成本计量模式是指按照投资性房地产的历史成本、使用年限等因素，按期计提折旧或进行摊销，并在会计期末进行减值测试，计提减值准备。在成本计量模式下，投资性房地产的会计处理和企业的固定资产、无形资产基本上类似。

由于在成本计量模式下，投资性房地产始终按原始入账价值进行成本核算，具有较好的客观性及可验证性，不受资产公允价值变动的影响，不容易虚减资产价值，在一定程度上可以防止企业财务舞弊行为的发生，相对遏制企业随意调节利润。另外，就其会计核算过程来看，与公允价值计量模式相比也较为简单，易于操作，会计人员较容易接受。但是成本计量模式无法跟上市场的千变万化，不能及时、客观地反映投资性房地产的真实价值，从而导致企业资产价值的不实，产生被高估或低估的后果。

采用公允价值模式计量企业持有的投资性房地产，才能更加客观地反映企业资产的现实价值，提高企业会计信息的决策相关性，同时也更好地和国际会计准则趋同，加速与国际会计准则的接轨。但是，采用公允价值计量模式也面临比较现实的问题。公允价值是动态计量，它要受时间、空间变化的影响。这个世界上没有完全相同的投资性房地产，就算是同一投资性房地产，在不同的时间其公允价值也可能不同，同一投资性房地产由于地理位置不同，其公允价值也可能不同。公允价值的确定带有很强的主观性，目前在我国仍缺乏详细规范公允价值的计量技术和操作性强的执行指南。

【练习题】

一、选择题

1. 持有至到期投资的特点包括（　　）。

　　A. 到期日固定　　　　　　　　　　B. 回收金额固定或可确定

C. 企业有明显意图持有至到期　　D. 企业有能力持有至到期

2. 在资产负债表日，如果可供出售金融资产的公允价值高于其账面价值，应按两者之间的差额贷记（　　）。

A. 公允价值变动损益　　B. 投资收益
C. 资本公积　　D. 营业外收入

3. 某上市公司以银行存款500万元购买B公司80%的股权，并对其经营活动实施控制。购买日B公司所有权益账面价值为550万元，可辨认净资产公允价值为600万元。该上市公司长期股权投资的入账价值为（　　）万元。

A. 550　　B. 500
C. 480　　D. 440

4. 下列各项中，能引起权益法核算的长期股权投资账面价值发生变动的有（　　）。

A. 被投资单位实现净利润
B. 被投资单位宣告发放股票股利
C. 被投资单位宣告发放现金股利
D. 被投资单位除净损益外的其他所有者权益变动

5. 以下说法正确的有（　　）。

A. 企业当月增加的固定资产，当月不提折旧，从下月起计提折旧
B. 企业当月减少的固定资产，从当月起不提折旧
C. 固定资产提足折旧后，不再计提折旧
D. 提前报废的固定资产，应一次补提折旧

6. 下列固定资产折旧方法中属于加速折旧法的是（　　）。

A. 直线法　　B. 工作量法
C. 双倍余额递减法　　D. 年数总和法

7. 无形资产一般具有（　　）的特征。

A. 不具有实物形态　　B. 属于非货币性资产
C. 具有可辨认性　　D. 在创造经济利益方面存在较大不确定性

二、业务题

1. 甲公司从证券市场上购入A公司股票500 000股，持股比例为30%，购入时每股价格为4.5元，并支付相关税费6 000元。对于该项投资，甲企业准备长期持有。如果你是该公司的财务人员，你认为：

（1）甲企业对于该项投资应采取成本法核算还是权益法核算？
（2）该项投资的期末计价应如何进行调整？

2. 甲乙两家公司为规模相同的机械加工企业，且均于3年前开业。两家公司的实收资本均为500万元，每家公司的固定资产都由使用年限40年的厂房与使用年限为10年的机器设备组成。其中，厂房的原始成本为80万元，机器设备的原始成本为25万元。厂房和机器设备的净残值都为零。在固定资产折旧政策方面，甲公司采用双倍余额递减法计提折旧，乙公司采用直线法计提折旧。除折旧方法不同外，两家企业其他会计政策基本相同。假设除正常应付账款外，两家公司均无任何负债。由于转产等原因，两家公司均有意

出售，卖价基本相同。经审计，两家公司连续 3 年的利润总额如表 1 所示。

表 1　　　　　　　　　　　　　　两家公司 3 年利润总额

年度	甲公司（元）	乙公司（元）
第 1 年	150 000	195 000
第 2 年	180 000	210 000
第 3 年	210 000	234 000

要求：如果你是某家收购企业的咨询顾问，试分析甲乙两家公司哪一家更值得购买并说明理由。

3. 2014 年 1 月 1 日，A 公司经董事会批准研发某项新产品专利技术，该公司在研究开发过程中，共支出相关费用 200 万元，其中研究阶段支出 50 万元，开发阶段支出 150 万元，其研究成果获得有价值的研究专利。同年，B 公司以 200 万元的价格从外部购进一项专利技术。

要求：A 公司与 B 公司当年利润表所受到的影响是否一样？其年末资产负债表的变化如何？

【参考阅读】

辽河油田分公司设备折旧管理的几个问题[①]

设备折旧是企业固定资产管理的重要环节，是设备由于损耗而逐步转移到成本费用中的那部分价值，是产品成本的重要组成部分。设备折旧的预提，不仅是为了收回固定资产的投资，创造经济效益并使企业有能力重置设备，而且是为了把准备的成本分配于各个受益期，使收入与费用正确配比。

折旧资金的管理是企业经济管理的重要内容，设备折旧是企业计算产品成本、评价企业经济效果的基础，核算是否真实、准确，直接影响到产品成本和企业盈亏。如少计、少提设备折旧，造成产品成本虚降，企业盈利虚增，表面上看企业经济效益高，其实却是"虚盈实亏"。若多计、多提设备折旧，人为地提高产品成本，降低企业盈利，影响企业积累与分配。因此，只有正确地计算和提取折旧，才能真实地反映企业的产品成本和利润，正确评价企业的经营效果，促进企业提高经营管理水平。

1. 设备折旧的计提

设备的计价是设备价值的货币表现。中国石油辽河油田分公司特种油开发公司（以下简称特油公司）常用的计价项目包括设备原值、设备净值、增值、残值与净残值、重置价值等。折旧率是按年分摊设备价值的比率，通常用来计算应提的折旧金额。第几年应提的折旧金额，就是设备价值与折旧率的乘积。特油公司目前应用的折

---

① 吴华. 特油公司设备折旧管理的几个问题. 企业管理，2010（13）：66-68.

旧计算方法主要有直线折旧法、工作量法、双倍余额递减法、年数总和法。

2. 设备折旧资金的使用

折旧资金的合理使用是企业实现技术进步的必要条件。技术进步和改善管理是企业发展的两大支柱。企业实现技术进步的主要内容是要采用新技术、新工艺，不断提高设备的技术水平。设备折旧资金是实现设备更新、技术改造的主要资金来源。根据特油公司企业连续生产的特点，科学地利用折旧资金，使设备更新始终处良性循环，保证企业有长足发展的物质基础。设备折旧资金制度体系是提升资金使用的关键所在。构建设备折旧资金的制度体系的核心是建立折旧基金，以基金的方式来加强折旧资金的管理和运行。正确计算设备折旧费和提取折旧基金，对于加强石油生产企业的经济核算和在市场经济体制下维持再生产有着重要意义：提取折旧基金可以对企业设备管理进行考核监督；通过对折旧计划执行情况的检查分析，从中发现设备管理中存在的问题，及时采取改进措施，充分发挥设备的效能；正确计算和提取折旧基金是设备更新的重要保证，改变设备购置依赖国家调拨的陈规，减轻国家负担，促进企业管好用好设备，提高企业的整体经济效益。

3. 特油公司的设备折旧管理

特油公司根据自己的行业特点和占有固定资产的性质和消耗方式，合理地预计固定资产的使用年限、预计净残值和恰当地选用折旧方法。折旧方法可采用平均年限法、工作量法、年数总和法、双倍余额递减法等。折旧方法一经确定，便不得随意更改。如需变更折旧方法，应上报说明原因。

特油公司之前的折旧方法的选择主要考虑的是设备的有形磨损，所以采用直线折旧法计提折旧，即把使用作为折旧的唯一要素，对于因技术进步、使用工况变化等造成的无形磨损并没有同时进行考虑。而且直线折旧前后期的折旧相同，考虑到修理费用因素，则初始几年的费用总和比以后几年的费用总和要小，即设备的使用成本各个使用年限内不均衡。所以企业的实际管理中，着重考虑了设备在不同工况、技术差异、设备的利用率等因素，合理地计算设备经济寿命；并根据设备的使用特性和设备使用后期修理费、维护费加大的实际情况，体现折旧年限小于使用年限的原则确定设备的折旧年限，使成本均衡化。

在实际操作应用中，特油公司根据设备的技术发展速度、使用工况等划分折旧年限的不同标准。（1）属于技术发展快、淘汰时间短的科研仪器、生产仪器等设备，选择折旧速度较快的双倍余额减法计提折旧。（2）同种设备，根据工作环境的不同，选择不同的折旧年限。如作业区前线的巡井车辆选择较短的折旧年限，而后勤、机关用的设备，选择较长的折旧年限。（3）国外引进的运输车辆、工程机械技术状况较好、设备原值较高设备，选择的折旧年限比同型的国产设备要长。这样既符合设备的经济寿命规律，也符合企业成本管理的要求。

4. 结语

日常管理中，油田设备折旧管理工作的关键点是要做好三个指标的处理：即折旧年限、残值、折旧方法。其中，最核心的就是要使得折旧管理中关键指标的确定一定要和企业的生产实践相吻合。这就要求财务人员要深入一线，了解企业在生产过程中设备的使用情况，根据设备使用的实际情况及时调整相关数据指标，保持财务数据和企业的生产实践相一致。这样才能使企业的资产管理和资产决策更加及时和科学，从而降低经营风险，提升经营绩效。

投资性房地产业务案例解析[①]
——以东部某市投融资平台房地产投资为例

作为投融资平台经营性（涉地）业务的重要组成部分，房地产二级开发经营已经成为平台公司的造血机制之一，尽管近年来房地产经历着前所未有的政策调控，国有企业参与房地产投资一度也被明令限制，但这并没有实质性阻碍平台公司参与房地产经营。下面介绍东部某交通投融资平台的投资房地产业务的定位、布局以及经营运作方面的特点和经验，供读者参考。

一、房地产投资业务在该集团业务体系中的战略定位与目标

"十二五"期初，该交投平台已经形成了以高速公路与铁路及综合枢纽等重大基础设施投资建设为主，以商贸物流、市场、金融、建材、广告传媒、房地产开发及运营等其他产业投资运作为辅的"一主多辅"产业结构体系。在该集团的整体业务定位中，房地产业务并非主营核心业务，因此其发展思路将更多的是从增强集团造血机制层面考虑的，同时也作为整合经营集团衍生房地产资源的支撑。

基于上述定位，该集团将房地产业务的发展目标拟定为，依托持续、稳健和创新的项目投资合作，逐步形成集保障房、住宅地产、商业地产、养老地产以及其他现代服务产业地产等多元化的产品结构，业务模式从单一的房地产开发销售延伸至地产项目代建管理、持有性物业的运营管理和资产经营，最终实现为主业发展提供基础性融资资产支持、经营效益和持续的现金流反哺。

二、该集团房地产业务投资布局现状与投资模式

在房地产密集调控的政策以及国家、省市政府对国有企业参与房地产投资政策导向调整的综合背景下，该集团适时调整了房地产业务布局，其中保障性住房业务属于政府指令性投资，由平台公司主导采用控股投资模式；其他房地产领域并不全身而退，而是主导参股开发的模式，并透过治理结构安排着力调整产品结构。调整后的房地产投资业务布局如图6-1所示。

在商业地产领域，该集团不仅参与城市商业综合体的总体策划开发与经营，而且介入老城区工业厂房的保护性开发经营，不断延伸业务领域。

三、该集团投资性房地产经营业务的特点分析

自2002年该集团涉足房地产经营业务以来，伴随着内外部形势的变化，其间接投资的房地产产品结构和盈利模式也不断调整，近年来的显著特征是，房地产业务基本都调整为参股投资，该集团通过参股合作形成的资产范围已经初具规模，并在近年

[①] 丁玉芳．投资性房地产业务案例解析——以东部某市投融资平台房地产投资为例．卓远视界第13期——长沙城投联络会特刊，2013（7）：30．

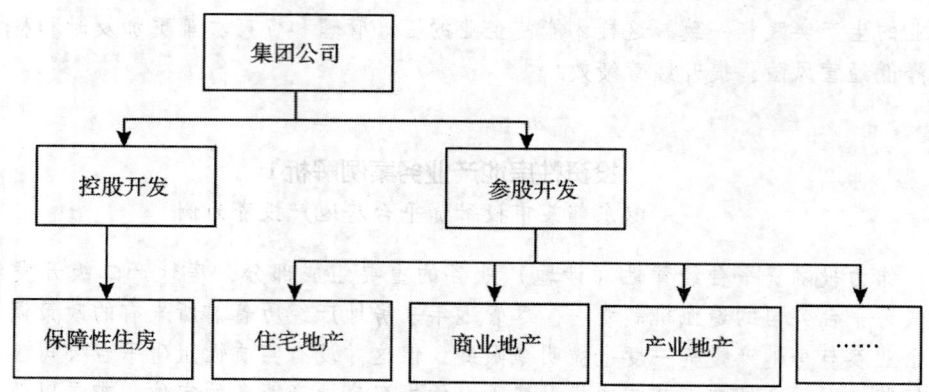

图 6-1　调整后的房地产投资业务布局

贡献了可观的投资收益,合作模式不断创新。主要有以下特点:

(1) 坚持选择参股投资的合作模式,合理降低了直接经营风险。

区别于控股投资模式,该集团当前主导房地产业务参股的项目合作方式。这种模式的优点在于通过战略合作分享行业利润的同时,降低了因专业开发经验缺乏而导致的直接经营风险,通过设置必要的利益分享和风险约束机制将投资风险控制在一定范围内,这符合投融资平台作为国有投资主体对资产保值增值和风险控制的要求。

(2) 发挥组合投资和融资杠杆优势,追求项目投资收益最大化。

为了合理安排项目资金融通,该平台在地产项目投资上采用了低资本性投资捆绑债权投资的组合投资结构,这种灵活的资本结构设置有利于股东方在项目开发过程中根据实际投融资需求调度资金,避免资本金闲置,利用国有资本的融资优势将项目资金需求通过融资转嫁给金融机构,最大限度地发挥了融资的资金杠杆作用,提高了股权投资收益率。

(3) 适时调整产品结构和盈利模式,合理配置行业投资风险。

该集团发展房地产业务之初,抓住了住宅房地产商品发展的机遇期,收获了可观的开发利润。随着住宅房地产调控政策的实施,该集团与合作伙伴协商及时调整投资策略,部分产品转向商业地产开发,同时介入保障房项目的开发建设。如今,该平台投资性房地产项目的多元产品结构已经形成,内容涵盖住宅、商业地产、保护性开发房地产与经营、保障性住房等,顺应了政策形势、合理配置了投资性房地产业务的投资风险。

(4) 注重拓宽合作对象选择渠道,提升管理能力和品牌影响力。

该集团的首个项目的合作伙伴是本土的一家专业房地产开发公司,这为其顺利进入房地产行业奠定了基础;紧随其后达成合作的是在对城市旧厂房、旧楼宇、旧设施等建筑进行保护性开发和经营领域颇有建树的地产经营商,通过合作顺利实施了该市商业中心某项目的保护性开发与经营。在积累了地产项目投资经验之后,该集团把握主业发展的契机,依托政府背景的资源优势,先后与业内品牌开发商(万科、恒大等)建立起合作关系,实现了对地产项目先进管理理念的引进,提升了对房地产投资项目的专业管理能力。

四、该集团在房地产投资业务领域的策略调整思路

为了应对行业政策调控和市场竞争风险,2012年房地产企业纷纷调整经营策略,其中上市房企不约而同地选择了加强销售,放缓开工,暂停拿地的应对策略,其中:万科表示在拓展新项目方面,坚决贯彻"宁可错过,绝不拿错"的方针;招商地产将"保销售"列为其2012年工作的重中之重;在投资产品选择预期方面,作为特殊产品模式的城市综合体、养老型地产等,越来越受到品牌民营开发企业的关注,而中小型开发企业将重点围绕中小城市。在此背景下,该投融资平台也结合其房地产业务投资布局特点、业务定位及发展目标,从项目投资、经营开发、财务与税收、投资风险管理等方面提出策略调整思路,主要内容包括:

(1)项目投资策略:短期维持现有投资规模,择机审慎参与新项目投资;投资方式仍坚持以参股模式为主导,优质项目探索相对控股;投资领域向高端产品延伸,如旅游地产、养老地产以及城市综合体开发经营;合理控制存量项目的开发节奏,减轻当期投融资压力;逐步尝试突破地域限制,寻求更具潜力的城市地块作为投资目标。

(2)经营开发策略:要求现有项目避免捂盘惜售,创新营销手段加快销售和资金回笼;引进品牌开发商,打造精品项目、以质取胜;创新业务与盈利模式,优化房地产业务结构;引进专业策划机构,不断提高资产经营水平。

(3)融资与财务策略:融资策略方面,控制底线、多元化融资,合理利用杠杆融资;股利分配策略方面,创新方式与路径,多渠道实现利润回流;税务筹划策略方面,综合评估股东与项目税赋,合理筹划避税;财务监控策略方面,加强财务委派管理,适时监控资金风险。

通过对该投资平台房地产投资业务的研究,我们发现其探索了一条参股投资房地产业务的成功模式,初步实现了发展辅业建立集团造血机制的战略目标,并提升了集团各产业板块房地产资源的经营管理水平。

基于金融资产公允价值变动的案例分析[①]
——以雅戈尔公司为例

一、案例背景

A股市场存在着这么一类公司,它们现金充足但没有好的投资去处,于是在牛市中热衷于投资炒股,并曾经获得不菲收益,比如2007年,投资收益成为上市公司业绩的重要组成部分。但是2008年就从天上落到地下,投资反而成了业绩拖累。

从2007年以来频繁卖出中信证券的雅戈尔算是一个典型代表。2007年共实现投资收益27.54亿元,占利润总额的75%,公司一度把服装、地产和投资作为公司三大

[①] 本案例改编自涂芳. 我国上市公司基于金融工具的盈余管理案例研究. 中国海洋大学学位论文, 2011.

主业。但是在 2008 年经济危机下,房地产业务不景气,导致资金链紧张,公司只好不断抛售中信证券来弥补亏空。业内普遍认为,如果主营业绩不好,而投资还有些收益的话,这些公司可能会有冲动抛售股票,维持财务报表好看。但是更糟糕的是,如果投资也大幅亏损,公司业绩就雪上加霜了。

二、案例分析

由表 2 可知,2009 年度雅戈尔总资产较上年同期增长 30.12%,所有者权益较上年同期增长 52.62%,究其原因主要是报告期末公司持有的可供出售金融资产公允价值增加致使资本公积增加 242 747 万元。其中,项目异常变动的有交易性金融资产和可供出售金融资产(见表2),公司持有交易性金融资产由 2008 年的 819 802 元猛增至 893 249 881 元,增幅达到 108859%。据报表附注中披露,这是由于 2009 年买入华宝兴业现金宝货币市场基金 B,其年末公允价值达到 7 亿元。此外,公司持有的可供出售金融资产由 2008 年的 4 672 338 450 元增至 2009 年的 11 247 021 729 元,其增幅达到 240.7%,是由于 2009 年可供出售金融资产股票投资成本增加以及公允价值变动增加所致。雅戈尔高额的交易性金融资产和可供出售金融资产,为企业盈余管理、平滑利润提供了方便,而以上种种异常现象,均考验着雅戈尔公司报表的可靠性。

表 2　　　　　　　　　　　雅戈尔合并利润表　　　　　　　　　　单位:元

项目	2009 年	2008 年	2007 年
一、营业收入	12 278 622 223	10 780 310 835	7 033 897 109
减:营业成本	10 153 353 663	6 914 609 282	4 539 462 810
营业税金及附加	350 015 942	254 693 176	151 668 464
销售费用	1 098 217 781	978 248 046	781 777 281
管理费用	813 038 025	800 610 629	550 688 482
财务费用	310 151 231	451 464 408	100 403 024
资产减值损失	28 074 621	1 408 020 988	22 158 436
加:公允价值变动损益	35 434 412	-1 308 532	1 254 560
投资收益	1 979 018 706	2 222 044 343	2 754 226 713
二、营业利润	4 139 721 678	2 193 400 115	3 643 219 883
加:营业外收入	61 035 869	208 826 619	90 690 743
减:营业外支出	103 156 289	27 020 004	42 613 877
三、利润总额	4 097 601 258	2 375 206 730	3 691 296 749
减:所得税费用	603 420 926	583 675 919	1 040 709 907
四、净利润	3 494 180 331	1 791 530 810	2 650 586 842
归属于母公司的净利润	3 263 921 145	1 583 184 708	2 475 709 994
少数股东损益	230 259 185	208 346 101	174 876 847

第五节 投资性房地产

表3　　　　　　　　　　雅戈尔合并资产负债表有关项目　　　　　　　　　单位：元

	2009年	2008年	2007年
交易性金融资产	893 249 881	819 802	2 128 334
可供出售金融资产	11 247 021 729	4 672 338 450	15 496 690 650
持有至到期投资	—	—	—

回溯雅戈尔2007年至2009年的发展过程，可以看出公司利用金融资产公允价值变动进行盈余管理的方式有以下两种：

1. 利用可供出售金融资产的公允价值变动以及取得的投资收益

根据新金融工具会计准则中规定，当可供出售金融资产公允价值发生变动时，记入"其他综合收益"账户，在发生当期不影响损益，只有在处置可供出售金融资产时才影响损益。因此管理当局可以根据企业的盈余状况，决定是否抛售可供出售金融资产，从而达到盈余管理的目的。

从表4中可以看出，雅戈尔公司持有的无限售条件的可供出售金融股票呈现出"V"字形的发展态势，这与外围证券市场的走势有着密切联系。同时，除去2008年计提了可供出售金融资产减值准备外，2007年和2009年均未计提减值准备，这大大削弱了金融资产的可靠性。

表4　　　　　　雅戈尔合并资产负债表中可供出售金融资产　　　　　　单位：元

1. 构成类别			
项目	2009年12月31日	2008年12月31日	2007年12月31日
可供出售权益工具			
其中：有限售条件的	—	—	4 123 868 650
无限售条件的	11 247 021 729	4 672 338 450	12 372 822 000
合计	11 247 021 729	4 672 338 450	16 496 690 650
2. 可供出售金融资产减值准备的变动如下：			
	年初账面价值	本年计提额	本年转回	年末账面价值
2007	—	—	—	—
2008	—	4 316 976 145	—	1 316 976 145
2009	1 316 976 145	—	138 053 600	

由表5可知，2008年和2009年可供出售金融资产处置损益分别为210 934万元和185 956万元，根据会计准则规定应将这部分损益记入"投资收益"，分别占当年利润总额的88.81%和45.38%，扣除处置损益后利润明显下滑。可见雅戈尔公司存

在利用处置可供出售金融资产取得投资收益进行盈余管理的嫌疑,借以平滑利润。

表5　　　　　　　　　　雅戈尔合并利润表投资收益　　　　　　　　单位:元

项目	2009年	2008年	2007年
1. 金融资产投资收益			
持有交易性金融资产取得的投资收益	1 439 266	219 814	34 553 511
持有至到期投资取得的投资收益	—	—	—
持有可供出售金融资产取得的投资收益	112 803 565	79 476 346	48 487 291
处置交易性金融资产取得的投资收益	256 335	-18 191 997	167 828 890
处置持有至到期投资取得的投资收益			
处置可供出售金融资产取得的投资收益	1 859 568 854	2 109 347 680	2 464 846 094
2. 长期股权投资收益			
按成本法核算确认的长期股权投资收益	1 814 800	39 959 620	30 968 860
按权益法核算确认的长期股权投资收益	2 683 363	16 479 421	7 574 419
处置长期股权投资产生的投资收益	452 520	-5 246 543	-32 353
3. 其他	—	—	—
合计	1 979 018 706	2 222 044 343	2 754 226 713

据雅戈尔2009年年报披露,可供出售金融资产年末余额比年初余额减少了11.8亿元,减少比例为71.68%,主要是由于公司本年持有中信证券和海通证券,以及公司持有的可供出售金融资产公允价值变动。

从公允价值的变动损益来看,上市公司利用公允价值变动损益进行盈余管理的迹象并不明显,尤其是在金融危机越演越烈的2008年,公允价值的变动虽呈现负值,但是比起可供出售金融资产的实际贬值来说是远远不及的。究其主要原因是,上市公司持有的以公允价值计量的金融工具,在确认时大多以可供出售金融资产的形式存在,其公允价值的变动损益计入了资本公积,使其隐藏在所有者权益之中,直到出售时才确认投资收益,出售之前在利润表中并不能确定金融工具公允价值的变动损益。从上图中我们也可以看出,2008年计入资本公积的可供出售金融资产公允价值变动净额跌幅巨大。

2. 利用投资收益进行盈余管理

随着我国资本市场的迅速发展,上市公司交叉持股的现象越来越普遍。近几年,沪深两市上市公司持有交易性金融资产与可供出售金融资产呈现大幅度的增长。但是,仔细研究不难发现,出售可供出售金融资产的收益已占据部分上市公司一半以上的净利润,公允价值变动收益也做出了小部分贡献,上市公司通过操控交易性金融资产与可供出售金融资产相关收益来影响公司当期利润。这些上市公司的每股收益表面较高,实际却是虚盈实亏,这种通过买卖操作实现盈余的行为事实上透支了公司前期的利润，这种透支必会导致后期的利润亏空，当公司不堪利润重负时，必将出现利润大幅下滑或暴亏。

交叉持股是指在不同的企业之间互相参股，以达到某种特殊目的的现象。它的一个主要特征是，甲持有乙的股权；乙持有丙的股权；丙又持有甲的股权……在牛市行情中，甲乙丙公司的资产都实现了增值，意味着它们所持有的别的公司股权也在升值，进而又刺激自身股价上涨，从而形成互动性上涨关系，也形成了泡沫性牛市机制。

雅戈尔无疑是资本市场交叉持股的典型案例，它持有中信证券、宁波银行、交通银行、宜科科技、上海九百、百联股份、中国远洋。而雅戈尔通过以上这些上市公司又间接染指了都市股份、PT 水仙、永生数据、申达股份、龙头股份、嘉宝集团、联华合纤、锦江投资、新黄浦等诸多上市公司。而 2007 年证券市场的持续向好也让雅戈尔从交叉持股中尝到了甜头。2007 年上半年，雅戈尔净利润较同期增加超过了 2 倍，而投资中信证券的收入就占了 150%以上。

雅戈尔公司为中信证券股份有限公司（以下简称"中信证券"）的发起人股东，股权分置前持有中信证券 20 000 万股，股权分置后持有 183 665 627 股。在进入 2007 年后，随着中信证券的股价飙升，重仓持有中信证券的雅戈尔的股价也随之开始爆发。雅戈尔股价半年时间的涨幅达到近 300%。同时财务报表也显示，雅戈尔 2006 年主营业务收入 59 亿元，到了 2007 年下降到 47 亿元，但是投资收益则从 2006 年年底的 3 491.54 万元增加到 165 529.80 万元，其增幅超过了 46 倍。在 2007 年年报中，雅戈尔净利润为 36.9 亿元，同比上年上涨了 219.07%。虽然年报的利润增长迅速，但从 2007 年底到 2008 年以来，股市一直不断下跌，雅戈尔所持有的其他上市公司股份在 2007 年总市值达到 200 亿，而 2008 年则缩水了近二分之一，以中信证券和宁波银行为例，2007 年光这两支股票就为雅戈尔带来近 190 亿的财富，截至 2008 年年底这两支股票市值合计仅 108 亿。

随着时代的发展，越来越多的公司选择涉足金融投资行业，迈出由实业走向股权投资的一步。持续稳定的投资收益会给企业带来丰厚的利润，这是众望所归的，但是投资收益的高风险和不确定性则为企业盈利埋下了隐患。从上述案例中不难发现，雅戈尔已将金融资产的投资收益视为调节利润的手段。在 2008 年经济危机下，由于房地产业务不景气，导致资金链紧张，雅戈尔公司只好不断抛售中信证券来弥补亏空。截至 2009 年底，雅戈尔持有中信证券 110 000 000 股，相比 2008 年减持 60 970 000 股。

三、小结

由雅戈尔的案例可以看出，在实施新金融工具准则后，投资收益加大了上市公司业绩波动。投资收益在上市公司利润总额中所占比例不仅越来越大，还与公司证券市场的表现关系越来越紧密。投资收益与上市公司的股价挂钩，不仅会产生大量泡沫，形成金融工具的估值陷阱，也会对上市公司业绩增长率的持续性造成影响。这也印证上市公司通过出售时机的选择对已实现证券投资收益进行了盈余管理。

现阶段，投资者要开始考虑上市公司股价的波动对利润造成的影响。特别值得注意的是，在现行准则下，部分上市公司已将可供出售金融资产作为盈余管理增加利润的工具。通过对可供出售金融资产的买卖操纵实现利润的虚增，而抛售该项金融资产则将直接影响到股价。

第七章 债务与利息

【学习目标】
1. 理解债务与利息的含义,掌握负债的定义、确认条件;
2. 了解负债的计量属性、记录和报告;
3. 理解流动负债的含义、分类,掌握流动负债主要科目的核算;
4. 了解流动负债主要项目的披露、分析与管理;
5. 理解非流动负债的含义、分类,掌握非流动负债主要科目的核算;
6. 了解非流动负债主要项目的披露、分析与管理。

根据"资产=负债+所有者权益"的会计基本等式,可以了解资产、负债和所有者权益之间的内在关系,资产构成资产负债表左边的内容和项目,而债务与利息和股东权益构成资产负债表右边的内容和项目。本章讲述债务与利息的核算。

第一节 债务与利息概述

一、债务与利息的含义

债务与利息是负债的表现形式。债务是负债的本金,利息即借款费用,是使用本金付出的经济利益,可以形成企业的费用或资产。债务按照有无利息可分为有息债务和无息债务。

有息债务主要包括短期借款、长期借款、应付债券等,不仅到期时需要归还本金,还需要分期支付利息或到期一次性支付利息。

无息债务主要包括预收及应付款项、应付职工薪酬、应交税费等,无息债务只需到期时偿还本金即可,但需要注意的是,债务无息并不代表可以一直占用这部分资金,逾期未清偿也可能会产生违约金、罚款等损失。

二、负债的定义

负债是指企业过去的交易或者事项形成的、预期会导致经济利益流出企业的现实义务。由此可见,负债具有以下两个方面的特征:

(一)负债是由企业过去的交易或者事项形成的现时义务

未来发生的交易或者事项形成的义务,不属于现时义务,不应当确认为负债。现时义务是指企业在现行条件下已承担的义务,企业没有其他现实的选择,只能履行该现时义务。一旦现时义务消失，负债就应当解除，不能再确认和报告。

未来发生的交易或者事项形成的义务是潜在义务，其存在需通过未来不确定事项的发生或不发生予以证实，不属于现时义务，不应当确认为负债。

比如待执行合同不能作为资产和负债进行认定。待执行合同是指合同各方尚未履行合同中规定的权利和义务，各方签订的合同对其中一方可能属于法律义务，但不是会计上的负债义务。买卖双方签订了一份商品购销合同，合同约定的交易事项在未来一段时间才履行，就目前而言，由于货物当期没有发出，合同在当期没有执行。买方没有支付货款的现时义务，暂时不会承诺支付货款、记录负债义务；卖方没有发送货物，没有取得收取货款的权利，不能确认资产项目。但如果卖方发送货物或者买方支付货款，待执行合同就转化为已执行合同，这时买方就有支付货款的现实义务或者卖方有发送货物的现实义务。这类交易或事项容易引起误解，会计人员应注意区别法律义务和会计上负债义务之间的差异。

（二）负债的清偿预期会导致经济利益流出企业

主体承担负债义务就意味着未来需要利用资产或提供劳务予以清偿，负债的清偿会导致企业或其他主体资产的减少。

企业应当对其本身发生的交易或者事项进行会计确认、计量和报告。

三、负债的确认

企业应当按照交易或者事项的经济特征确定会计要素。

负债的确认就是将一项交易或者事项作为负债项目予以认定并进行列报的过程。负债确认解决一项交易或者事项能否作为负债予以认定、什么时间认定、认定在负债的什么科目和账户中记录、记入认定账户的借方还是贷方等问题。

将一项义务确认为负债，需要符合负债的定义，并同时满足以下两个条件：

（1）与该义务有关的经济利益很可能流出企业。只要一项过去的交易或者事项很可能导致经济利益流出企业，就可以考虑确认为负债。

（2）未来流出的经济利益的金额能够可靠地计量。清偿负债流出的经济利益的金额应当能够可靠计量，否则交易或者事项无法被有效记录，也就无法在会计报告中列报和披露。

已经被确认的负债项目，才有必要讨论其计量、记录和报告问题。

四、负债的计量

计量是根据特定的规则把数额分配给具体事项的活动。会计计量是指在会计核算中对已被确认的各个会计要素的内在数量关系加以衡量、计算和确定，使之转化为量化的会计数据或者会计信息的工作。企业会计应当以货币计量。负债的计量就是对确认为负债的交易和事项选择计量属性和计量单位的工作。一般情况下，负债以名义货币作为计量单位，以历史成本、现值或公允价值作为计量属性。

五、负债的记录和报告

企业应当采用借贷记账法记账。在对负债进行确认和计量后，与负债相关的交易或者